Jutta Wiener

Tourismus und Nachhaltigkeit

D1799744

Jutta Wiener

Tourismus und Nachhaltigkeit

Untersuchung von möglichen Verhaltensänderungen an Reiseteilnehmern einer nachhaltigen Reiseform

VDM Verlag Dr. Müller

Impressum/Imprint (nur für Deutschland/ only for Germany)

Bibliografische Information der Deutschen Nationalbibliothek: Die Deutsche Nationalbibliothek verzeichnet diese Publikation in der Deutschen Nationalbibliografie; detaillierte bibliografische Daten sind im Internet über http://dnb.d-nb.de abrufbar.
Alle in diesem Buch genannten Marken und Produktnamen unterliegen warenzeichen-, marken- oder patentrechtlichem Schutz bzw. sind Warenzeichen oder eingetragene Warenzeichen der jeweiligen Inhaber. Die Wiedergabe von Marken, Produktnamen, Gebrauchsnamen, Handelsnamen, Warenbezeichnungen u.s.w. in diesem Werk berechtigt auch ohne besondere Kennzeichnung nicht zu der Annahme, dass solche Namen im Sinne der Warenzeichen- und Markenschutzgesetzgebung als frei zu betrachten wären und daher von jedermann benutzt werden dürften.

Coverbild: www.purestockx.com

Verlag: VDM Verlag Dr. Müller Aktiengesellschaft & Co. KG
Dudweiler Landstr. 99, 66123 Saarbrücken, Deutschland
Telefon +49 681 9100-698, Telefax +49 681 9100-988, Email: info@vdm-verlag.de

Herstellung in Deutschland:
Schaltungsdienst Lange o.H.G., Berlin
Books on Demand GmbH, Norderstedt
Reha GmbH, Saarbrücken
Amazon Distribution GmbH, Leipzig
ISBN: 978-3-639-18249-1

Imprint (only for USA, GB)

Bibliographic information published by the Deutsche Nationalbibliothek: The Deutsche Nationalbibliothek lists this publication in the Deutsche Nationalbibliografie; detailed bibliographic data are available in the Internet at http://dnb.d-nb.de .
Any brand names and product names mentioned in this book are subject to trademark, brand or patent protection and are trademarks or registered trademarks of their respective holders. The use of brand names, product names, common names, trade names, product descriptions etc. even without a particular marking in this works is in no way to be construed to mean that such names may be regarded as unrestricted in respect of trademark and brand protection legislation and could thus be used by anyone.

Cover image: www.purestockx.com

Publisher:
VDM Verlag Dr. Müller Aktiengesellschaft & Co. KG
Dudweiler Landstr. 99, 66123 Saarbrücken, Germany
Phone +49 681 9100-698, Fax +49 681 9100-988, Email: info@vdm-publishing.com

Printed in the U.S.A.
Printed in the U.K. by (see last page)
ISBN: 978-3-639-18249-1

INHALTSVERZEICHNIS

ABBILDUNGSVERZEICHNIS

1. EINLEITUNG UND ZIELSETZUNG

„Zukünftig wird es nicht mehr darauf ankommen, dass wir überall hinfahren können, sondern ob es sich noch lohnt dort anzukommen", soll schon Hermann Löns im Jahr 1908 gesagt haben.[1]

„Der sanfteste Tourismus ist der, der nicht stattfindet."[2]

„Schroff gesagt endet die sanfte Form eines Ökotourismus beim Abheben vom heimischen Flughafen. Tourismus, der Transporte per Auto oder Flüge benötigt, kann eine Umweltverträglichkeitsprüfung nicht bestehen. Die Umweltproblematik im Tourismus ließe sich abschwächen, wenn „ferner, schneller, öfter" zu „näher, langsamer, seltener" im Reisen überleitet."[3]

„Aus Sicht der Naturschutzverbände sind Ökosiegel für Fernreisen allein wegen der Anreise mit dem Flugzeug abzulehnen."[4]

„Wer wirklich alternativ sein will, der muss zu Hause bleiben..."[5]

Eine neue Entwicklungsstrategie muss beachten, dass je mehr Technik es gibt, je größer der Konsum und damit die Abfallproduktion sind, je größer die Armut und Ungleichheit ist, je mehr Menschen es gibt, desto größer der Einfluss auf die Umwelt und die verbleibenden Ressourcen ist.[6]

All diese Aussagen wurden bewusst als Einleitung gewählt, um in kurzen präzisen Sätzen die Zielsetzung und Problematik der vorliegenden Arbeit zu verdeutlichen. Da das Reisen und hohe Mobilität heutzutage zum Alltag und zur Selbstverständlichkeit der westlichen Gesellschaft gehören, zerbricht sich niemand den Kopf darüber, ob die Natur und auch die Einheimischen mit solchen Entwicklungen auf Dauer Schritt halten können. Größte persönliche Zielsetzung dieser Arbeit ist es, zum Nachdenken über die Folgen des eigenen (scheinbar harmlosen) Verhaltens in der Touristenrolle anzuregen und ein Bewusstsein oder eine Sensibilisierung in Bezug auf die Bedürfnisse oder den Status quo des Entwicklungsstandes der Einheimischen zu schaffen. Hier sei noch kurz der Hinweis erwähnt, dass im Laufe der Arbeit die männliche Form eingenommen wird, aber sowohl männliche als auch weibliche Personen damit angesprochen werden.

Zu Beginn der Arbeit wird auf die generelle Problematik der Umweltbelastung durch Tourismus und Verkehr eingegangen, anschließend werden die verwendeten und herangezogenen Begriffe wie Tourismus, Verkehr oder spezielle Tourismusformen erklärt. Danach werden die verschiedenen alternativen Reiseformen vorgestellt und

---

[1] KATSCHNIG, I-H.: Die Auswirkungen des Nationalparks Nockberge auf die Entwicklung des Sanften Tourismus in dieser Region, Diplomarbeit der Wirtschaftsuniversität Wien, Wien 1999, S. 18

[2] KATSCHNIG, I-H.: Die Auswirkungen des Nationalparks Nockberge auf die Entwicklung des Sanften Tourismus in dieser Region, Diplomarbeit der Wirtschaftsuniversität Wien, Wien 1999, S. 18

[3] ELLENBERG, L.: Ökotourismus: Reisen zwischen Ökonomie und Ökologie, Berlin 1997, S. 274 ff

[4] DREWS, A.: (Öko-)Tourismus: Instrument für eine nachhaltige Entwicklung? – Tourismus und Entwicklungszusammenarbeit, in: RAUSCHELBACH, B. (Hrsg.): Deutsche Gesellschaft für technische Zusammenarbeit (GTZ), Heidelberg 1998, S. 85

[5] SPREITZHOFER, G.: Tourismus 3. Welt – Brennpunkt Südostasien, Europäische Hochschulschriften, Wien 1995, S. 206

[6] SADIK, N.: Rethinking Development: the strategic role of population issues, a presentation made at the United Nations University Tokyo, 8.11.1993, S. 3

entsprechende Reiseangebote für die Alternativtouristen kurz und beispielhaft präsentiert. Die Arbeit schließt mit einigen bereits erfolgreich umgesetzten alternativen Tourismuskonzepten, darunter wird auch das mittelamerikanische Land Costa Rica als „alternatives Vorbild" erwähnt, und bestimmte „alternative" Reisegruppen, die jeweils vor und nach ihrer Reise befragt wurden, werden auf eventuelle Verhaltensänderungen in Bezug auf ihre gemachten Reiseerfahrungen untersucht. Die schriftliche Befragung wurde an Herrn HUBER vom Department für Palynologie und strukturelle Botanik an der Universität Wien weitergegeben, der die Reiseteilnehmer seines Reiseveranstalters „Excursiones naturales" (durchgeführt von GRAF - Reisen, Neubaugasse 60, 1070 Wien) befragte. Anschließend folgte der Teil der Auswertungen der Ergebnisse, welche teilweise durchaus interessante Ergebnisse lieferten, die in Kapitel 10 präsentiert werden. Auf der anderen Seite konnten einige Sachverhalte nicht valide gemessen werden, da die Stichprobe der Befragten für derartige Auswertungen zu klein war.

2. TOURISMUS – UMWELT – ABFALLMENGEN

2.1 Abfall – Einleitung und Begriffsdefinitionen

Mit der raschen wirtschaftlichen und technischen Entwicklung hat sich das Abfallproblem sowohl quantitativ als auch qualitativ verändert. Der Wandel der Konsumgewohnheiten führte zu einem starken Anstieg der anfallenden Abfälle in den privaten Haushalten, aber auch in den touristischen Unternehmungen. Dies führte dazu, dass die Entsorgung dieser Abfälle zu einem zentralen Problem in der Umweltpolitik wurde. Auch kaum ein anderer Bereich hat sich in letzter Zeit so schnell entwickelt. Vor allem in den touristisch stark erschlossenen Gebieten spielt eine Vermeidung oder Verminderung der Abfälle während der Hochsaison eine sehr große Rolle. Auch die örtliche Infrastruktur muss an die veränderten Bedingungen während der Hochsaison angepasst werden, damit auch Abwässer und Abfälle umweltgerecht entsorgt werden können. Am besten wäre es, soweit als möglich Abfall zu vermeiden, und außerdem möglichst viel zu verwerten, sodass sie erst gar nicht in diesem Umfang zur Entsorgung anfallen.[7]

2.2 Abfallvermeidung, Abfallverringerung

Generell ist folgende Hierarchie zu beachten[8]:

1. Abfallvermeidung – qualitativ und quantitativ
2. Abfallverringerung – qualitativ und quantitativ (Problemstoffsammlung)
3. Stoffliche Abfallverwertung durch Erfassung von Altstoffen und deren Zufuhr zur altstoffverbrauchenden Industrie
4. Weitestgehende Erfassung von Grün-, Garten- und Küchenabfällen, die nicht selbst kompostiert werden (Biotonne, Verwertung durch Kompostierung)
5. Biologische Behandlung von organischen Abfallbestandteilen
6. Thermische Behandlung der Abfälle und Nutzung der daraus entstehenden Energie
7. Geordnete Ablagerung von Abfällen

Quantitative Abfallvermeidung erfolgt durch weniger Warenproduktion, weniger Warenverteilung und weniger Konsum. Qualitative Abfallvermeidung erfolgt durch Vermeidung von schädlichen Inhaltsstoffen in Produkten. Direkte quantitative Abfallverringerung setzt eine andere, abfallärmere und umweltkonformere Art der Konstruktion und Produktion, eine abfallärmere Warenverteilung (Mehrweg statt Einweg, Verpackungsmaterial vermeiden), eine veränderte Art des Konsums sowie einen sparsamen Konsum von Waren, eine Weiterverwendung von Waren und eine Eigenkompostierung von organischen Küchen- und Gartenabfällen voraus. Direkte

---

[7] BRANDNER, G.: Tourismus am Wörthersee unter besonderer Berücksichtigung von Tourismus- und Umweltmanagement, Diplomarbeit der Wirtschaftsuniversität Wien, Wien 1994, S. 24 ff

[8] VOGEL, G.: Müll - vermeiden, Broschüre der Arbeiterkammer und der MA 48, Wien 1990, S. 11

qualitative Abfallverringerung erfolgt durch einen weitgehenden Verzicht auf umwelttoxische Stoffe, den Ersatz von umweltbelastenden durch umweltverträgliche Substanzen, die Bevorzugung von regenerativen oder verwertbaren Rohstoffen, den freiwilligen Verzicht auf die maximale Ausnutzung von Warenfunktionen, die verbesserte Umwelttechnik, den Verzicht auf bestimmte Formen der Bequemlichkeit und den Verzicht auf übertriebene Qualitätsansprüche (Recyclingpapier statt gebleichtes Papier). Im Vergleich dazu kann indirekte Abfallverringerung quantitativ durch Erfassung und Verwertung von Altstoffen wie Altpapier, Altglas oder biogenen Stoffen und qualitativ durch die Rückgabe von schadstoffhältigen Produkten wie Batterien oder Problemstoffen allgemein erfolgen.[9]

Quantitative Abfallvermeidung beim Einkauf bedeutet, den Kaufprozess nach folgenden Gesichtspunkten zu hinterfragen[10]:

- Habe ich genügend Zeit, um das Produkt zu nutzen?
- Habe ich genügend Platz, um das Produkt unterzubringen?
- Brauche ich tatsächlich das Eigentumsrecht an diesem Produkt oder könnte ich es mir leihen?
- Bleiben trotz Anschaffung genügend Freiräume oder folgen Kapazitätsengpässe in Bezug auf Finanzen, Verantwortung oder Freizeit?
- Kann ich nicht auf alternativen Wegen eine ähnliche Bedürfnisbefriedigung erreichen?

Qualitative Abfallvermeidung bedeutet Vermeidung von human- oder umweltgefährdenden Inhaltsstoffen in Produkten, also gibt es Produkte, die kaum oder gar keine umwelttoxischen Stoffe beinhalten. (z. B. Fliegengitter statt Sprays).[11]
Generell sollte die Produktkaufentscheidung anstatt für kurzlebige Produkte, die zwar „ […] mit einem höheren Altstoffeinsatz erzeugt werden können […]", positiv für lang- oder längerlebige Produkte ausfallen, da sie beispielsweise energiesparender eingesetzt oder aus verwertbaren Rohstoffen erzeugt werden können.[12]

2.3 Abfall vermeiden

„Die Wirtschaftsprozesse sind nicht als isolierte Prozesse sondern als Prozesse, die zweimal mit der Natur gekoppelt sind, zu verstehen. Unsere Gesellschafts- und Wirtschaftsprozesse beziehen von der Umwelt Versorgungsleistungen und benötigen für die ungewollten Kuppelprodukte aller Prozesse – Emissionen und Abfälle – Entsorgungsleistungen des Ökosystems."[13] Vorrangiges Ziel einer ressourcenschonenden Produktgestaltung ist die Vermeidung von umweltzerstörenden

---

[9] VOGEL, G.: Müll - vermeiden, Broschüre der Arbeiterkammer und der MA 48, Wien 1990, S. 13 ff

[10] VOGEL, G.: Müll - vermeiden, Broschüre der Arbeiterkammer und der MA 48, Wien 1990, S. 23 ff

[11] VOGEL, G.: Müll - vermeiden, Broschüre der Arbeiterkammer und der MA 48, Wien 1990, S. 25

[12] VOGEL, G.: Müll - vermeiden, Broschüre der Arbeiterkammer und der MA 48, Wien 1990, S. 26

[13] VOGEL, G.: Sustainable Development, Facultas Wien, Wien 2004, S. 16

Stoffen oder Emissionen. Weiters geht es um eine Verbesserung der spezifischen Material- und Energieproduktivität, also mit einer bestimmten Stoff- und Energiemenge einen maximalen Nutzen erreichen.[14]
Aufgabe einer am Prinzip der Umweltvorsorge orientieren Fremdenverkehrspolitik muss es sein, den Input an natürlichen Ressourcen in den touristischen Produktionsprozess und dessen negativ auf die Ressourcen wirkenden Output zu reduzieren. Der Ressourcenverbrauch kann weiter gesenkt werden, wenn die Abfallprodukte des Produktionsprozesses recycelt und Möglichkeiten der Regeneration des Naturhaushaltes geschaffen werden.[15]

Ein Maßnahmenkatalog zur Optimierung im Abfall- und Entsorgungsbereich umfasst unter anderem[16]:

- Sparmaßnahmen im Energiebereich
- Sorgfältige Auswahl von entsorgungsfreundlichen Materialien bei den eingekauften Produkten, da vor allem die großen Mengen an Verpackungen immer wieder Anlass für Diskussionen sind
- Entsorgungsbezogene Produkteliminierung
- Eine auf Entsorgung gerichtete Kommunikationspolitik mit den Gästen
- Aufstellen von Recyclingstrategien – Recycling bedeutet dabei eine Rückführung der stofflichen und energetischen Rückstände in den Produktionsprozess zur weiteren Nutzung und Verwendung.

Die Behandlung des Abfalls, die Mülldeponieerrichtung und die Verbrennungsanlagen stoßen zunehmend auf Schwierigkeiten. Je höher die Kosten für die Abfallbehandlung werden, desto eher wird vermehrt Vermeidung und Verwertung des Mülls vorherrschend werden. Deshalb bedarf es unbedingt einer kosteneffizienten Neuorientierung. Um die ansteigenden Müllmengen zu stoppen oder zumindest zu verlangsamen, bedarf es der Verhaltensänderung der Touristen durch Informationen, Aufklärung oder durch Zwang, und auch die touristischen Orte und Betriebe sollten den örtlichen Gegebenheiten angepasste abfallwirtschaftliche Konzepte entwickeln.[17]

---

[14] VOGEL, G.: Sustainable Development, Facultas Wien, Wien 2004, S. 20

[15] AMMER, U., u.a.: Freizeit, Tourismus und Umwelt, Bonn 1998, S. 101

[16] HOPFENBECK, W., ZIMMER, P.: Umweltorientiertes Tourismusmanagement, Landsberg/Lech 1993, S. 194 ff

[17] BRANDNER, G.: Tourismus am Wörthersee unter besonderer Berücksichtigung von Tourismus- und Umweltmanagement, Diplomarbeit der Wirtschaftsuniversität Wien, Wien 1994, S. 24

Ein auf den Tourismus abgestimmtes Abfallwirtschaftsmanagement erfüllt idealerweise folgende Grundfunktionen[18]:

- Aufbau von Organisationen, die alle Rückstandsarten und -mengen erfassen, die Vorschläge zur Ablaufumgestaltung machen und die Sammel-, Transport- und Lagersysteme aufbauen
- Veränderung in den Bereichen Beschaffung und Einkauf
- Ausbildung und Schulung des Personals zum Thema Abfallwirtschaft
- Information und Aufklärung der Touristen durch die Orte, Verbände und Umweltorganisationen.

Umweltschonende oder umweltkonforme Produkte sind derzeit teure Waren.[19] „Durch eine entsprechende Gestaltung der öffentlichen Nachfrage, wie zum Beispiel durch ein Gebot zur umweltschonenden Beschaffung, würden Produkte mit einem hohen Standard an Umweltleistungen bereits vor Inkrafttreten geänderter Rechtsregeln zugunsten des Umweltschutzes durchdringen können."[20] Umweltschonende Produkte sind jene, bei deren Herstellung, Nutzung, Entsorgung weniger Umweltbelastungen auftreten als bei konventionellen Gütern. Durch einen Kauf von umweltschonenden Produkten soll derselbe Nutzen mit einer geringeren Umweltbelastung erzielt werden.[21]

2.4 Natur schonen

Die Abwehr von Gefahren für die Umwelt, Natur und Landschaft wie beispielsweise die Landschaftszersiedelung, Vernichtung von Biotopen und Arten und die Abwehr von Belastungen der Luft durch Fahrzeug- und Flugzeugabgase sollten Vorrang vor rein wirtschaftlichen Interessen haben.[22]

2.41 Natur und Tourismus

„Die große Bedeutung der Natur für Freizeit und Tourismus macht Rückkoppelungseffekte umso gravierender. Umweltbelastungen reduzieren den Attraktivitäts- und Erholungswert der Natur."[23] Deshalb nimmt die Vereinbarkeit von Ökologie und Ökonomie eine bedeutende Rolle in den Überlegungen der Touristik-

---

[18] BRANDNER, G.: Tourismus am Wörthersee unter besonderer Berücksichtigung von Tourismus- und Umweltmanagement, Diplomarbeit der Wirtschaftsuniversität Wien, Wien 1994, S. 24

[19] VOGEL, G. (Hrsg.): Handbuch zur umweltschonenden Beschaffung in Österreich, im Auftrag der Stadt Wien und des Bundesministeriums für Land- und Forstwirtschaft, Umwelt und Wasserwirtschaft Wien, Wien 1992, S. 15

[20] VOGEL, G. (Hrsg.): Handbuch zur umweltschonenden Beschaffung in Österreich, im Auftrag der Stadt Wien und des Bundesministeriums für Land- und Forstwirtschaft, Umwelt und Wasserwirtschaft Wien, Wien 1992, S. 17

[21] VOGEL, G. (Hrsg.): Handbuch zur umweltschonenden Beschaffung in Österreich, im Auftrag der Stadt Wien und des Bundesministeriums für Land- und Forstwirtschaft Umwelt und Wasserwirtschaft Wien, Wien 1992, S. 17 f

[22] BRANDNER, G.: Tourismus am Wörthersee unter besonderer Berücksichtigung von Tourismus- und Umweltmanagement, Diplomarbeit der Wirtschaftsuniversität Wien, Wien 1994, S. 24

[23] DRASKOVIC, G.: Tourismus – kritische Betrachtung aus der sozio-ökologischen Perspektive, Diplomarbeit der Wirtschaftsuniversität Wien, Wien 2004, S. 28

Unternehmer ein.[24]

Naturschützer und Tourismusexperten oder -manager sehen sich oft als Gegner. Einerseits ist der Tourismus einer der Hauptverursacher von Schäden in Natur und Landschaft, andrerseits stellt eine intakte Natur und Landschaft eine der wesentlichen Grundlagen für den Tourismus dar. Umgekehrt gilt Naturschutz als „Verhinderer" touristischer Entfaltungsmöglichkeiten, gleichzeitig sichert er die landschaftsbezogenen Grundlagen des Tourismus.[25] In der Realität wird kaum ein Faktor alleine die Umwelt in irgendeiner Weise beeinträchtigen, es sind stets mehrere Faktoren gemeinsam, die sich auf die Umwelt negativ auswirken.[26]

Die Tourismuswirtschaft befindet sich demnach in einem besonderen Zielkonflikt.

Gesicherte und gesunde Umwelt als Vorraussetzung für die Realisierung des Tourismus	ZIELKONFLIKT	Beeinträchtigung der Umweltqualität durch Massentourismus

Abb. 1:   **Der Zielkonflikt der Tourismuswirtschaft**

Quelle: RUDOLPH, H.: Tourismus – Betriebswirtschaftslehre, München/Wien 2002, S. 11

Dort wo Tourismusaktivitäten stark konzentriert sind, führt die Übernutzung der Landschaft zu empfindlichen Schäden an der Natur.[27]

Es sind fünf Gruppen von Akteuren, die die natürlichen Bestände einer Destination beeinflussen, zu nennen, und zwar die einheimische Bevölkerung, die Touristen, örtliche Tourismusunternehmen, Reiseveranstalter und nationale Tourismusorganisationen.[28]

Stadtgebiete mit speziellen kulturellen und geschichtlichen Erbstücken oder speziell verbaute Gebiete sind besonders von den negativen Tourismusauswirkungen betroffen. Der Erfolg des Tourismus in diesen Gebieten ist abhängig von der dort existierenden Infrastruktur und den Einstellungen der ansässigen Bevölkerung zu der bestehenden oder durch den aufkommenden Tourismus notwendig zu planenden neuen Infrastruktur.[29]

Unter Belastung der Landschaft versteht man objektiv feststellbare oder subjektiv empfundene, aktuelle oder potentielle Einwirkungen auf Personen, Gegenstände oder

---

[24] CIESLAR, C.: Eine Analyse der Methoden zum Umweltmanagement in der Tourismusbranche, Diplomarbeit der Wirtschaftsuniversität Wien, Wien 1996, S. 108

[25] AMMER, U., u.a.: Freizeit, Tourismus und Umwelt, Bonn 1998, S. 55

[26] HUNTER, C., GREEN, H.: Tourism and the environment – a sustainable relationship?, London 1995, S. 13

[27] RUDOLPH, H.: Tourismus – Betriebswirtschaftslehre, München/Wien 2002, S. 11

[28] MORITZ, V. M.: Tourismus in Papua-Neuguinea – Entwicklung, Ausbildung, Nachhaltigkeit, Diplomarbeit der Wirtschaftsuniversität Wien, Wien 2000, S. 14

[29] HUNTER, C., GREEN, H.: Tourism and the environment – a sustainable relationship?, London 1995, S. 27 ff

Ressourcen. Eine Überbelastung entsteht vor allem dort, wo sich mehrere Belastungsfaktoren summieren oder ein starkes Ungleichgewicht entsteht.[30] Je mehr ein Nahbereich infolge überdimensionierter Verkehrsinfrastruktur durch Umweltprobleme belastet ist, desto größer werden die Fluchtendenzen in Erholungsgebiete sein. Der Reisende schafft somit das wieder, wovor er flieht: Überfüllung, Asphaltierung, Zersiedelung und Umweltbelastungen.[31] Aber anstatt den Touristen die eigene Art, die heimische Struktur und das Leben der besuchten Region oder Stadt zu erklären und näher zu bringen, passt sich der Einheimische den Gästen an und zerstört so natürlich gewachsene Strukturen und Traditionen.[32] Nahezu jede Form der Erholungsnutzung kann in unterschiedlicher Intensität die Umwelt belasten. Diese Belastungen aus dem Tourismus betreffen nicht nur den Naturhaushalt, sondern auch die Einheimischen sowie die Touristen in den Reisezielgebieten. Diese Umweltbeeinträchtigungen wirken nicht nur nebeneinander, sie können sich gegenseitig auch verstärken.[33]

Die Umweltkomponenten unterteilen sich nach HUNTER/GREEN in[34]:

- Physische, ökologische Umwelt – natürliche Umwelt (Luft, Wasser, Flora, Fauna)
- Biologische Umwelt – gebildete Umwelt, technische Umwelt (Fabriken, Gebäude, Einrichtungen, Infrastruktur)
- Sozio-ökonomische Umwelt – kulturelle Umwelt (Werte, Einstellungen, Verhalten, Kunst, Gesetze, Traditionen)

zusätzlich nennt STECK[35]:
- Politische Umwelt (Gesetze, Instrumente, Interessen)
- Makro-ökonomische Umwelt (Dienstleistungen, Güter, Arbeitskräfte)

---

[30] GEISHÜTTNER, K-H.: Tourismus und Umweltethik – die ökologische Herausforderung aus wirtschaftlicher und ethischer Sicht, Diplomarbeit der Wirtschaftsuniversität Wien, Wien 1997, S. 45 ff

[31] GEISHÜTTNER, K-H.: Tourismus und Umweltethik – die ökologische Herausforderung aus wirtschaftlicher und ethischer Sicht, Diplomarbeit der Wirtschaftsuniversität Wien, Wien 1997, S. 45 ff

[32] TEUFEL, G.: Das Ökohotel – ein Franchisingkonzept für einen umweltverträglichen Tourismus am Beispiel der Beherbergungsbetriebe, Diplomarbeit der Wirtschaftsuniversität Wien, Wien 1992, S. 9

[33] AMMER, U., u.a.: Freizeit, Tourismus und Umwelt, Bonn 1998, S. 57

[34] HUNTER, C., GREEN, H.: Tourism and the environment – a sustainable relationship?, London 1995, S. 11

[35] PREDOTA, D.: Tourismusentwicklung in Madagaskar: Auf dem Weg zur Nachhaltigkeit, Diplomarbeit der Wirtschaftsuniversität Wien, Wien 2001, S. 13, zitiert aus: STECK, B.: Tourismus in der technischen Zusammenarbeit, Deutsche Gesellschaft für technische Zusammenarbeit (GTZ), Eschborn 1998

2.42 Tourismus und Umweltprobleme

Der negative Einfluss des Tourismus auf die Umweltqualität zeigt sich folgendermaßen[36]:

- Inanspruchnahme natürlicher Ressourcen[37]:
  - o Verbrauch von Wasser und Energie
  - o Entzug natürlichen Bodens zu Bauzwecken für touristische Entwicklungen und Verkehrsbauten
  - o Luftverschmutzung und Reduzierung der Ozonschicht durch erhöhten Energiebedarf in den Destinationen sowie durch eine wachsende Nachfrage nach touristischen Transportleistungen

- Beeinträchtigung der natürlichen und gebauten Umwelt[38]:
  - o Verschlechterung der Wasserqualität von Meeren, Flüssen, Seen durch Einleitung nicht oder ungenügend behandelten Abwassers
  - o Auswirkung der Verkehrsabgase über die Bildung sauren Regens auf Waldgebiete und die Zerstörung historischer Bauwerke und Kulturmonumente
  - o Schadstoffbelastung des Bodens durch ungeregelte Abfalldeponierung und Verminderung des touristischen Werts der Landschaft
  - o Beeinträchtigung der Lebensräume und Lebensbedingungen für Flora und Fauna und damit Reduzierung der Anzahl und Artenvielfalt in touristisch stark frequentierten Gebieten
  - o Zerstörung des ökologischen Gleichgewichtes besonders sensibler Landschaften durch touristische Aktivitäten mit der Folge lokaler Umweltkatastrophen
  - o Zerstörung des Landschaftsbildes und Verminderung des Erlebniswertes von Landschaften durch Bauten für die touristische Infrastruktur

---

[36] SWARBROOKE, J.: Sustainable Tourism Management, Wallingford 2002, S. 257 f
[37] SWARBROOKE, J.: Sustainable Tourism Management, Wallingford 2002, S. 257
[38] SWARBROOKE, J.: Sustainable Tourism Management, Wallingford 2002, S. 257

- Einwirkung auf kulturelle, soziale und wirtschaftliche Strukturen in den Destinationen[39]:
  - o Deformierung der kulturellen Traditionen der besuchten Völker bis zum Verlust der kulturellen und nationalen Identität
  - o Übertragung sozialer „Defekte" aus den Quell-Ländern des Tourismus in die Destinationen (Kriminalität, Prostitution, Drogenmissbrauch, Korruption, Entsolidarisierung)
  - o Entstehung ausschließlich von Saisonarbeitsplätzen – auf Einheimische entfallen nur weniger qualifizierte Tätigkeiten; dispositive Aufgaben werden von zugereisten Ortsfremden übernommen
  - o Es kommt zu touristischen Monostrukturen, die zu gefährlichen, da einseitigen, Abhängigkeiten führen
  - o Tourismusinduzierte Inflation – das Preisniveau in den Tourismuszentren erhöht sich, so dass viele Güter für Einheimische unerschwinglich werden
  - o Förderung von Landflucht – insbesondere Jugendliche wandern aus agrarischem Hinterland in die touristischen Zentren ab
  - o Die Oberflächlichkeit der touristischen Begegnung führt zur Verfestigung von Vorurteilen

2.421 Ökologische Knappheit

Je höher die heutige Belastung der natürlichen Umwelt durch die menschliche Zivilisation ist, desto größer ist die ökologische Knappheit. Die Nutzung der Ressourcen allein führt noch zu keiner Umweltbeeinträchtigung. Die einzelnen Umweltauswirkungen werden mit einem Gradmesser bestimmt, dem so genannten Öko-Faktor. Je höher der Faktor ist, desto problematischer ist die Belastung. Die Multiplikation von Umweltbelastungen mit ihrem Öko-Faktor ergibt das ökologische Gewicht in Form von Punkten ökologischer Belastung, kurz Öko-Punkten. Eine Bilanzierung nach Öko-Punkten ermöglicht eine ökologisch einheitliche Bewertung, man kann damit beispielsweise eine ökologisch bessere Entscheidungsvariante eindeutig identifizieren.[40]

Grundsätzlich differenziert man fünf Kapazitäten der Umwelt[41]:

- Physische Kapazität – Landschaftsressourcen, maximales Fassungsvermögen eines Gebietes
- Aufnahmekapazität (Nutzungskapazität) – Grundnutzungen wie beispielsweise die Landwirtschaft, maximal ertragbare Besucherzahl

---

[39] SWARBROOKE, J.: Sustainable Tourism Management, Wallingford 2002, S. 258

[40] CIESLAR, C.: Eine Analyse der Methoden zum Umweltmanagement in der Tourismusbranche, Diplomarbeit der Wirtschaftsuniversität Wien, Wien 1996, S. 96, zitiert aus: BUWAL (Bundesamt für Umwelt, Wald- und Forstwirtschaft) (Hrsg.): Methodik für Ökobilanzen, Schriftenreihe Umwelt Nr. 33, Bern 1990, S. 10

[41] HUNTER, C., GREEN, H.: Tourism and the environment – a sustainable relationship?, London 1995, S. 67

- Umgebungs- und Effektkapazität – Versorgungs- und Entsorgungskapazitäten, infrastrukturelle Einrichtungen
- Sozialpsychologische Kapazität – Besucherdichte, Belastbarkeit der einheimischen Bevölkerung, Raumansprüche der Bevölkerung
- Ökologische Kapazität – Beanspruchung der Landschaft, die noch ohne Schäden der Natur verläuft, Schäden durch einen touristischen Übergebrauch

„Ab wann die ökologische Kapazität erschöpft ist, kann noch nicht gesagt werden. Grundsätzlich steht aber fest, dass bestimmte natürliche Ressourcen in touristischen Regionen eine sehr geringe Kapazität aufweisen und in vielen Gebieten eine Überschreitung der tolerierbaren Grenze bereits angenommen werden kann.‟[42]

2.422 Carrying capacity

Carrying capacity kann nicht als ein im Vorhinein festgesetzter Wert gesehen werden, sondern als Ergebnis. Sie ist keine absolut definierte Grenze, die für jedes Gebiet verbindlich ist, sondern ein Mittel, ein Management-Werkzeug für nachhaltige Entwicklung.[43]

„Grundsätzlich gibt die Tragekapazität der natürlichen Umwelt die Grenze vor, die eine dauerhafte umweltverträgliche Entwicklung der Zivilisation nicht überschreiten darf. [...] Soll die Wirtschaft zukunftsfähig sein, muss sie [...] so ausgelegt werden, dass die Produktionsprozesse von Anfang an in die natürlichen Kreisläufe eingebunden bleiben.‟[44] Vergleichbar ist diese Aussage auch mit dem Konzept der starken Nachhaltigkeit, welches besagt, dass vorhandenes Naturkapital konstant gehalten werden muss, weil ein bereits verbrauchtes Naturkapital nicht mehr durch Sach- oder Humankapital ersetzt werden kann.

Im Gegensatz dazu erlaubt das Konzept schwacher Nachhaltigkeit einen weiteren Ressourcenverbrauch, weil hier lediglich die Verpflichtung besteht, den vorhandenen Kapitalstock aufrecht zu erhalten, allerdings kein Verbot des Ersatzes von bereits verbrauchtem Naturkapital durch andere Güter.[45]

Das Konzept der carrying capacity geht von der Annahme aus, dass das unbeschränkte massenhafte Auftreten von Touristen hauptverantwortlich für ökologische und sozio-kulturelle Belastungen ist. Nicht nur der physische Raum mit natürlichen Ressourcen

---

[42] DRASKOVIC, G.: Tourismus – kritische Betrachtung aus der sozio-ökologischen Perspektive, Diplomarbeit der Wirtschaftsuniversität Wien, Wien 2004, S. 32

[43] MORITZ, V. M.: Tourismus in Papua-Neuguinea – Entwicklung, Ausbildung, Nachhaltigkeit, Diplomarbeit der Wirtschaftsuniversität Wien, Wien 2000, S. 24 ff, zitiert aus: COCCOSSIS, H., PARPAIRIS, A.: Assessing the interaction between heritage, environment and tourism: Mykonos, in: COCCOSSIS, H., NIJKAMP, P.: Sustainable Tourism Development, Gateshead 1995, S. 119 f

[44] SCHARPF, H.: Freizeit, Tourismus und Umwelt, in: AMMER, U., u.a.: Freizeit, Tourismus und Umwelt, Bonn 1998, S. 135

[45] LEXIKON der NACHHALTIGKEIT, Sachverständigenrat für Umweltfragen, Aachen 2002, in: Lexikon der Nachhaltigkeit: http://www.nachhaltigkeit.info/artikel/sru2002_951.htm, vom 15.12.2006

und touristischer Infrastruktur wird berücksichtigt, sondern auch soziale, psychologische, kulturelle und ökonomische Besonderheiten. Für jede dieser Dimensionen oder Besonderheiten werden Belastungsgrenzwerte ermittelt. Diese Zahlen werden als maximale Anzahl von Touristen innerhalb eines gewissen Zeitraums dargestellt. Die Grenzen der Belastbarkeit variieren in Abhängigkeit von sozio-ökonomischen Merkmalen der Zielgruppe (Alter, Aufenthaltsdauer) und Merkmalen der besuchten Region und Bevölkerung (Landschaftstyp, Infrastruktur, Einstellung der Bevölkerung zum Tourismus).[46]

2.423 Maßnahmen zur Belastungsbegrenzung

Das Gesamtfassungsvermögen eines Gebietes wird nach oben durch seine schwächste oder sensibelste Stelle, den so genannten Engpassfaktor, begrenzt. Man kann die optimale Kapazität beispielsweise durch Öko-Bilanzen, Umweltcontrolling oder Kennzahlen bestimmen, sodass man eine objektive Sättigungsgrenze definieren kann.[47] Andere Methoden, um umweltgefährdende Maßnahmen zu begrenzen, sind beispielsweise Checklisten, die bestimmte Listen von relevanten Umweltparametern darstellen.[48] Checklisten geben einen systematischen Überblick über mögliche Umweltschutzaktivitäten einer Fremdenverkehrsgemeinde, sie dienen als allgemeine Grundlage und sollten von den Fremdenverkehrsgemeinden laufend aktualisiert werden.[49] Checklisten beinhalten Indikatoren, die jeweils verschiedene Maßnahmenbereiche betreffen und deren Ausprägung einen Hinweis auf die negativen oder positiven Auswirkungen des Tourismus geben. Auch Kennziffern- und Kriterienkataloge arbeiten auf diese Weise. Checklisten können eine erste Hilfestellung bei der Umsetzung umweltorientierter Maßnahmen sein. Oft werden sie als Vorstufe zu Umweltgütesiegeln verwendet. Auszeichnungen gibt es für einzelne Teilbereiche des touristischen Angebots wie Wasser- und Strandqualität als auch für umfassende Angebote wie für Urlaubsorte. Dadurch soll der Konsument Hilfe für seine Kaufentscheidung durch mehr Transparenz bekommen und sie sollen den Anbietern einen Wettbewerbsvorsprung verschaffen und sie so zu einem verstärkten Umweltengagement motivieren.[50] Weiters gibt es Netzwerke, Systemdiagramme und Überlagerungsmappen, die ein Bild von Projektauswirkungen zeigen, oder Simulationsmodelle. Diese Werkzeuge können auch gemeinsam oder ergänzend verwendet werden.[51]

---

[46] PREDOTA, D.: Tourismusentwicklung in Madagaskar: Auf dem Weg zur Nachhaltigkeit, Diplomarbeit der Wirtschaftsuniversität Wien, Wien 2001, S. 39 f

[47] TEMPEL, K. G.: (Öko-)Tourismus: Instrument für eine nachhaltige Entwicklung? – Tourismus und Entwicklungszusammenarbeit, in: RAUSCHELBACH, B. (Hrsg.): Deutsche Gesellschaft für technische Zusammenarbeit (GTZ), Heidelberg 1998, S. 78

[48] HUNTER, C., GREEN, H.: Tourism and the environment – a sustainable relationship?, London 1995, S. 138 ff

[49] AMMER, U., u.a.: Freizeit, Tourismus und Umwelt, Bonn 1998, S. 33

[50] PREDOTA, D.: Tourismusentwicklung in Madagaskar: Auf dem Weg zur Nachhaltigkeit, Diplomarbeit der Wirtschaftsuniversität Wien, Wien 2001, S. 40

[51] HUNTER, C., GREEN, H.: Tourism and the environment – a sustainable relationship?, London 1995, S. 138 ff

Die Hauptaufgaben eines Öko-Controllings beispielsweise als Subsystem einer ökologisch verantwortlichen Unternehmensführung sind die Planung, Steuerung und Kontrolle umweltbezogener Tätigkeiten sowie der Informationsaustausch innerhalb des Unternehmens und die Kommunikation mit der Unternehmensumwelt.[52] Öko-Controlling soll die Integration ökologischer Fragestellungen in das allgemeine Unternehmensmanagement unterstützen, ökologische Schwachstellen effizient und wirtschaftlich vertretbar erfassen, Ansatzpunkte für eine ökologische Optimierung bezüglich Produktentwicklung, Rohstoffe und Produktionsverfahren finden, langfristige Gewinnmaximierung und Existenzsicherung des Unternehmens gewährleisten und Hilfestellung bei der Umsetzung neuer gesetzlicher Vorgaben bieten.[53] Ökologisches Controlling kann helfen, akzeptable Lösungen für die wachsenden Umweltprobleme im Tourismus zu finden. Es geht dabei um einen ganzheitlich angelegten, naturorientierten Führungs-, Steuerungs- und Kontrollmechanismus im Tourismus, mit dem Ziel, den Weg zu qualitativem Wachstum zu ebnen und zu einem stärkeren Einbezug der Belange der Bereisten aufzuzeigen.[54]

Umweltgütezeichen beispielsweise stellen einen Ansporn für Tourismusgemeinden dar, sich der Schaffung, Erhaltung und Pflege angenehmer Umweltbedingungen zu widmen und auf eine gute Lebensqualität zu setzen. Außerdem können Umweltgütezeichen als Werbemittel eingesetzt werden.[55] Ein Gütesiegel oder Labeling kann als weiches Steuerungsinstrument ein effizientes, marktwirtschaftlich orientiertes Mittel zur umweltfreundlichen Gestaltung von Fremdenverkehrsangeboten sein. Das Siegel stellt dabei eine Umweltinformation für die Kunden dar und zielt auf die Beeinflussung der Kaufentscheidung ab. Wettbewerbsvorteile durch Umweltsiegel sollen die Branche zur Nachahmung anregen.

---

[52] MAGRITSCH, P.: Öko-Auditing, Diplomarbeit der Technischen Universität Wien, Wien 1995, S. 97

[53] ROENICK, C.: EDV-Unterstützung für Öko-Controlling und Ökobilanzierung, in: Neue Wege im Umweltmanagement, Umweltsymposium der Süddeutschen Zeitung, Tagungsbericht, Garmisch-Patenkirchen 1992, S. I 3

[54] CIESLAR, C.: Eine Analyse der Methoden zum Umweltmanagement in der Tourismusbranche, Diplomarbeit der Wirtschaftsuniversität Wien, Wien 1996, S. 20 ff

[55] GEISHÜTTNER, K-H.: Tourismus und Umweltethik – die ökologische Herausforderung aus wirtschaftlicher und ethischer Sicht, Diplomarbeit der Wirtschaftsuniversität Wien, Wien 1997, S. 70 f

Das Label muss dabei vom Konsumenten akzeptiert werden und für den Anbieter auch attraktiv genug gestaltet werden. Bei der Entwicklung von Umweltsiegeln zeigt sich eine Tendenz von regionalen oder kommunalen Kennzeichen hin zu großräumigeren Gütesiegeln oder Preisen.[56]

In Europa gibt es beispielhaft bereits einige verschiedene Produktlabelings und Umweltwettbewerbe, so zum Beispiel auf Ebene der Fremdenverkehrsregionen die „Landschaft des Jahres" der Naturfreunde Internationale oder den Europäischen Preis für Tourismus und Umwelt der EU-Kommission und auf der Ebene der Beherbergungsbetriebe verschiedene Auszeichnungen wie „Umweltfreundlicher Hotel- und Gaststättenbetrieb"[57] oder das bekannte „Umweltzeichen Österreich"[58], welches auch für den Tourismusbereich verwendet wird und in folgender Abbildung zu sehen ist.

Abb. 2: **Umweltzeichen Österreich, Umweltzeichen Österreich Tourismus**

Quelle: Das österreichische Umweltzeichen, http://www.umweltzeichen.at, vom 15.12.2006

Gütezeichen sind Wort- oder Bildzeichen oder beides, die als Garantieausweis zur Kennzeichnung von Waren und Leistungen verwendet werden und bestimmte Eigenschaften aufweisen.[59]

---

[56] KAHLENBORN, W., KRAACK, M., CARIUS, A.: Tourismus- und Umweltpolitik – ein politisches Spannungsfeld, Berlin 1999, S. 91 f

[57] Anmerkung der Verfasserin: in Österreich wird das Umweltzeichen Tourismus nur für Betriebe vergeben
KAHLENBORN, W., KRAACK, M., CARIUS, A.: Tourismus- und Umweltpolitik – ein politisches Spannungsfeld, Berlin 1999, S. 93 f

[58] Das österreichische Umweltzeichen, http://www.umweltzeichen.at, vom 15.12.2006

[59] BEHM, H. U.: Umweltschonender Tourismus: Eine Entwicklungsperspektive für den ländlichen Raum, in: MOLL, P. (Hrsg.): Material zur Angewandten Geographie, Band 24, Bonn 1995, S. 174

3. EINFLUSSFAKTOREN

3.1 Verkehr

„Getting transport right is the key to making cities sustainable" (Tony MAY, University of Leeds)[60]
„Die Verkehrswirtschaft betrifft die Erstellung oder Bereitstellung von Einrichtungen zum Transport von Personen, Gütern und Nachrichten sowie die Verkehrsleistung selbst."[61] Unter dem wirtschaftstheoretischen Aspekt Verkehr im weitesten Sinn wird nichts anderes verstanden als die Produktion, enger betrachtet geht es um die Beförderung von Gütern und Personen. Ganz generell muss der Verkehr in Verkehr mit produktivem Charakter und Verkehr mit konsumtivem Charakter unterteilt werden.[62]
Die touristische Dienstleistung ist eine gemeinsame Produktion verschiedener Leistungsanbieter, Reiseveranstalter, Hotels oder Fluggesellschaften. Um das touristische Angebot zu komplettieren, ist daher eine Verkehrsleistung notwendig. Deshalb gibt es meist enge Kooperationen zwischen Fremdenverkehr und Fluglinien oder anderen Verkehrsträgern. Der Verkehr ist also auch vom Fremdenverkehr abhängig, denn Fremdenverkehr ist eine wichtige Ursache des Verkehrsvorganges.[63]
Tourismus und Verkehr sind demnach eng miteinander verbunden und die Wahl des Verkehrsmittels ist zu einem Großteil verantwortlich dafür, wie umweltfreundlich Fremdenverkehr ist.[64]

Der Tourismus wird vor allem vom motorisierten Verkehr geprägt. Hauptkriterien bei der Wahl der Verkehrsträger nach ökologischen Gesichtspunkten sind die Energieeffizienz (Primärenergieverbrauch) und der Schadstoffausstoß.[65] Grob formuliert kann eine Person mit der gleichen Energie, mit der sie nach Australien fliegt, zwei mal mit dem Auto rund um die Welt fahren. Mittelstreckenflüge bis zu 4.000 km Distanz sind bezüglich der Flug-Ökobilanz am umweltfreundlichsten. Der Treibstoffverbrauch ist bei Kurzstreckenflügen bis 500 km Distanz wegen der energieaufwendigen Start- und Landephase besonders hoch.[66]

---

[60] Cordis Datenbank, Informationen zu Forschungs- und Entwicklungsprogrammen der EU, European Commission, Community Research: Energy, Environment and Sustainable Development, 1999, http://cordis.europa.eu/eesd/src/mtr_cities.htm, vom 14.12.2006

[61] VOGEL, G. (Hrsg.): Handbuch zur umweltschonenden Beschaffung in Österreich, im Auftrag der Stadt Wien und des Bundesministeriums für Land- und Forstwirtschaft, Umwelt und Wasserwirtschaft Wien, Wien 1992, S. 93

[62] WENZEL, J.: Interdependenzen Verkehr – Fremdenverkehr, Diplomarbeit der Wirtschaftsuniversität Wien, Wien 1979, S. 5 ff

[63] KASPAR, C.: Die Fremdenverkehrslehre im Grundriss, St. Gallner Beiträge zum Tourismus und zur Verkehrswirtschaft, Reihe Tourismus, Bern/Stuttgart 1991, S. 32

[64] BREUER, E.: Fremdenverkehr und Umweltzerstörung: Eine Analyse der Interdependenzen zwischen Fremdenverkehr und seiner ökologischen Umwelt, Diplomarbeit der Wirtschaftsuniversität Wien, Wien 1991, S. 45

[65] GEISHÜTTNER, K-H.: Tourismus und Umweltethik – die ökologische Herausforderung aus wirtschaftlicher und ethischer Sicht, Diplomarbeit der Wirtschaftsuniversität Wien, Wien 1997, S. 45

[66] Reisen mit Respekt – ein Travelguide von Respect Austria in Kooperation mit Österreichische Entwicklungszusammenarbeit (ÖEZA), http://www.respect.at/content.php?id=212&m_id=6&ch_id=73, vom 02.07.2006, S. 16

Der Verkehr stellt ein tourismusspezifisches Problem dar, dessen Hauptbelastungen bei der An- und Abreise der Touristen entstehen. Es bedarf daher bei der Anreise einer möglichst frühzeitigen Verlagerung des Straßenverkehrs auf öffentliche Verkehrsmittel. Es müssten Anreize geschaffen werden, um die Touristen zu einem „Umsteigen" zu bewegen, und es sollte versucht werden, sowohl bei Einheimischen als auch bei Touristen um Verständnis für die Verkehrsprobleme und für einen Verzicht des Autos zu werben.[67]

3.11 Externe Kosten des Verkehrs und Tourismus

Das Problem ist, dass der Gast zwar für die diversen touristischen Dienstleistungen den betriebswirtschaftlich kalkulierten Preis bezahlt, nicht aber für die externen Kosten – beispielsweise für die Luftverschmutzung, die Lärmverursachung während seiner An- und Abreise, den Flächenkonsum oder die Zerstörung der Landschaftsästhetik.[68] Besonders im Verkehr spielen externe Effekte eine besondere Rolle, einerseits weil eine ökonomische Aktivität im Bereich der Produktion oder der Konsumtion auf die Produktions- oder Nutzenniveaus anderer Produzenten oder Konsumenten wirkt, andrerseits weil für die Entwicklung kein Entgelt oder keine Entschädigung verlangt werden kann. Der Vorgang bleibt daher im Bereich des Verursachers ohne finanzielle Belastung. Oft oder meist kommt es dann in der Folge zur Verschwendung der vorhandenen Ressourcen. In der Verkehrswirtschaft kommen externe Effekte als regionale Aufschließungs- und Entwicklungseffekte nach dem Bau neuer Verkehrswege, durch Zeiteinsparungen aufgrund verbesserter Verkehrswege, aufgrund gegenseitiger Behinderungen der Verkehrsteilnehmer, Unfallfolgekosten, Auswirkungen von Lärm und Abgasen oder ähnlichem auf.[69] „Die sozialen Kosten drücken sich einerseits in der Natur aus, wie durch Zerstörung der Landschaft, Verschmutzung der Luft und des Wassers, und andrerseits innerbetrieblich in der psychischen und physischen Belastung der Mitarbeiter, was zu Arbeitsunfällen oder Krankheiten führen kann."[70]

Die zunehmende Schnelligkeit, Sicherheit und Wirtschaftlichkeit bei den Verkehrsmitteln hat den Tourismus und besonders den Massentourismus positiv beeinflusst. Die rasante Entwicklung des Verkehrs gibt dem Tourismus größere Freiräume und jeder noch so ferne Ort ist nun erreichbar.[71]
Neben der Verkehrsmittelwahl ist auch die Urlaubsdestination von entscheidender Bedeutung, weil die ökologischen Gesamtbelastungen mit zurückgelegter Reisedistanz

---

[67] GEISHÜTTNER, K-H.: Tourismus und Umweltethik – die ökologische Herausforderung aus wirtschaftlicher und ethischer Sicht, Diplomarbeit der Wirtschaftsuniversität Wien, Wien 1997, S. 45 ff

[68] CIESLAR, C.: Eine Analyse der Methoden zum Umweltmanagement in der Tourismusbranche, Diplomarbeit der Wirtschaftsuniversität Wien, Wien 1996, S. 108

[69] WENZEL, J.: Interdependenzen Verkehr – Fremdenverkehr, Diplomarbeit der Wirtschaftsuniversität Wien, Wien 1979, S. 6 f

[70] BRANDNER, G.: Tourismus am Wörthersee unter besonderer Berücksichtigung von Tourismus- und Umweltmanagement, Diplomarbeit der Wirtschaftsuniversität Wien, Wien 1994, S. 41

[71] BRANDNER, G.: Tourismus am Wörthersee unter besonderer Berücksichtigung von Tourismus- und Umweltmanagement, Diplomarbeit der Wirtschaftsuniversität Wien, Wien 1994, S. 20 f

proportional ansteigen. Alle Beteiligten können dafür sorgen, dass die einzelnen Verkehrsmittel entsprechend ihrer ökologischen und ökonomischen Vorteile eingesetzt und optimal miteinander vernetzt werden.[72] Demnach trifft eine ökologische und volkswirtschaftlich optimierte Tourismus- und Verkehrspolitik alle Maßnahmen, die eine „sanfte" Mobilität zu Fuß, per Rad, Bus, Bahn oder Schiff fördern und unterlässt oder baut alle Maßnahmen ab, die die „harte" Mobilität per Auto oder Flugzeug attraktiv machen.[73]

Die World Tourism Organisation (WTO) führt drei Mal im Jahr eine statistische Erhebung der wichtigsten touristischen Daten durch, um allen involvierten Tourismusmanagern und Analysten einen aktuellen Überblick über den internationalen Reisemarkt anzubieten. Diese Erhebung ist der World Tourism Barometer. Laut dem aktuellen World Tourism Barometer der WTO ist die Nachfrage nach Flugangeboten trotz der hohen Spritpreise auf der ganzen Welt angestiegen. Auch die Entwicklung und der Anstieg der Billigfluglinien wirkte sich positiv auf die Nachfrageentwicklung aus. Für die Zukunft wird noch ein weiterer Anstieg der Flugverkehrnachfrage prognostiziert, aber auch dem Bereich der Kreuzschifffahrten werden positive Wachstumsraten vorhergesagt.[74]

3.2   Werte und Werthaltungen

Das ökologische Bewusstsein der Bevölkerung ist stark gestiegen und beginnt sich auch im Verhalten niederzuschlagen. Werte und Wertveränderungen sind von großer Bedeutung, weil sie in hohem Maß grundsätzliche Verhaltensmuster bedingen.[75]
Unter Wert wird „...eine explizite oder implizite, für ein Individuum oder eine Gruppe charakteristische Konzeption des Wünschenswerten verstanden, welche die Auswahl unter verfügbaren Handelsarten, -mitteln und Zielen beeinflusst".[76] Werte stellen „Abstraktionen auf überindividueller Ebene dar, die im Sozialisationsprozess vom Individuum internalisiert und als Werterhaltung erfasst werden können. Diese Werthaltungen sind Dispositionen, aufgrund derer das Individuum in konkreten Situationen Präferenzen entwickelt."[77]

Werthaltungen werden als ein situationsungebundener Maßstabs- und Orientierungsrahmen angesehen, innerhalb dessen sich das Konsumentenverhalten

---

[72] NEUMANN-OPITZ, P.: Umweltschutz am Flughafen Frankfurt, in: PILLMANN, W., PREDL, S. (Hrsg.): Strategies for reducing the environmental impact of tourism, Wien 1992, S. 146

[73] GEISHÜTTNER, K-H.: Tourismus und Umweltethik – die ökologische Herausforderung aus wirtschaftlicher und ethischer Sicht, Diplomarbeit der Wirtschaftsuniversität Wien, Wien 1997, S. 45 ff

[74] UN-WTO: World Tourism Barometer, Excerpt, Volume 4, No. 2, Juni 2006, S. 7 f, http://www.world-tourism.org/facts/eng/pdf/barometer/WTOBarom06_2_en.pdf, vom 24.12.2006

[75] KATSCHNIG, I-H.: Die Auswirkungen des Nationalparks Nockberge auf die Entwicklung des Sanften Tourismus in dieser Region, Diplomarbeit der Wirtschaftsuniversität Wien, Wien 1999, S. 17

[76] DRÖGE, R.: Werthaltungen und ökologierelevantes Kaufverhalten, Wiesbaden 1997, S. 3, zitiert aus: KLUCKHOHN, C.: Values and Value-Orientation in the Theory of Action – An Exploration in Definition and Classification, in: PARSONS, T., SHILS, E. A.: Towards a general Theory of Action, Cambridge 1962, S. 395

[77] NERDINGER, F. W.: Stabilität, Zentralität und Verhaltensrelevanz von Werten, in: Problem und Entscheidung, München, (1984)26, S. 88

bewegt. Dabei wird ihre zeitliche Stabilität, also ihre Robustheit gegenüber kurzfristigen bzw. vorübergehenden Änderungen, hervorgehoben.[78] Werthaltungen werden darüber hinaus als Konzeption des Wünschenswerten gesehen[79], sie besitzen einen Idealcharakter. Werthaltungen sind demnach auf der Ebene des Individuums anzusiedeln, Werte beziehen sich auf die Ebene der Gesellschaft. Anders ausgedrückt stellen Werthaltungen als Wünschenswertes eine Beziehung zwischen dem Individuum und seiner sozialen Umgebung her. Das Individuum orientiert sich beim Kaufverhalten an seiner Umwelt, an dem, was von anderen ebenfalls gewünscht wird, also wünschenswert ist. Werthaltungen als Orientierungsleitlinien haben eine Auswirkung auf die Steuerung sowohl der menschlichen Wahrnehmung (Selektion) als auch des Verhaltens.[80]

RUDOLPH[81] definiert Werte folgendermaßen:
„Ein kultureller Wert ist ein sozial sanktionierter, kulturell typisierter und psychisch internalisierter Standard selektiver Orientierung für Richtung, Intensität, Ziel und Mittel des Verhaltens von Angehörigen des betreffenden soziokulturellen Bereichs. Sein objektives Kriterium ist Bedeutsamkeit im kulturellen Wertsystem, sein subjektives Kriterium ist Bedeutung in der individuellen Persönlichkeitsstruktur."[82]

„Kultur ist ein Phänomen, das unser Verhalten prägt. Wir handeln, aufgrund unserer Kultur, ohne dass es uns bewusst wird."[83] Kernstück jeder Kultur sind durch die Tradition weitergegebene Ideen, insbesondere Werte.[84] Kultur besteht aus expliziten und impliziten Denk- und Verhaltensmustern, die durch Symbole erworben und weitergegeben werden und eine spezifische, abgrenzbare Errungenschaft menschlicher Gruppen bilden.[85] Kulturelle Systeme können einerseits als das Ergebnis von Handlungen, andererseits als bedingende Elemente für weitere zukünftige Handlungen betrachtet werden.[86]
Werte stellen eher generelle Verhaltenskonzepte dar und lassen in großen Teilen des normalen Tagesablaufs einen mehr oder weniger breiten Spielraum für ein Verhalten, das weniger auf einer Wertgrundlage und mehr auf spontanen Einfällen oder Wünschen beruht.[87] Die Werte der Gesellschaft beeinflussen die Bildung der

---

[78] DRÖGE, R.: Werthaltungen und ökologierelevantes Kaufverhalten, Wiesbaden 1997, S. 3

[79] NERDINGER, F. W.: Stabilität, Zentralität und Verhaltensrelevanz von Werten, in:
      Problem und Entscheidung, München, (1984)26, S. 88

[80] DRÖGE, R.: Werthaltungen und ökologierelevantes Kaufverhalten, Wiesbaden 1997, S. 47 f

[81] RUDOLPH, W.: Die amerikanische „Cultural Anthropology" und das Wertproblem, Berlin 1959, S. 194

[82] RUDOLPH, W.: Die amerikanische „Cultural Anthropology" und das Wertproblem, Berlin 1959, S. 194

[83] KAPLAN, P.: Eine Untersuchung über die kulturell bedingten Unterschiede im Einkaufsverhalten der Touristen aus
      Nordamerika, Südostasien und den GUS-Ländern in Wien, Diplomarbeit der Wirtschaftsuniversität Wien, Wien 1996, S. 30

[84] NEUBERGER, R. F.: Einkaufstourismus in Wien – Reise- und Einkaufsverhalten der Flugtouristen aus Nordamerika,
      Südostasien und der GUS im Wiener Städtetourismus, Diplomarbeit der Wirtschaftsuniversität Wien, Wien 1996, S. 11

[85] KROEBER-RIEL, W.: Konsumentenverhalten, München 1990, S. 578

[86] NITTMANN, I. M.: Das Einkaufsverhalten der englischsprachigen Touristen in Wien, Diplomarbeit der Wirtschaftsuniversität
      Wien, Wien 1994, S. 13

[87] FRICKE, A.: Das Kaufverhalten bei Öko-Produkten: Eine Längsschnittanalyse unter besonderer Berücksichtigung des
      Kohortenkonzepts, Europäische Hochschulschriften, Frankfurt am Main 1996, S. 185

entsprechenden Werthaltungen während dem Sozialisationsprozess.[88] Die Sozialisation wird verstanden als der Prozess, in dem sich die Persönlichkeit und das Verhalten des Einzelnen unter dem Einfluss seiner Umwelt bildet und formt. Das Individuum wird eher als passives Objekt im Sozialisationsprozess und weniger als aktiver Mitspieler gesehen. Die Sozialisation ist ein Lernprozess, in dem die Gesellschaft oder eine Subkultur vorherrschende Werte, Normen und Verhaltensmuster vermittelt. Diese Vermittlung verläuft über Demonstrations- und Sanktionsprozesse, also über erzieherische und informelle Komponenten. Sozialisation ist als interaktiver, kommunikativer Prozess zu verstehen, der von lebenslanger Dauer ist. Der Sozialisationsprozess führt zur Ausbildung bestimmter Einstellungen, Werthaltungen und Verhaltensweisen.[89]

Generell ist bei der Bildung von Werthaltungen von einem gewissen Grad an kognitiver Reife des Individuums auszugehen. Das Verhalten des Individuums wird daher über kognitiv aufwendige Prozesse motiviert, was zu einer Wirkung von Werthaltungen führt.[90]

3.21 Prozessmodell der Entstehung von Werthaltungen

Eine sehr allgemeine Theorie zur Entstehung von Werthaltungen setzt Werthaltungen und Normen gleich und besagt, dass Normen als Werthaltungen von Mitgliedern einer Gruppe übernommen und somit verinnerlicht und internalisiert werden. Generell kann man in vier Schritten darstellen, wie und unter welchen Bedingungen aus wiederkehrendem Verhalten Werthaltungen entstehen können[91]:

- Phase 1: Das Auftreten wiederkehrenden Verhaltens
  In beliebigen Gruppen bringen bestimmte Verhaltensweisen höheren Nutzen als andere, deshalb werden solche Verhaltensweisen öfter auftreten. Besonders anerkannte Verhaltensweisen verleiten in Folge zur Imitation.
- Phase 2: Vom wiederkehrenden Verhalten zur Bildung von Präferenzen
  Überwiegen beim wiederkehrenden Verhalten verglichen mit alternativen Verhaltensweisen die positiven Effekte über die negativen Ergebnisse dieses Verhaltens, werden sich gegenüber diesem Verhalten positive Einstellungen und Präferenzen entwickeln. Allerdings bedeutet eine Präferenz alleine noch keinen Kaufprozess.

---

[88] DRÖGE, R.: Werthaltungen und ökologierelevantes Kaufverhalten, Wiesbaden 1997, S. 52 f

[89] FRICKE, A.: Das Kaufverhalten bei Öko-Produkten: Eine Längsschnittanalyse unter besonderer Berücksichtigung des Kohortenkonzepts, Europäische Hochschulschriften, Frankfurt am Main 1996, S. 62 ff

[90] DRÖGE, R.: Werthaltungen und ökologierelevantes Kaufverhalten, Wiesbaden 1997, S. 58

[91] DRÖGE, R.: Werthaltungen und ökologierelevantes Kaufverhalten, Wiesbaden 1997, S. 60 ff

- Phase 3: Von der Bildung von Präferenzen zu Werte-Statements
  Je stärker diese Präferenzen ausgeprägt sind, desto größer ist die Tendenz der Gruppenmitglieder, diese Präferenzen in Form von Werte-Statements zu äußern. Werte-Statements erfüllen eine erzieherische, normierende Funktion, sie dienen der Wiederherstellung des präferierten Zustandes bei einem Abweichen des Verhaltens von der Regel.
- Phase 4: Von Werte-Statements zur allgemeinen Akzeptanz von Werten
  Hier geht es um die Internalisierung von Normen. Erst wenn das Befolgen einer Norm auch intrinsische Belohnungen mit sich bringt, kann man von einer solchen Internalisierung sprechen. Erst dann spricht man von der eigentlichen Entstehung von Werthaltungen.

Zusammenfassend impliziert dieses Modell, dass somit wiederkehrendes Verhalten nur dann akzeptiert, zur Norm und darüber hinaus zur Werthaltung werden kann, wenn es dem Gruppeninteresse und damit dem Allgemeinwohl nicht entgegensteht.[92] Menschen orientieren sich in ihrem alltäglichen Handeln an sozial geteilten Normen.[93]

3.22 Zusammenfassende Definitionen von Werthaltungen und Werten

- Vor allem ökologierelevante Werthaltungen reflektieren Knappheitsverhältnisse.
- Werthaltungen interagieren mit einem selbst geschaffenen Regelwerk, das auf ein Minimum an Allgemeinwohl zielt. Vor allem Ökologie-bewusst geprägte Werthaltungen orientieren sich stark am Allgemeinwohl.
- Besonders ökologie-bewusst geprägte Werthaltungen beschreiben das Wünschenswerte.
- Der kognitive Aufwand bei der Transformation ökologierelevanter Werthaltungen in konkretes Verhalten ist besonders hoch, weil die Wirkungen eigener Verhaltensweisen auf die Umwelt abzuschätzen sind. Deshalb muss man auch Reaktion(-sweisen) Dritter oder der Umwelt miteinbeziehen.
- Aufgrund des hohen kognitiven Aufwands bei ihrer Transformation in konkretes Verhalten können ökologie-bewusste Werthaltungen nur als Orientierungsrahmen dienen, wenn bei der Verhaltensmotivation ähnlich aufwendige kognitive Prozesse vorliegen.
- Werthaltungen können nur dann als Steuerungsmechanismus fungieren, wenn im Rahmen aufwendigerer kognitiver Prozesse Erwartungen bezüglich weiterreichender Folgen des Verhaltens motivierend wirken.[94]
- Werte stellen ein basales Ordnungskonzept dar, definieren wünschenswerte Ziele und beziehen sich auf generelle Themenbereiche.

---

[92] DRÖGE, R.: Werthaltungen und ökologierelevantes Kaufverhalten, Wiesbaden 1997, S. 173

[93] DIEKMANN, A., FRANZEN, A. (Hrsg.): Kooperatives Umwelthandeln: Modelle, Erfahrungen, Maßnahmen, Zürich 1995, S. 114

[94] DRÖGE, R.: Werthaltungen und ökologierelevantes Kaufverhalten, Wiesbaden 1997, S. 148 f

- Werte und Einstellungen stehen miteinander in Verbindung und bilden ein hierarchisches System, das von dominanten Werten strukturiert wird.
- Werte sind relativ stabil im Zeitablauf und unterliegen einem langfristigen Wandel.
- Werte beeinflussen relativ breite Verhaltensbereiche, wobei ein großer Spielraum bei spezifischen Verhaltensweisen besteht.
- Werte sind Persönlichkeitsmerkmale mit relativ starkem Bezug zu bestimmten Kulturkreisen und erlauben die Identifikation mit einer Gruppe.
- Werte müssen dem Individuum nicht immer bewusst sein, sie können auch latent vorhanden sein.[95]

3.3 Motive und Motivation

Ergänzend seien hier die beiden Begriffe Motiv und Motivation angeführt. Unter einem Motiv wird der richtunggebende, leitende, antreibende, seelische Hinter- und Bestimmungsgrund des Handelns als Triebfeder des Wollens verstanden.[96] Motive sind „individuelle Verhaltensbedingungen, die sich im Laufe der Entwicklung in bestimmten Grundsituationen herausgebildet haben. Motive sind wiederkehrende Anliegen und werden in der Psychologie als Persönlichkeitskonstrukte gefasst. Als solche können sie lebenslang wirken und das Verhalten beeinflussen."[97] Motive fragen nach dem Warum menschlichen Handelns.[98] Man unterscheidet erbbedingte, physiologische Motive als primäre Motive, wie beispielsweise Hunger, und Lernen, Erfahrung, Erziehung oder Sozialisation als sekundäre Motive, die aus den Trieben hervorgehen. Den Ausgangspunkt bilden diffuse Antriebsenergien, wie Spannung, Unruhe und Ungleichgewicht. Die Antriebsenergien werden von gewissen Zielen oder Anreizen in eine bestimmte Richtung gelenkt, dies erfolgt durch einen Lernprozess. Durch das Lernen werden die diffusen und richtungslosen physiologischen Spannungszustände zu Motiven.[99]

Motivation beschreibt „alle Bedingungen, welche die Aktivität eines Organismus ankurbeln und die Variation dieser Aktivität nach Richtung, Quantität und Intensität bestimmen. Im engeren Sinne bezeichnet Motivation alle aktuellen Faktoren und Prozesse, die unter gegebenen situativen Anregungsbedingungen zu Handlungen führen und diese bis zu ihrem Abschluss in Gang halten."[100]

---

[95] FRICKE, A.: Das Kaufverhalten bei Öko-Produkten: Eine Längsschnittanalyse unter besonderer Berücksichtigung des Kohortenkonzepts, Europäische Hochschulschriften, Frankfurt am Main 1996, S. 45

[96] DORSCH, F.: Psychologisches Wörterbuch, Toronto 1987, S. 427

[97] OERTER, R.: Entwicklung der Motivation und Handlungssteuerung, in: OERTER, R., MONTADA, L.: Entwicklungspsychologie, Baltimore 1987, S. 567 ff

[98] FRICKE, A.: Das Kaufverhalten bei Öko-Produkten: Eine Längsschnittanalyse unter besonderer Berücksichtigung des Kohortenkonzepts, Europäische Hochschulschriften, Frankfurt am Main 1996, S. 47

[99] ROSEGGER, A.: Einzugsbereiche und Käuferverhalten der österreichischen Bevölkerung in Ungarn, Diplomarbeit der Wirtschaftsuniversität Wien, Wien 1990, S. 14

[100] MUELLER, E., THOMAS, A.: Einführung in die Sozialpsychologie, Zürich 1976, S. 110 f

Motivation ist die Gesamtheit der nicht unmittelbar aus äußeren Stimuli ableitbaren Variablen, die das menschliche Verhalten in seiner Intensität und in seiner Richtung beeinflussen und kontrollieren.[101] Motivation ist als Lernergebnis – man lernt aus den gemachten Erfahrungen – zu betrachten, das kognitiv auf bestimmte Objekte (Produkte) ausgerichtet ist.[102] Sie umfasst Emotionen (innere Erregungsvorgänge) als grundlegende Antriebskräfte und eine kognitive Komponente zielgerichteter Verhaltenslenkung.[103] Motivation ist ein hypothetisches Konstrukt, das selbst nicht beobachtbar ist, sondern nur mittelbar aus Bedingungen und beobachtbarer Verhaltensreaktion erschlossen werden kann.[104] Mit diesem Konstrukt sollen die Antriebe des Verhaltens erklärt werden. Es treibt das Handeln an und richtet es auf ein Ziel. Emotionen sind innere Erregungen, die angenehm oder unangenehm empfunden werden können und mehr oder weniger bewusst erlebt werden.[105] Emotionen bestehen aus Gefühlen und Befriedigungen, die innerlich erlebt werden, sich aber in gewissen Ausdrucksformen äußern.[106] Um dies in einer Formel auszudrücken: Motivation = Emotion + Handlungsorientierung. Das engere und das weitere soziale Umfeld beeinflussen die Emotionen, Motive, Einstellungen, Wahrnehmungen, sowie das Denken und die Lernprozesse jedes Einzelnen. Der Käufer richtet sich an Gruppen aus, indem er sich durch die Akzeptanz von Gruppennormen anpasst oder sich durch deren Ablehnung bewusst abzuheben versucht.[107]

Je nach der Motivation der Touristen für die touristische Bedürfnisbefriedigung unterscheiden sich folgende Motivationsgruppen[108]:

* Physische Motivationen (Erholung, Heilung, Sport)
* Psychische Motivationen (Ausbruch aus dem Alltag, Zerstreuung, Erlebnisdrang)
* Interpersonelle Motivationen (Besuch von Freunden oder Bekannten, Geselligkeit, Ausbruch aus dem Alltag)

---

[101] Lexikon der Geographie, Spektrum Akademischer Verlag, Heidelberg 2001, http://lexika.tanto.de/artikel.php?TANTO_SID=6afbec6cd8f1295ea52b843d7aa4e5ba&TANTO_KID=wu_wien&TANTO_AGR=41197&shortname=sav_geogriex&artikel_id=5259, vom 31.12.2006

[102] ROSEGGER, A.: Einzugsbereiche und Käuferverhalten der österreichischen Bevölkerung in Ungarn, Diplomarbeit der Wirtschaftsuniversität Wien, Wien 1990, S. 121

[103] FRICKE, A.: Das Kaufverhalten bei Öko-Produkten: Eine Längsschnittanalyse unter besonderer Berücksichtigung des Kohortenkonzepts, Europäische Hochschulschriften, Frankfurt am Main 1996, S. 47 f

[104] Lexikon der Geographie, Spektrum Akademischer Verlag, Heidelberg 2001, http://lexika.tanto.de/artikel.php?TANTO_SID=6afbec6cd8f1295ea52b843d7aa4e5ba&TANTO_KID=wu_wien&TANTO_AGR=41197&shortname=sav_geogriex&artikel_id=5259, vom 31.12.2006

[105] KROEBER-RIEL, W.: Konsumentenverhalten, München 1990, S. 136

[106] NITTMANN, I. M.: Das Einkaufsverhalten der englischsprachigen Touristen in Wien, Diplomarbeit der Wirtschaftsuniversität Wien, Wien 1994, S. 17

[107] HÖRL, E.: Das Einkaufsverhalten der japanischen Touristen in der Stadt Salzburg, Diplomarbeit der Wirtschaftsuniversität Wien, Wien 1996, S. 19

[108] WENZEL, J.: Interdependenzen Verkehr – Fremdenverkehr, Diplomarbeit der Wirtschaftsuniversität Wien, Wien 1979, S. 24 f

- Kulturelle Motivationen (Kennen lernen anderer Länder, deren Sitten und Bräuche oder Sprachen, Kunstinteresse)
- Status- und Prestigemotivationen (persönliche Entfaltung wie Ausbildung, Weiterbildung, Geschäftsreisen, Wunsch nach Anerkennung und Wertschätzung)

Ein Motiv bezieht sich demnach auf allgemeine, überdauernde Dispositionen, wohingegen die Motivation nur einen zeitweiligen, situationsbezogenen aktivierten Zustand betrifft. Motive weisen gegenüber Emotionen eine Zielorientierung auf, sie beschreiben die Ziele und eigentlichen Beweggründe des Verhaltens.[109]

Folgende Merkmale von Motiven lassen sich bestimmen[110]:

- Motive bewirken eine Aktivierung des Konsumenten
- Motive steuern eher weite Verhaltensbereiche
- Motive sind hierarchisch organisiert und stehen in Wechselwirkung zueinander
- Nicht-existentielle Motive können im Zeitablauf variieren

3.4 Kaufverhalten

Das Modell von ENGEL et al.[111] zur Erklärung des individuellen Kaufverhaltens unterstellt, dass die Motive im wesentlichen durch Werte und Normen der Gesellschaft, aber auch durch die sich durch die Persönlichkeit und den Lebensstil ausdrückenden Werthaltungen des Individuums beeinflusst werden. Im Ergebnis zeigt sich, dass ökologierelevantes Verhalten direkt durch Werthaltungen gesteuert wird, die Motive bewegen sich dabei als Konstrukt zur Erklärung der Ziele der menschlichen Handlungen innerhalb eines durch Werthaltungen abgesteckten Rahmens.[112]

Bedürfnisse und Motive sind meist gelernt, zumeist gibt es ein Motivbündel, das die Bedürfnisse der Touristen bestimmt. Es sind dies Abwechslung (Flucht aus dem Alltag), Spaß (Unterhalten, Vergnügen), Freiheit (keine Planung), Ruhe (abschalten, entspannen), Natur (Landschaft erleben) oder Komfort (sich verwöhnen lassen).[113]

---

[109] DRÖGE, R.: Werthaltungen und ökologierelevantes Kaufverhalten, Wiesbaden 1997, S. 81

[110] FRICKE, A.: Das Kaufverhalten bei Öko-Produkten: Eine Längsschnittanalyse unter besonderer Berücksichtigung des Kohortenkonzepts, Europäische Hochschulschriften, Frankfurt am Main 1996, S. 51

[111] ENGEL, J. F., BLACKWELL, R. D., KOLLAT, D. T.: Consumer Behaviour, Ohio 2001, S. 72 ff

[112] DRÖGE, R.: Werthaltungen und ökologierelevantes Kaufverhalten, Wiesbaden 1997, S. 101 f

[113] BRANDNER, G.: Tourismus am Wörthersee unter besonderer Berücksichtigung von Tourismus- und Umweltmanagement, Diplomarbeit der Wirtschaftsuniversität Wien, Wien 1994, S. 61

3.5 Einstellungen

Der Vorteil des Einstellungs-Konstruktes liegt darin, dass Einstellungen durch viele hoch entwickelte Messverfahren vergleichsweise valide gemessen werden können und dass sie mit anderen Modellen kombinierbar sind.[114]

„Eine Einstellung ist ein mentaler und neutraler Bereitschaftszustand, der auf Erfahrungen gegründet ist und einen steuernden oder dynamischen Einfluss auf die individuellen Reaktionen gegenüber allen Objekten und Situationen ausübt, mit denen er in Zusammenhang steht."[115]
„Eine Einstellung ist der Grad der positiven oder negativen Empfindung, die an einen beliebigen psychologischen Gegenstand geknüpft ist."[116]

Einstellung kann als die subjektive Eignung eines Gegenstandes zur Befriedigung von gegebenen Motiven verstanden werden. Sie entsteht durch erlernte und gespeicherte Ansichten.[117] Eine Einstellung ist die innere Bereitschaft eines Individuums, gegenüber bestimmten Reizen eine relativ stabile positive oder negative Reaktion zu zeigen.[118] Einstellungen sind nicht direkt beobachtbare Zustände, sondern Haltungen, die vor allem aus verbalem Verhalten wie Meinungen geschlossen werden können. Sie stehen in unmittelbarer Wechselwirkung zur Wahrnehmung, Erkenntnis, zum Informationsverhalten und zu den Lernprozessen.[119]

Ganz allgemein gesprochen setzen sich Einstellungen aus einer affektiven (gefühlsmäßigen, Fühlen), kognitiven (verstandesmäßigen, Denken) und konativen (handlungsdispositiven, Handeln) Komponente zusammen.[120] „Einstellungen stellen die emotionale Bindung (affektive Komponente) eines Individuums zum Einstellungsobjekt (Person, Gegenstand, Verhaltensweise) dar, sie sind durch Erfahrungen (kognitive Komponente) erworbene Prädispositionen, die es dem Individuum ermöglichen, konsistent auf Umweltreize zu reagieren. Die Einstellung stellt eine anzunehmende Wahrscheinlichkeit für eine bestimmte Verhaltensweise dar, die nur bei einer spezifischen Reizkonstellation ausgeführt

---

[114] FRICKE, A.: Das Kaufverhalten bei Öko-Produkten: Eine Längsschnittanalyse unter besonderer Berücksichtigung des Kohortenkonzepts, Europäische Hochschulschriften, Frankfurt am Main 1996, S. 32

[115] TRIANDIS, H. C.: Einstellungen und Einstellungsänderungen, Basel 1975, S. 4, zitiert aus: ALLPORT, G. W., VERNON, P. E.: A Test of Personal Values, in: The Journal of Abnormal and Social Psychology, Vol. 26, Lancaster 1931, S. 231 ff

[116] SIX, B.: Das Konzept der Einstellung und seine Relevanz für die Vorhersage des Verhaltens, in: PETERMANN, F. (Hrsg.): Einstellungsmessung – Einstellungsforschung, Göttingen 1980, S. 57

[117] KROEBER-RIEL, W.: Konsumentenverhalten, 1990, S. 162 ff

[118] NITTMANN, I. M.: Das Einkaufsverhalten der englischsprachigen Touristen in Wien, Diplomarbeit der Wirtschaftsuniversität Wien, Wien 1994, S. 17

[119] ROSEGGER, A.: Einzugsbereiche und Käuferverhalten der österreichischen Bevölkerung in Ungarn, Diplomarbeit der Wirtschaftsuniversität Wien, Wien 1990, S. 115

[120] FRICKE, A.: Das Kaufverhalten bei Öko-Produkten: Eine Längsschnittanalyse unter besonderer Berücksichtigung des Kohortenkonzepts, Europäische Hochschulschriften, Frankfurt am Main 1996, S. 35

wird."[121] Die Einstellung kann als eine Erweiterung der Motivation um eine kognitive Gegenstandbeurteilung aufgefasst werden, es wird eine strukturierte Haltung gegenüber einem Gegenstand (Objektbezogenheit) gebildet.[122] Um dies in einer Formel auszudrücken: Einstellungen = Motive + Objektbeurteilung[123]

Folgende Merkmale charakterisieren Einstellungen nach FRICKE[124] und WIMMER[125]:

- Einstellungen beeinflussen eine Reihe psychischer Prozesse, wie Wahrnehmung, Lernen, Denken
- Einstellungen beziehen sich jeweils auf ein spezifisches Objekt und gelten nur für diesen konkreten Meinungszustand
- Einstellungen sind netzartig organisiert, sind interdependent und untereinander konsistent
- Einstellungen können eine Steuerungsfunktion auf das Verhalten ausüben
- Gegenwärtige Einstellungen können Hinweise auf zukünftiges Verhalten geben
- Verhalten kann sich auf Einstellungen auswirken[126]
- Einstellung sind relativ stabil, stehen aber in Wechselwirkung mit der Umwelt und können sich im Zeitablauf verändern – je größer die funktionale Signifikanz der Einstellung für das Individuum ist und je stärker ihre Stützung durch die Umwelt ist, desto resistenter ist sie gegenüber Änderungen[127]

Die Werte, Einstellungen oder Motive der Touristen haben sich seit den 1980er Jahren stark verändert. Waren es früher Erholung und Ruhe, Ausgleich und Abwechslung, Befreiung von Bindungen des Alltags und Kommunikation, die einen Menschen zu Reisen veranlasste, so sind es nun zusätzlich auch eine ökologisch intakte Urlaubslandschaft, Gelegenheiten etwas für den Körper und die Gesundheit zu tun, aktiv zu sein, Sport zu betreiben und Kultur zu erleben oder auch die Weiterbildung. Auch die Forderung, umweltschonend anzureisen und sich umweltschonend im Urlaubsland fortzubewegen, tritt hervor.[128] Durch Urlaubsreisen distanzieren sich die Menschen physisch von ihrem Alltag. Die Motive und das Verhalten sind vor allem ichbezogen. Während des Verhaltens ändert sich das eigene Verhalten, weil die

---

[121] FRICKE, A.: Das Kaufverhalten bei Öko-Produkten: Eine Längsschnittanalyse unter besonderer Berücksichtigung des Kohortenkonzepts, Europäische Hochschulschriften, Frankfurt am Main 1996, S. 35

[122] FRICKE, A.: Das Kaufverhalten bei Öko-Produkten: Eine Längsschnittanalyse unter besonderer Berücksichtigung des Kohortenkonzepts, Europäische Hochschulschriften, Frankfurt am Main 1996, S. 35

[123] DEMETER, T.: Einkaufstourismus in Österreich, Diplomarbeit der Wirtschaftuniversität Wien, Wien 1989, S. 24 f

[124] FRICKE, A.: Das Kaufverhalten bei Öko-Produkten: Eine Längsschnittanalyse unter besonderer Berücksichtigung des Kohortenkonzepts, Europäische Hochschulschriften, Frankfurt am Main 1996, S. 35 f

[125] WIMMER, A.: Die Einstellungen der Bewohner gegenüber dem Tourismus – dargestellt am Beispiel der Tourismusgemeinde Bad Hall, Diplomarbeit der Wirtschaftsuniversität Wien, Wien 1993, S. 7

[126] FRICKE, A.: Das Kaufverhalten bei Öko-Produkten: Eine Längsschnittanalyse unter besonderer Berücksichtigung des Kohortenkonzepts, Europäische Hochschulschriften, Frankfurt am Main 1996, S. 35 f

[127] WIMMER, A.: Die Einstellungen der Bewohner gegenüber dem Tourismus – dargestellt am Beispiel der Tourismusgemeinde Bad Hall, Diplomarbeit der Wirtschaftsuniversität Wien, Wien 1993, S. 7

[128] BENTHIEN, B.: Umweltschonender Tourismus: Eine Entwicklungsperspektive für den ländlichen Raum, in: MOLL, P. (Hrsg.): Material zur Angewandten Geographie, Band 24, Bonn 1995, S. 113

Menschen Zeit haben und weil sie sich von den Normen und der Enge des Alltags befreit haben und somit frei sind.[129]

Folgende Trends sind im Freizeitverhalten der Touristen zu erkennen:

- Der Anteil an Freizeit nimmt zu, die Arbeitszeit wird kürzer – speziell die Normalarbeitszeitverhältnisse wurden verändert, es gibt vermehrt befristete Arbeitsverhältnisse, Leiharbeit und flexible Arbeitszeitformen[130]
- Die individuelle Mobilität steigt, der Verkehrsverbindungen werden schneller und komfortabler
- Erhöhter Wunsch nach Individualtourismus und erhöhte Abenteuerlust
- Stärkeres Umweltbewusstsein
- Vermehrter Kurzzeittourismus auf hohem Freizeit- und Erlebnisniveau[131]

Außerdem zeigt sich[132]:

- Wachsende Freizeitorientierung
- Wachsende Erlebnisorientierung
- Wachsende Genussorientierung
- Wachsende Gegenwartsorientierung
- Wachsende Natur- und Umweltorientierung

So genannte Boomfaktoren des Tourismus sind die psychischen und physischen Belastungen des Arbeitsalltages, Zunahme an freier Zeit, höhere Freizeitbudgets, höhere Mobilität, Bedürfnisentwicklung durch innovative Marktentwicklungen und Werbestrategien. Diese Faktoren tragen dazu bei, dass immer mehr Menschen reisen wollen und es zu einem gesellschaftlichen Wertewandel der Arbeits- und Freizeitgesellschaft kommt.[133]

Laut einer Umfrage im Jahr 2000 durch MORI (Market & Opinion Research International) bezüglich Konsumenteneinstellungen in Bezug auf Corporate Social Responsibility (CSR) sind 70 % der europäischen Konsumenten sehr wohl an Firmen mit Verantwortung für CSR interessiert, allerdings glauben 85 %, dass die Firmen dies zu wenig umsetzen. 44 % würden sogar für ökologische und umweltverträgliche Produkte mehr bezahlen. Generell wünschen sich Konsumenten, dass die Firmen ihre

---

[129] NGUYEN, Y-D.: Die Problematik des Tourismus in Entwicklungsländern am Beispiel Vietnam, Diplomarbeit der Wirtschaftsuniversität Wien, Wien 1995, S. 8

[130] ROTPART, M.: Vom Alternativtourismus zum Hybridtourismus – der postalternative Wandel im Individualtourismus und die Macht der Reisehandbücher im Dritte-Welt-Tourismus am Fallbeispiel der Philippinen, Dissertation der Kepler Universität Linz, Linz 1995, S. 110

[131] SMERAL, E., u.a.: Zukunftstrends im internationalen Tourismus – Die Freizeit- und Informationsgesellschaft an der Schwelle des 21. Jahrhunderts, Wirtschaftsforschungsinstitut Wien, Wien 1998, S. 45

[132] KATSCHNIG, I-H.: Die Auswirkungen des Nationalparks Nockberge auf die Entwicklung des Sanften Tourismus in dieser Region, Diplomarbeit der Wirtschaftsuniversität Wien, Wien 1999, S. 18

[133] AMMER, U., u.a.: Freizeit, Tourismus und Umwelt, Bonn 1998, S. 150

soziale Verantwortung nach außen kommunizieren.[134]
Die Verantwortung zu tragen für zukünftige Entscheidungen der Menschen bedürfen der richtigen Informationen und Möglichkeiten. Dies garantiert, dass jeder seines dazu beiträgt, dass Ressourcen geschont und unsere Konsumgewohnheiten nachhaltig praktiziert werden.[135]

3.6 Tourismus

Tourismus ist die Gesamtheit der Beziehungen und Erscheinungen, die sich aus dem Reisen und dem Aufenthalt von Personen ergeben, für die der Aufenthaltsort weder hauptsächlicher und dauernder Wohn- noch Arbeitsort ist[136]; Tourismus ist die temporäre Bewegung/Reise von Personen an Destinationen außerhalb ihrer normalen Arbeits- und Wohnstätte. „Gemäß der Definition der Welttourismusorganisation (WTO) umfasst Tourismus die Aktivitäten von Personen, die an Orten außerhalb ihrer gewohnten Umgebung und sich dort zu Freizeit-, Geschäfts- oder bestimmten anderen Zwecken nicht länger als ein Jahr ohne Unterbrechung aufhalten."[137] Die OECD (Organization for Economic Development and Cooperation) bezeichnet Tourismus als über 24 Stunden hinausgehenden Reiseverkehr zum Zwecke der Erholung.[138] Das Wort Tourismus taucht in der deutschen Sprache erstmals Mitte des 18. Jahrhunderts auf. Seitdem gab es verschiedenste Definitionen dafür, beispielhaft seien hier einige wenige zitiert bei NGUYEN erwähnt:[139]

Alle wirtschaftlichen Vorgänge, die sich im Zuströmen, Verweilen und Abströmen Fremder nach, in und aus einer bestimmten Gemeinde, einem Land, einem Staate beschäftigen   und   damit   unmittelbar   verwundbar   sind.
(SCHRATTENHOFEN, 1911)[140]

Der Verkehr der Personen, die sich vorübergehend von ihrem Dauerwohnsitz entfernen, um zur Befriedigung von Lebens- und Kulturbedürfnissen oder persönlichen   Wünschen   verschiedener   Art   auswärts   zu   verweilen.
(MORGENROTH, 1927)[141]

---

[134] Corporate Social Leadership-REPORT der WTTC (World Travel & Tourism Council), S. 20
http://www.wttc.org/publications/pdf/CSLREPORT.pdf, vom 24.12.2006
[135] SADIK, N.: Rethinking Development: the strategic role of population issues, a presentation made at the United Nations University Tokyo, 8.11.1993, S. 2
[136] KASPAR, C.: Die Tourismuslehre im Grundriss, St. Gallner Beiträge zum Tourismus und zur Verkehrswirtschaft, Reihe Tourismus, Bern/Stuttgart 1996, S. 11
[137] DRASKOVIC, G.: Tourismus – kritische Betrachtung aus der sozio-ökologischen Perspektive, Diplomarbeit der Wirtschaftsuniversität Wien, Wien 2004, S. 5 f
[138] ELLENBERG, L.: Ökotourismus: Reisen zwischen Ökonomie und Ökologie, Berlin 1997, S. 42
[139] NGUYEN, Y-D.: Die Problematik des Tourismus in Entwicklungsländern am Beispiel Vietnam, Diplomarbeit der Wirtschaftsuniversität Wien, Wien 1995, S. 45
[140] NGUYEN, Y-D.: Die Problematik des Tourismus in Entwicklungsländern am Beispiel Vietnam, Diplomarbeit der Wirtschaftsuniversität Wien, Wien 1995, S. 45
[141] NGUYEN, Y-D.: Die Problematik des Tourismus in Entwicklungsländern am Beispiel Vietnam, Diplomarbeit der Wirtschaftsuniversität Wien, Wien 1995, S. 45

Summe der Beziehungen zwischen einem am Orte seines Aufenthalts nur vorübergehend befindlichen Menschens. (GLÜCKSMANN, 1935)[142]

Inbegriff der Beziehungen und Erscheinungen, die sich aus dem Aufenthalt Ortsfremder ergeben, sofern durch den Aufenthalt keine Niederlassung zur Ausübung einer dauernden oder zeitweilig hauptsächlichen Erwerbstätigkeit begründet wird. (AIEST, 1954)[143]

Umfasst den nationalen und internationalen Reiseverkehr, also Verkehr von Reisenden zwischen Heimatort und Reiseziel, den vorübergehenden Aufenthalt Fremder am Ziel- oder Fremdenverkehrsort sowie Organisation der Reisevorbereitung am Heimatort. (FREYER, 1993)[144]

Der Tourismus umfasst alle durch Personen entfalteten Aktivitäten sowohl für Freizeitzwecke als auch aus geschäftlichen oder anderen Gründen. Zeitlicher Bezugsrahmen ist die Reisedauer, maximal ein Jahr, und räumlicher Bezugsrahmen sind die Orte, die im Rahmen der Reise aufgesucht werden und außerhalb der gewohnheitsmäßigen Umgebung des Touristen liegen (UN-WTO, 1993).[145]

Generell unterscheidet man folgende Fremdenverkehrsarten nach den jeweiligen Motivationen der Reisenden[146]:

* Erholungstourismus (Nah-, Ferienerholung, Kurtourismus)
* Kultureller Tourismus (Bildungstourismus, Wallfahrtstourismus)
* Gesellschaftlicher Tourismus (Verwandtentourismus, Clubtourismus)
* Sporttourismus (aktiver oder passiver Sport)
* Wirtschaftstourismus (Geschäftstourismus, Kongresstourismus, Ausstellungs- und Messetourismus)[147]
* Politischer Tourismus (Diplomatentourismus, politische Veranstaltungen)[148]

---

[142] NGUYEN, Y-D.: Die Problematik des Tourismus in Entwicklungsländern am Beispiel Vietnam, Diplomarbeit der Wirtschaftsuniversität Wien, Wien 1995, S. 45

[143] NGUYEN, Y-D.: Die Problematik des Tourismus in Entwicklungsländern am Beispiel Vietnam, Diplomarbeit der Wirtschaftsuniversität Wien, Wien 1995, S. 45

[144] NGUYEN, Y-D.: Die Problematik des Tourismus in Entwicklungsländern am Beispiel Vietnam, Diplomarbeit der Wirtschaftsuniversität Wien, Wien 1995, S. 45

[145] KAHLENBORN, W., KRAACK, M., CARIUS, A.: Tourismus- und Umweltpolitik – ein politisches Spannungsfeld, Berlin 1999, S. 5

[146] KASPAR,C.: Die Tourismuslehre im Grundriss, St. Galler Beiträge zum Tourismus und zur Verkehrswirtschaft, Reihe Tourismus, Bern/Stuttgart 1991, S. 18 f

[147] KASPAR,C.: Die Tourismuslehre im Grundriss, St. Galler Beiträge zum Tourismus und zur Verkehrswirtschaft, Reihe Tourismus, Bern/Stuttgart 1991, S. 18 f

[148] BRANDNER, G.: Tourismus am Wörthersee unter besonderer Berücksichtigung von Tourismus- und Umweltmanagement, Diplomarbeit der Wirtschaftsuniversität Wien, Wien 1994, S. 6 f

Fremdenverkehrsformen differenzieren sich außerdem[149]:

- nach der Herkunft (Inlands-, Auslandstourismus)
- nach der Dauer des Aufenthalts (Durchreise- oder Passantentourismus, Naherholungstourismus, Ferientourismus, Kurtourismus)
- nach der Jahreszeit (Sommer- und Wintertourismus)
- nach der Zahl der Tourismusteilnehmer (Individualtourismus, Kollektivtourismus, Massentourismus, Familientourismus)
- nach dem Alter der Tourismusteilnehmer (Jugend- oder Seniorentourismus)
- nach den verwendeten Verkehrsmitteln
- nach der Beherbergungsform (Hotel-, Zweitwohnungs- oder Camping- und Wohnwagentourismus)
- nach soziologischem Inhalt (Luxus-, Exklusivtourismus, Jugendtourismus, Sozialtourismus)

Die touristische Dienstleistung ist ein abstraktes, d. h. immaterielles, nicht stoffliches Konsumgut, das erst durch die Inanspruchnahme produziert und zugleich verbraucht wird.[150]

Der Tourismus zeigt Auswirkungen auf das lokale Preisniveau in den Destinationen. Es herrscht in tourismusintensiven Gebieten ein tendenziell höheres Preisniveau als in nicht-touristischen Gebieten. Dabei unterliegen Produkte, die sowohl von Einheimischen als auch von Touristen nachgefragt werden, einer höheren Preissteigerung. Lebensmittel, lokale Freizeiteinrichtungen oder Gaststättenpreise könnten dann auch unerschwinglich werden. Der Fremdenverkehr wirkt sozial differenzierend durch ungleiche Verteilung der Vorteile der Tourismuseinkünfte, z.B. Einkommen, Wohlstand und Prestige.[151]

Insgesamt kann der Tourismus als dreidimensional betrachtet werden: Während sich die Touristen auf der Suche nach Glück zum Beispiel in Länder der Dritten Welt begeben, um dort einen Gewinn an Lebensqualität zu finden, profitieren die Unternehmen ökonomisch durch einen monetären Gewinn. Die Bereisten in diesen wirtschaftlich armen Ländern sehen den Tourismus als eine Möglichkeit zur Verbesserung ihrer Lebenssituation, auch dies ist ein Versuch zum Überleben oder zum Gewinn an Lebensqualität.[152]
Generell unterscheidet man zwischen institutionalisierten und nicht

---

[149] WENZEL, J.: Interdependenzen Verkehr – Fremdenverkehr, Diplomarbeit der Wirtschaftsuniversität Wien, Wien 1979, S. 21 ff

[150] WENZEL, J.: Interdependenzen Verkehr – Fremdenverkehr, Diplomarbeit der Wirtschaftsuniversität Wien, Wien 1979, S. 21 ff

[151] DRASKOVIC, G.: Tourismus – kritische Betrachtung aus der sozio-ökologischen Perspektive, Diplomarbeit der Wirtschaftsuniversität Wien, Wien 2004, S. 63

[152] ROTPART, M.: Vom Alternativtourismus zum Hybridtourismus – der postalternative Wandel im Individualtourismus und die Macht der Reisehandbücher im Dritte-Welt-Tourismus am Fallbeispiel der Philippinen, Dissertation der Kepler Universität Linz, Linz 1995, S. 41

institutionalisierten Formen des Tourismus, erstere Form stellt dabei den organisierten oder individuellen Massentourismus dar und letztere Form bezieht sich auf die „Entdecker" oder die ziellosen Reisenden.[153]

Das höchste Gut im Tourismus stellt zweifellos eine intakte und attraktive Umwelt dar, der Erlebniswert der Landschaft oder des Umfeldes im Falle des Städtetourismus steht somit im Vordergrund. Eine intakte Umwelt wird daher mit einem hohen Erholungs- und Erlebniswert gleichgesetzt.[154] Ein entscheidender Faktor für die touristische Anziehungskraft einer bestimmten Region ist ihre Ausstattung mit naturbezogenen und kulturellen Attraktionen oder mit Events unterschiedlichster Art wie Musik, Kunst oder Sport.[155]

„Der Tourismus verursacht (besser: kann verursachen, Anm. der Verf.) eine Reihe von Belastungen:

- „Wirtschaftliche Belastungen
  - o Verschuldung der Gemeinden durch hohe Investitionsvorleistungen, durch Fehl- oder Überdimensionierung, durch Anpassung der Infrastrukturausstattung, durch geringe Steuereinnahmen oder durch Überbetonung des materiellen Infrastrukturausbaus aufgrund einer erheblichen Konkurrenzsituation
  - o Herausbildung ungünstiger Arbeitsmarktsituationen durch monostrukturiertes Arbeitsplatzangebot, durch Bereitstellung wenig qualifizierter Arbeitsplätze für Einheimische, durch Erhöhung der gefährlichen saisonalen Arbeitslosigkeit oder durch hohe Kapitalintensität der Arbeitsplätze
  - o Wirtschaftliche Belastungen der Einheimischen durch Erhöhung der Einzelhandelspreise, durch Anstieg der Steuern- und Gebührensätze oder durch Anstieg der Miet- und Baulandpreise"[156]

- „Soziale/sozialpsychologische Belastungen (soziokulturell)
  - o Zerstörung gewachsener Sozialordnungen und Verfremdung der Wertordnungen durch Zunahme sozialer Segregationsprozesse (Gruppenbildung), durch unkritische Übernahme von Verhaltensmustern, durch Zunahme ökonomischer Disparitäten oder durch Überalterungsprozesse

---

[153] MAYRHOFER, M.: Sozio-kulturelle Aspekte des Tourismus in der Dritten Welt: eine empirische Fallstudie in Goa, Indien, Diplomarbeit der Universität Wien, Wien 1992, S. 20 f

[154] GEISHÜTTNER, K-H.: Tourismus und Umweltethik – die ökologische Herausforderung aus wirtschaftlicher und ethischer Sicht, Diplomarbeit der Wirtschaftsuniversität Wien, Wien 1997, S. 5 f

[155] BACHLEITNER, R., PENZ, O.: Massentourismus und sozialer Wandel – Tourismuseffekte und Tourismusfolgen in Alpenregionen, Wien 2000, S. 15

[156] AMMER, U., u.a.: Freizeit, Tourismus und Umwelt, Bonn 1998, S. 4 ff

o Koexistenzprobleme zwischen verschiedenen Erholungsformen durch räumliche und zeitliche Massierung von Erholungssuchenden mit unterschiedlichen Aktivitätsansprüchen oder durch Aufeinandertreffen von Nah- und Ferienerholungssuchenden

o Zerstörung erlebnisbedeutsamer Orts- und Landschaftsstrukturen durch Zersiedelung der Landschaft, Überbauung von Landschaftsteilen, durch Einführung städtischer Infrastrukturen oder durch zu geringe Orientierung der Dimensionierung und formalen Gestaltung von Gebäuden oder Ortsstrukturen"[157]

- „Politische Belastungen
  o Verlust politischer Autonomie durch Einschränkung der finanzpolitischen Manövrierfähigkeit oder durch verstärkte Abhängigkeit von auswärtigen Interessensgruppen wie Bauträgern
  o Erhöhung des politischen Konfliktpotentials durch Privatisierung von Freiräumen mit großer Bedeutung für die Allgemeinheit oder durch Verstärkung divergierender Interessen in den Gemeinden"[158]

- „Ökologische Belastungen
  o Inaktivierung biologisch aktiver Fläche durch Überbauung oder Trassierungen
  o Verunreinigung von Luft und Wasser durch erhöhtes Verkehrsaufkommen, Motorsport oder Einleitung nicht ausreichend geklärter Abwässer
  o Zerstörung von Tier- und Pflanzenwelten durch Entzug von Lebensräumen, Veränderung von Lebensräumen oder direkte Einwirkung auf Pflanzen und Tiere
  o Wind- und Wassererosion"[159]

Aber der Tourismus erfüllt auch einige Funktionen im weiteren ökologischen Sinne[160]:

- Der Tourismus finanziert einen Teil der kommunalen Infrastruktur
- Die Sport- und Freizeiteinrichtungen sowie kulturelle Infrastrukturen stehen auch Einheimischen zur Verfügung
- Der Tourismus trägt zum Erhalt der Landwirtschaft bei
- Die Tourismuswirtschaft leistet Beiträge zur Umwelt-, Landschafts- und Ortsbildpflege

---

[157] AMMER, U., u.a.: Freizeit, Tourismus und Umwelt, Bonn 1998, S. 4 ff

[158] AMMER, U., u.a.: Freizeit, Tourismus und Umwelt, Bonn 1998, S. 4 ff

[159] AMMER, U., u.a.: Freizeit, Tourismus und Umwelt, Bonn 1998, S. 4 ff

[160] GEISHÜTTNER, K-H.: Tourismus und Umweltethik – die ökologische Herausforderung aus wirtschaftlicher und ethischer Sicht, Diplomarbeit der Wirtschaftsuniversität Wien, Wien 1997, S. 11 ff

- Der Tourismus trägt zur Steigerung des Wohlstandes der örtlichen Bevölkerung bei
- Der Tourismus schafft Arbeitsplätze (allerdings früher mehr als heute), dadurch werden auch Ausbildungsplätze geschaffen; in der Folge kommt es bei einem Überhang an qualifizierten Arbeitskräften zur Bildung neuer Dienstleistungen (Verwaltung, Übersetzungsdienste, kulturelle Institutionen).[161] Einerseits entstehen direkte Arbeitsplätze im Tourismus selbst und andrerseits entstehen so genannte indirekte Arbeitsplätze als Multiplikatoreffekt (ein Arbeitsplatz im Tourismus ermöglicht fünf Plätze in vorgelagerten Industrien), die die vorgelagerten Sektoren betreffen und somit direkt der ortsansässigen Bevölkerung zu gute kommt.
- Tourismus kann auch ein eventuelles Zahlungsbilanzungleichgewicht verringern oder sogar beseitigen.
- Durch überschüssiges Geld kann Kapital akkumuliert werden und somit kann es zu einer dauerhaften Einkommens- und Kaufkrafterhöhung kommen; allerdings muss an dieser Stelle gleich die negative Kehrseite erwähnt werden, weil ein vergleichsweise geringer Anteil der Tourismusgewinne tatsächlich dem Land selbst bleibt.
- Höhere Steuereinnahmen des Staates können zu einem generellen Ansteigen des Volkseinkommens führen. Dies ist auch wesentlich in Bezug auf Importprodukte, die für die Touristen importiert werden.
- Tourismusprojekte sind oft Initiator von infrastrukturellen Maßnahmen in einer Region[162]
- Beitrag zum Kulturaustausch
- Schaffung eines positiven Images für das Land[163]
- Durch die von den Touristen getätigte Nachfrage nach lokalen Fremdenverkehrsleistungen erhöht sich das Einkommen jener Unternehmen, die diese Leistung anbieten. Außerdem kann es dadurch zu einer Verringerung von Landflucht oder zur Bildung von touristischen Zentren kommen.[164]

Tourismus wirkt landschaftszerstörend, wenn er
- als Massentourismus in räumlicher und zeitlicher Konzentration realisiert wird
- mit hohem Materialeinsatz und hohem Energieverbrauch verbunden ist und
- rücksichtslos und fahrlässig gegenüber Natur und Landschaft betrieben wird.[165]

---

[161] DRESS, G.: Wirtschafts- und sozialgeographische Aspekte des Tourismus in Entwicklungsländern, dargestellt am Beispiel der Insel Bali in Indonesien, Dissertation der Universität München, München 1977, S. 172 f

[162] BRUNNAUER, T.: Aufschwung und Aufwertung des Tourismus im Post-Apartheid Südafrika, Diplomarbeit der Wirtschaftsuniversität Wien, Wien 1999, S. 51 ff

[163] MORITZ, V. M.: Tourismus in Papua-Neuguinea – Entwicklung, Ausbildung, Nachhaltigkeit, Diplomarbeit der Wirtschaftsuniversität Wien, Wien 2000, S. 10

[164] ARBEITSGRUPPE ÖKOTOURISMUS: Ökotourismus als Instrument des Naturschutzes? Möglichkeiten zur Erhöhung der Attraktivität von Naturschutzvorhaben, Forschungsberichte des Bundesministeriums für wirtschaftliche Zusammenarbeit und Entwicklung, Köln 1995, S. 24

[165] ELLENBERG, L.: Ökotourismus: Reisen zwischen Ökonomie und Ökologie, Berlin 1997, S. 105

Kritik am Tourismus entsteht dann, wenn den Einheimischen das Veränderungstempo und die Anpassungsleistungen zu hoch werden, also wenn der Lebensvollzug derart beschleunigt erfolgt, dass es zur Überlastung des Individuums kommt. Generell kann man sagen, dass jeder Tourismus die Region mit ihrer Kultur und ihren Traditionen einschließlich des gewachsenen Sozialgefüges verändert. Je intensiver der Tourismus ausfällt, desto stärker wird das traditionelle Kultur- und Wertsystem verformt. Soziale Desintegration, soziale Destabilisierung und ein überhöhtes Anspruchsniveau der Bedürfnisbefriedigung können sich einstellen.[166]

Wenn die massentouristische Entwicklung ohne Beachtung der natürlichen Grundlagen so weiterläuft, werden zwangsläufig die negativen Effekte überwiegen und damit den Zusammenbruch der Selbstregulierungskraft unserer Lebensräume riskieren.[167]
Der weltweit rasante Anstieg der Touristenzahlen führt dazu, dass die Qualität des Urlaubes bedroht wird und der Tourist selbst immer stärker unter dieser Überfüllung leidet. Der touristische Teufelskreislauf von Erschließung, Nutzung und Ausbeutung muss daher unterbrochen werden.[168]

3.61 Exkurs: Tourismus international in Zahlen

In Bezug auf internationale Touristenankünfte waren Anfang 2006 Afrika und der Mittlere Osten sowie Asien und die Pazifikregion die attraktivsten und am meisten besuchten Destinationen, gefolgt von Europa und Amerika. Insgesamt konnte laut World Tourism Organisation (WTO) in den ersten vier Monaten des Jahres 2006 ein Touristenankunftsanstieg von 4,5 % verzeichnet werden.[169] Der Großteil der Touristen kommt aus bereits entwickelten Industrieländern wie Deutschland, den USA, Großbritannien oder Japan. Die größten Wachstumsraten im Tourismussektor findet man oft in Entwicklungsländern.[170] Mehr als 75 % aller Reisebewegungen wurden 2001 immer noch ausschließlich innerhalb der Staatsgebiete der USA, Europas und Japans vollzogen. Außerdem ist die rasante Zunahme von Tourismusaktivitäten in den Entwicklungsländern auf die Ankünfte von Reisenden aus diesen Herkunftsländern zurückzuführen. Bürger aus Entwicklungs- oder Schwellenländern spielen auf dem internationalen Reisemarkt nur eine geringe Rolle.[171]
2005 stellte Frankreich, gefolgt von Spanien und den USA, in Bezug auf die Touristenankünfte die Topdestination der Urlauber dar. In Bezug auf die

---

[166] BACHLEITNER, R., PENZ, O.: Massentourismus und sozialer Wandel – Tourismuseffekte und Tourismusfolgen in Alpenregionen, Wien 2000, S. 72 f

[167] GEISHÜTTNER, K-H.: Tourismus und Umweltethik – die ökologische Herausforderung aus wirtschaftlicher und ethischer Sicht, Diplomarbeit der Wirtschaftsuniversität Wien, Wien 1997, S. 11 ff

[168] GEISHÜTTNER, K-H.: Tourismus und Umweltethik – die ökologische Herausforderung aus wirtschaftlicher und ethischer Sicht, Diplomarbeit der Wirtschaftsuniversität Wien, Wien 1997, S. 11 ff

[169] UN-WTO: World Tourism Barometer, Excerpt, Volume 4, No. 2, Juni 2006, S. 1, http://www.world-tourism.org/facts/eng/pdf/barometer/WTOBarom06_2_en.pdf, vom 24.12.2006

[170] HUNTER, C., GREEN, H.: Tourism and the environment – a sustainable relationship?, London 1995, S. 5 f

[171] PREDOTA, D.: Tourismusentwicklung in Madagaskar: Auf dem Weg zur Nachhaltigkeit, Diplomarbeit der Wirtschaftsuniversität Wien, Wien 2001, S. 26

Touristeneinnahmen zeigt sich ein etwas verändertes Bild, hier liegen die USA an der Spitze gefolgt von Spanien und Frankreich. China und Türkei nähern sich langsam den Topdestinationen in Bezug auf die Ankünfte und Einnahmen und übersteigen zum Teil bereits die Destination Deutschland.[172] Generell steigen die internationalen Touristenankünfte jedes Jahr an, dementsprechend erhöhen sich auch die Einnahmen aus dem Tourismus[173], in den ersten vier Monaten des Jahres 2006 stiegen die Ankünfte bereits um 4 % gegenüber der gleichen Periode 2005.[174]

2004 wurden erstmals seit 1975 wieder weniger Reisen der Österreicher verzeichnet, wobei der Anteil der Auslandreisen (65 %) immer noch größer ist als jener der Inlandsreisen (35 %). Beliebteste Reiseziele aller Österreicher waren 2004 Italien, gefolgt von Kroatien, Griechenland, Deutschland und Spanien. Aber auch die Türkei und Afrika sind bei den Touristen beliebt.[175]
Nach 2002 zeigte sich in Österreich ein anderes Bild, damals wurden noch mehr Inlands- als Auslandsreisen unternommen mit einem Verhältnis von 60:40.[176] 2005 waren die Präferenzen in Bezug auf die besuchten Urlaubsländer etwas anders, mit Italien an der Spitze, gefolgt von Deutschland, Kroatien und Griechenland. Im Jahr 2005 unternahmen fast 68 % der österreichischen Bevölkerung mindestens eine Reise ins In- oder Ausland, wobei der Anteil der Inlandsreisen mit 52,1 % höher war. Beliebtestes Verkehrsmittel war 2005 das Auto mit einem Anteil von 81,9 % bei Inlandsreisen und 45,4 % bei Auslandsreisen, das Flugzeug liegt mit 37 % an zweiter Stelle.[177] Tourismus trägt weltweit 6 % zu den internationalen Exporten von Produkten und Dienstleistungen bei, gleich nach Öl, Chemikalien und Automobilprodukten. Gerade für viele Entwicklungsländer, die auch Tourismusdestinationen darstellen, stellt Tourismus eine der wichtigsten Einnahmequellen aus Exporten dar („…tourism counts as the most important category of export earnings").[178]

---

[172] UN-WTO: World Tourism Barometer, Excerpt, Volume 4, No. 2, Juni 2006, S. 5,
http://www.world-tourism.org/facts/eng/pdf/barometer/WTOBarom06_2_en.pdf, vom 24.12.2006
[173] EUROSTAT, über Statistik Austria, Statistisches Jahrbuch 2006, S. 603,
http://www.statistik.at/jahrbuch_2006/pdf/K53.pdf, vom 24.12.2006
[174] UN-WTO: World Tourism Barometer, Excerpt, Volume 4, No. 2, Juni 2006, S. 7,
http://www.world-tourism.org/facts/eng/pdf/barometer/WTOBarom06_2_en.pdf, vom 24.12.2006
[175] STATISTIK AUSTRIA: Statistisches Jahrbuch 2006, S. 418,
http://www.statistik.at/jahrbuch_2006/pdf/K28.pdf, vom 24.12.2006
[176] ÖSTERREICH WERBUNG: Reise- und Freizeitverhalten der Österreicher, Schwerpunkt Inlandsreisen 2002-2003,
September 2004, http://www.austriatourism.com/scms/media.php/8998/2003E_
Reise%20und%20Freizeitverhalten%20der%20%20D6sterreicher_%D6W.pdf, vom 24.12.2006, S. 5
[177] CORDIS Datenbank, European Communities, http://cordis.europa.eu/fetch?CALLER=PUBL
LIB_FP6&ACTION=D&DOC=34&CAT=PUBL&QUERY=1167554739608&RCN=200518161, vom 01.07.2006
[178] UN-WTO: World Tourism Barometer, Excerpt, Volume 4, No. 2, Juni 2006, S. 3,
http://www.world-tourism.org/facts/eng/pdf/barometer/WTOBarom06_2_en.pdf, vom 24.12.2006

3.62   Exkurs: Tourismus in Österreich in Zahlen

Betrachtet man Europa, so war Österreich 2003 das beliebteste Reiseland gefolgt von Spanien.[179] Österreich ist eines der tourismusintensivsten Länder der Welt. Der Raum Wien gilt als Träger des österreichischen Städtetourismus und nimmt neben Salzburg eine zentrale Stellung in der touristischen Wertschöpfung Österreichs ein.[180] Wien ist der Ort mit den meisten Fremdenverkehrsübernachtungen in Österreich (Stand 2004).[181]

Drei Motive einer Wienreise dominieren: die Anziehungskraft der Sehenswürdigkeiten, das Kulturerlebnis und die Geschäftsreise.[182] In Bezug auf ein abwechslungsreiches Action- oder Abenteuertourismusangebot dominiert Tirol, gefolgt von Salzburg und Kärnten. Kärnten ist auch führend bei den Inlandsgästen und an zweiter Stelle bei den Auslandsgästen[183]. Generell herrscht ein West-Ost-Gefälle in Bezug auf das österreichische Action- und Freizeitsportangebot. Der Westen ist dem Osten sowohl bezüglich Anbieter- als auch Angebotsvielfalt eindeutig überlegen.[184] Österreich ist unter den wichtigsten europäischen Tourismusländern noch am stärksten von Auslandsgästen abhängig.[185] Die Zahl der gesamten Nächtigungen ist von 2004 auf 2005 um 1,7 % angestiegen, die Zahl der Ankünfte stieg um 3,1 % gegenüber 2004, dabei gab es einen größeren Zuwachs bei Inlandsgästen als bei Auslandsgästen.[186] Rund drei Viertel aller Nächtigungen, die in Österreich erfolgen, werden durch Ausländer getätigt. Die Niederländer sind 2005 nach den deutschen Touristen – die rund zwei Drittel der ausländischen Gäste ausmachen[187] – die zweitgrößte Urlaubergruppe in Österreich[188]. Viele englischsprachige Touristen nutzen Österreich als Ausgangspunkt für ihre Osteuropareisen, dabei werden vor allem österreichische Sehenswürdigkeiten besucht.[189] Eine aktuelle Erhebung Jänner bis April 2006 zeigt wieder ein ähnliches Bild wie in den Vorjahren mit Deutschland als

---

[179] STATISIK AUSTRIA: Tourismus in Zahlen, Österreich 2004/2005, Wien 2005, S. 6

[180] NEUBERGER, R. F.: Einkaufstourismus in Wien – Reise- und Einkaufsverhalten der Flugtouristen aus Nordamerika, Südostasien und der GUS im Wiener Städtetourismus, Diplomarbeit der Wirtschaftsuniversität Wien, Wien 1996, S. 1 f

[181] STATISIK AUSTRIA: Tourismus in Zahlen, Österreich 2004/2005, Wien 2005, S. 3

[182] NEUBERGER, R. F.: Einkaufstourismus in Wien – Reise- und Einkaufsverhalten der Flugtouristen aus Nordamerika, Südostasien und der GUS im Wiener Städtetourismus, Diplomarbeit der Wirtschaftsuniversität Wien, Wien 1996, S. 134

[183] BRANDNER, G.: Tourismus am Wörthersee unter besonderer Berücksichtigung von Tourismus- und Umweltmanagement, Diplomarbeit der Wirtschaftsuniversität Wien, Wien 1994, S. 69 f

[184] HADL, B.: Analyse der Nutzung von Actiontourismus-Angeboten in Österreich gezeigt am Beispiel von Best Trip, Diplomarbeit der Wirtschaftsuniversität Wien, Wien 2005, S. 58 f

[185] NEUBERGER, R. F.: Einkaufstourismus in Wien – Reise- und Einkaufsverhalten der Flugtouristen aus Nordamerika, Südostasien und der GUS im Wiener Städtetourismus, Diplomarbeit der Wirtschaftsuniversität Wien, Wien 1996, S. 3

[186] CORDIS Datenbank, European Communities, http://cordis.europa.eu/fetch?CALLER=PUBL_LIB_FP6&ACTION=D&DOC=34&CAT=PUBL&QUERY=1167554739608&RCN=200518161, vom 01.07.2006

[187] BACHLEITNER, R., PENZ, O.: Massentourismus und sozialer Wandel – Tourismuseffekte und Tourismusfolgen in Alpenregionen, Wien 2000, S. 29

[188] CORDIS Datenbank, European Communities, http://cordis.europa.eu/fetch?CALLER=PUBL_LIB_FP6&ACTION=D&DOC=34&CAT=PUBL&QUERY=1167554739608&RCN=200518161, vom 01.07.06

[189] NITTMANN, I. M.: Das Einkaufsverhalten der englischsprachigen Touristen in Wien, Diplomarbeit der Wirtschaftsuniversität Wien, Wien 1994, S. 57

führendem Tourismusankunftsland in Österreich, gefolgt von den Niederlanden und Großbritannien. Auch die inländischen Gästeankünfte, und hier besonders in Wien, dürfen nicht vernachlässigt werden, da sie im Zeitraum Jänner bis April 2006 in Bezug auf die Ankünfte noch vor Großbritannien liegen. Das Verhältnis von Inlands- zu Auslandsgästen betrug dabei circa 21:79. Inländer reisen eher in die Steiermark oder nach Salzburg, Ausländer eher nach Tirol oder Salzburg, wobei hier beachtet werden sollte, dass diese Ergebnisse wohl wegen der Wintersaison verzerrt sind.[190]

Generelle Reisemotive für einen Österreichurlaub sind vor allem das intensive Erleben von Berg, Wasser, Sonne und Schnee, außerdem das Vorhandensein unberührter Natur und ursprünglicher Landschaft.[191]

Allgemein gibt es folgende Ansprüche an eine ideale Freizeit- und Tourismuslandschaft[192]:

* Angenehmes, besonders eindrucksvolles Erscheinungsbild
* Eigenständiger, unverwechselbarer Charakter
* Vorhandensein natürlicher Attraktionen
* Viele Möglichkeiten für die Bewegung und Erholung im Freien
* Gesunde Umweltbedingungen
* Einladendes Siedlungsbild mit charakteristischen Zügen der lokalen Volkskultur
* Erlebniswert einer Landschaft

Britische Urlaubsgäste schätzen Österreich wegen der Landschaft, den Bergen, den Seen, der Sauberkeit der Städte und Gegenden, wegen dem guten Essen, der Kultur, den Sportmöglichkeiten – vorwiegend im Winter – und wegen den freundlichen Menschen.[193]

Australier schätzen an Österreich vor allem die Musik, aber auch die Geschichte der Gebäude oder der Kunst ist eines der wesentlichsten Reisemotive, gefolgt von der sauberen Umwelt in Österreich in Bezug auf die Berge. Amerikaner sehen die österreichische Musik, die Kultur und Tradition als besondere Stärken unseres Landes an, gefolgt vom guten Ruf Österreichs in den USA in Bezug auf die Lebensqualität im Land. Österreich gilt in Kanada als politisch stabil und wird auch oft mit Kanada verglichen, weil es auch unabhängig und klein neben anderen wirtschaftlichen Großmächten existieren kann. Vorrangig herrscht in Kanada das Image der schönen

---

[190] STATISIK AUSTRIA: Tourismusstatistik April 2006, Wintersaison 2005/2006, Jänner bis April 2006, Schnellbericht 3.1, Wien 2006, http://www.statistik.gv.at/web_de/presse/pressemitteilungen_vorjahr/5/011858?year= 2006&month=5, vom 09.09.2007, S. 6

[191] HADL, B.: Analyse der Nutzung von Actiontourismus-Angeboten in Österreich gezeigt am Beispiel von Best Trip, Diplomarbeit der Wirtschaftsuniversität Wien, Wien 2005, S. 8

[192] SWOBODA, H.: Tourismus, Landschaft, Umwelt, Wien 1995, S. 5 ff

[193] NITTMANN, I. M.: Das Einkaufsverhalten der englischsprachigen Touristen in Wien, Diplomarbeit der Wirtschaftsuniversität Wien, Wien 1994, S. 38 ff

österreichischen Landschaften, der freundlichen Leute und des großen Kulturangebotes vor. Die Freundlichkeit der Bevölkerung wird geschätzt, außerdem, dass es noch relativ preiswert ist, in Österreich einzukaufen.[194]

Bezüglich der eingekauften Waren der Touristen herrscht eine Präferenz zugunsten von Lebensmitteln, aber auch Technik- und Elektronikprodukte aus Österreich sind sehr beliebt. Vor allem spezialisierte Güter des gehobenen oder langfristigen Bedarfs werden erworben, aber keine Güter der Grundversorgung.[195] Man scheint auch bereit zu sein, zugunsten der besseren Qualität tiefer in die Tasche zu greifen, bevor man ein Billigprodukt kauft. Amerikaner achten beim Einkauf in Österreich vor allem auf Qualität, danach folgen die Bewertung des Preises und des Preis-Leistungs-Verhältnisses und anschließend die Beurteilung des Service und der Freundlichkeit des Verkaufspersonals.[196] Wichtig ist ihnen auch eine angenehme Einkaufsatmosphäre[197] und ausreichende Parkmöglichkeiten.[198] Die Touristen aus den ehemaligen GUS-Ländern achten bei ihren Produktkäufen auf eine hohe Qualität der Produkte, sie wollen jene Produkte kaufen, die es in ihrer Heimat nicht gibt oder dort wesentlich teurer sind. Japaner sehen bei ihren Produktkäufen in Österreich vor allem den ideellen Wert und streben nach dem Gefühl, es in einem bestimmten Land gekauft zu haben.[199] Japanische Gäste bevorzugen die typischen österreichischen Produkte und legen großen Wert auf qualitativ hochwertige Waren.[200] Südostasien weist im Vergleich zu anderen Herkunftsregionen generell signifikant höhere Durchschnittsausgaben auf, vor allem Gäste aus Hongkong geben generell sehr viel in ihrem Urlaub in Österreich aus. Allgemein beliebt sind bei den Touristen aus den GUS-Ländern, Südostasien und Amerika Souvenirs und Geschenke, Kleidung, Pelze und Accessoires, sowie Schuhe, Uhren und Juwelen.[201]

3.63   Touristisches Angebot und Nachfrage

Das System Tourismus unterteilt sich in drei Untersysteme, die Gesellschaft, die Wirtschaft und die Umwelt. Die Gesellschaft beinhaltet die Reisenden und die Bereisten, deren Interessen zum Teil auch unterschiedlich sind. Die Wirtschaft

---

[194] NITTMANN, I. M.: Das Einkaufsverhalten der englischsprachigen Touristen in Wien, Diplomarbeit der Wirtschaftsuniversität Wien, Wien 1994, S. 38 ff

[195] DAROCZI, G.: Der Einkaufstourismus der Ungarn in Österreich, Diplomarbeit der Wirtschaftsuniversität Wien, Wien 1991, S. 98 f

[196] FISCHER, F.: Das Einkaufsverhalten der US-Amerikaner in Wien, Diplomarbeit der Wirtschaftsuniversität Wien, Wien 1996, S. 63

[197] KAPLAN, P.: Eine Untersuchung über die kulturell bedingten Unterschiede im Einkaufsverhalten der Touristen aus Nordamerika, Südostasien und den GUS-Ländern in Wien, Diplomarbeit der Wirtschaftsuniversität Wien, Wien 1996, S. 81

[198] NITTMANN, I. M.: Das Einkaufsverhalten der englischsprachigen Touristen in Wien, Diplomarbeit der Wirtschaftsuniversität Wien, Wien 1994, S. 71

[199] KAPLAN, P.: Eine Untersuchung über die kulturell bedingten Unterschiede im Einkaufsverhalten der Touristen aus Nordamerika, Südostasien und den GUS-Ländern in Wien, Diplomarbeit der Wirtschaftsuniversität Wien, Wien 1996, S. 81

[200] HÖRL, E.: Das Einkaufsverhalten der japanischen Touristen in der Stadt Salzburg, Diplomarbeit der Wirtschaftsuniversität Wien, Wien 1996, S. 81

[201] NEUBERGER, R. F.: Einkaufstourismus in Wien – Reise- und Einkaufverhalten der Flugtouristen aus Nordamerika, Südostasien und der GUS im Wiener Städtetourismus, Diplomarbeit der Wirtschaftsuniversität Wien, Wien 1996, S. 80 ff

beinhaltet Tourismusnachfrage, Tourismusangebot und Tourismusmarkt. Die Umweltkomponente als ökologische Komponente wird am meisten von allen dreien vernachlässigt.[202] Das System Tourismus kann nur untersucht werden, wenn auch sämtliche Umweltbeziehungen miteinbezogen werden. Besonders ökonomische, ökologische und sozio-kulturelle Einflüsse müssen beachtet werden. Tourismus ist ein sehr komplexes System unterschiedlicher Aktivitäten und Dienstleistungen mit zahlreichen regionalen bis globalen Verflechtungen, auch in andere ökonomische und gesellschaftliche Bereiche hinein.[203]

Die für die touristischen Angebote relevanten Faktoren können nach RUDOLPH[204] in zwei Gruppen unterschieden werden[205]:

- Umweltfaktoren, die eine grundsätzliche Eignung eines Landes oder einer Region als touristische Destination bestimmen:
    o Topographische Gegebenheiten (Klima, Landschaftscharakter)
    o Kulturell-historische Gegebenheiten (Kulturtraditionen und Kulturformen, ethnische Besonderheiten, Landesgeschichte, historisch geprägte Siedlungsformen, Architektur)
- Umweltfaktoren, die die zivilisatorische Tätigkeit des Menschen charakterisieren:
    o Ökologische Bedingungen (Veränderung der Mikroklimate durch landwirtschaftliche und industrielle Produktion sowie Verkehr, Wasser- und Trinkwasserangebot und -qualität, Abfallwirtschaft und Entsorgung, veränderte Siedlungsstrukturen)
    o Soziale Bedingungen (Aufgabe traditioneller Lebensformen, Ausprägung von Multikulturalität, Globalisierung der Lifestyle-Formen und des Konsumverhaltens)
    o Politische Bedingungen (Öffnung der politischen Systeme, Übernahme westlicher Demokratiemodelle oder Entwicklung gegenläufiger politischer Strukturen)

Als Voraussetzungen einer umweltschonenden Angebotsgestaltung gilt einerseits, dass das Urlaubsangebot so umweltgerecht oder so umweltschonend wie möglich gestaltet wird, und dass sich andrerseits kleine noch nicht sehr touristisch erschlossene Orte durch eine umweltschonende Angebotsgestaltung Marktvorteile verschaffen können. Die Grundsätze sind, dass Umweltschutz die notwendige Pflege des Betriebskapitals ist und sich lohnen kann, und dass nicht nur wirtschaftliche Kriterien bei der

---

[202] KATSCHNIG, I-H.: Die Auswirkungen des Nationalparks Nockberge auf die Entwicklung des Sanften Tourismus in dieser Region, Diplomarbeit der Wirtschaftsuniversität Wien, Wien 1999, S. 7 f

[203] PREDOTA, D.: Tourismusentwicklung in Madagaskar: Auf dem Weg zur Nachhaltigkeit, Diplomarbeit der Wirtschaftsuniversität Wien, Wien 2001, S. 12

[204] RUDOLPH, H.: Tourismus – Betriebswirtschaftslehre, München/Wien 2002, S. 11

[205] DRASKOVIC, G.: Tourismus – kritische Betrachtung aus der sozio-ökologischen Perspektive, Diplomarbeit der Wirtschaftsuniversität Wien, Wien 2004, S. 26 f

Angebotsgestaltung vorherrschen, sondern dass es um einen Ausgleich zwischen wirtschaftlichen, sozialen, kulturellen und ökologischen Kriterien geht.[206] Eine Destination ist kein einzelnes homogenes Produkt, sondern wohl eher ein Set verschiedener individueller Produkte. Jeder Tourist fügt diese Produkte zusammen, um sich selbst ein individuelles „Do-it-yourself" Urlaubsprodukt zu gestalten.[207]

Das touristische Produkt stellt sich als Einheit von Erlebnis und Erholung dar, es geht dabei um die natur- und kulturlandschaftlichen Gegebenheiten einer Region, die Anzahl und Qualität der Angebote innerhalb der Region und um die Infrastruktur innerhalb des Urlaubsortes. Das touristische Produkt ist ein intelligentes Produkt, weil es am Ort der Entstehung konsumiert wird. Das ursprüngliche Angebot lockt durch naturgegebene (Flora, Fauna, Lage), kulturelle (Kultur, Tradition) und geschaffene Attraktivitätsfaktoren Besucher an und das abgeleitete Angebot der Einrichtungen, Beherbergungen, Verpflegung oder Dienstleistungen ermöglicht den Gästen die Anwesenheit im jeweiligen Ort, um dieses Produkt zu konsumieren.[208]

Generell wird zwischen drei verschiedenen Strukturtypen des touristischen Angebots unterschieden[209]:

- Einfache Angebote mit eher geringen regionalen Auswirkungen des Tourismus aufgrund geringer Touristenzahlen, oft von Ortsansässigen oder Ortsfremden angeboten
- Größere Kapazitäten für die Gäste verfügbar mit einer Zunahme der touristischen Nachfrage auf lokaler Ebene, meist von Einheimischen
- Institutionalisierter Tourismus meist von externen Handlungs- und Entscheidungsträgern abhängig

Das touristische Angebot wird durch Immobilität und zeitliche Gebundenheit bestimmt. Der Tourist konsumiert ein Leistungsbündel. Die Tourismusprodukte der unterschiedlichen Anbieter werden kombiniert zu Leistungsbündeln von Touristen am Markt nachgefragt. Jeder Betrieb oder Teilbetrieb erstellt sein eigenes Produkt und diese werden dann kombiniert als Leistungsbündel vom Touristen nachgefragt.[210] Zu einer ökonomischen, sozial relevanten Größe wird der Tourismus durch die Verbesserung des Transportwesens. Die Kapazität der Verkehrswege, also die Dauer des Transports und die mögliche Auslastung der Verkehrsverbindungen, und die

---

[206] KRONBICHLER, A.: Umweltschonender Tourismus: Eine Entwicklungsperspektive für den ländlichen Raum, in: MOLL, P. (Hrsg.): Material zur Angewandten Geographie, Band 24, Bonn 1995, S. 169

[207] SWARBROOKE, J.: Tourist Destination, in: Sustainable Tourism Management, Wallingford 2002, S. 255

[208] BENTHIEN, B.: Umweltschonender Tourismus: Eine Entwicklungsperspektive für den ländlichen Raum, in: MOLL, P. (Hrsg.): Material zur Angewandten Geographie, Band 24, Bonn 1995, S. 107 ff

[209] ARBEITSGRUPPE ÖKOTOURISMUS: Ökotourismus als Instrument des Naturschutzes? Möglichkeiten zur Erhöhung der Attraktivität von Naturschutzvorhaben, Forschungsberichte des Bundesministeriums für wirtschaftliche Zusammenarbeit und Entwicklung, Köln 1995, S. 53

[210] PREDOTA, D.: Tourismusentwicklung in Madagaskar: Auf dem Weg zur Nachhaltigkeit, Diplomarbeit der Wirtschaftsuniversität Wien, Wien 2001, S. 14 f

Reisekosten bedingen den Umfang des Tourismus, der von der Mobilität möglichst vieler Menschen lebt.
Die Realisierung der Nachfrage nach einem bestimmten touristischen Angebot hängt damit stark vom Leistungsvermögen der Transportmöglichkeiten ab.[211]

Es darf nicht vergessen werden, dass das Tourismusprodukt anfänglich mit der Natur konform ist, weil der (Natur-)Tourist im Grunde Natur erleben will, und erst durch den Touristen zusammengefügt und verändert wird. Ein Qualitätsprodukt kann erst entwickelt werden, wenn die einzelnen Sektoren der Wirtschaft ihre Rollen (-aufteilung) besser verstehen.[212] Die wichtigste Forderung an touristische Anbieter ist die Offenlegung von Ökoinformationen über das Produkt, das verkauft wird. Das heißt, die Touristen darüber informieren, inwiefern ihr Urlaub in einer bestimmten Region (in diesem Sinne das Produkt) die lokale Natur oder Bevölkerung belastet, was kann der Tourist beitragen, damit die Belastung so gering wie möglich gehalten wird (beispielsweise Radtouren entwickeln und anbieten, anstatt Autos zu vermieten), oder ähnliches. Der Reisende soll eigenverantwortlich handeln können. Dazu bedarf es einer klaren Transparenz über den voraussichtlichen Energieverbrauch und führt zu Informationen über beispielsweise die Strandqualität, den Wasserverbrauch oder die Luft- und Lärmemissionen.[213]

Außerdem sollte den Touristen im Sinne einer Transport-Energiebilanz Einsicht in die Umweltverträglichkeit ihrer Reise ermöglicht werden.[214] BECKER, JOB und WITZEL[215] haben einen so genannten „Reisestern" zur Darstellung der Nachhaltigkeitsbilanz von Reisen als Instrument zur Bewusstseinsbildung bei den Touristen entwickelt. Dabei wird über farbliche Abstufungen gezeigt, welche Auswirkungen jede einzelne Reise hat. Der Kunde erfährt zum Beispiel, welcher Transportenergieaufwand nötig ist, wie hoch der durch seine Reise verursachte Ressourcenverbrauch ist und welche Auswirkungen auf den Arbeitsmarkt, die Wirtschaft und Kultur zu erwarten sind.[216]
Dadurch wird die Reiseentscheidung des Touristen bereits vor der Reise beeinflusst. Die Betrachtung der Einzelindikatoren, die im Reisestern beinhaltet sind, wird idealerweise als eine touristische Nachhaltigkeitsbilanz als Ex-ante-Analyse aufgestellt – also vor der Reise. Dadurch können die Ergebnisse in die Urlaubsplanung mit einfließen und mögliche nachhaltigere Alternativen aufzeigen. Dies kann für den

---

[211] BACHLEITNER, R., PENZ, O.: Massentourismus und sozialer Wandel – Tourismuseffekte und Tourismusfolgen in Alpenregionen, Wien 2000, S. 25

[212] HÜBLER, E.: Tourism in New Zealand and the active role played by the New Zealand Tourism Board, Diplomarbeit der Wirtschaftsuniversität Wien, Wien 1994, S. 91

[213] MÜLLER, R.: Die Ökogürtellinie darf nicht unterschritten werden, in: Reisen & Umwelt, das Informationsmagazin von SSR-Reisen, Zürich 1995, S. 12

[214] MÜLLER, R.: Die Ökogürtellinie darf nicht unterschritten werden, in: Reisen & Umwelt, das Informationsmagazin von SSR-Reisen, Zürich 1995, S. 12

[215] BECKER, C., JOB, H., WITZEL, A.: Tourismus und nachhaltige Entwicklung, Grundlage und praktische Ansätze für den mitteleuropäischen Raum, Darmstadt 1996, S. 142 ff

[216] KREIB, Y.: (Öko-)Tourismus: Instrument für eine nachhaltige Entwicklung? – Tourismus und Entwicklungszusammenarbeit, in: RAUSCHELBACH, B. (Hrsg.): Deutsche Gesellschaft für technische Zusammenarbeit (GTZ), Heidelberg 1998, S. 93 f

Nachfrager durch eine anschauliche Darstellung als Diagramm aufbereitet werden, beispielsweise in Reisekatalogen, wo es als Medium zur Verbraucherberatung dienen würde. In Summe stellt dieser Prozess eine relativ detaillierte Produktinformation dar, die dem Touristen laut BECKER, JOB und WITZEL bei seiner Entscheidung mehr Transparenz als konventionelle Gütesiegel bietet.[217]

---

[217] BECKER, C., JOB, H., WITZEL, A.: Tourismus und nachhaltige Entwicklung, Grundlage und praktische Ansätze für den mitteleuropäischen Raum, Darmstadt 1996, S. 142

Die folgende Grafik zeigt diesen Reisestern als ein Beispiel für den eben beschriebenen Prozess:

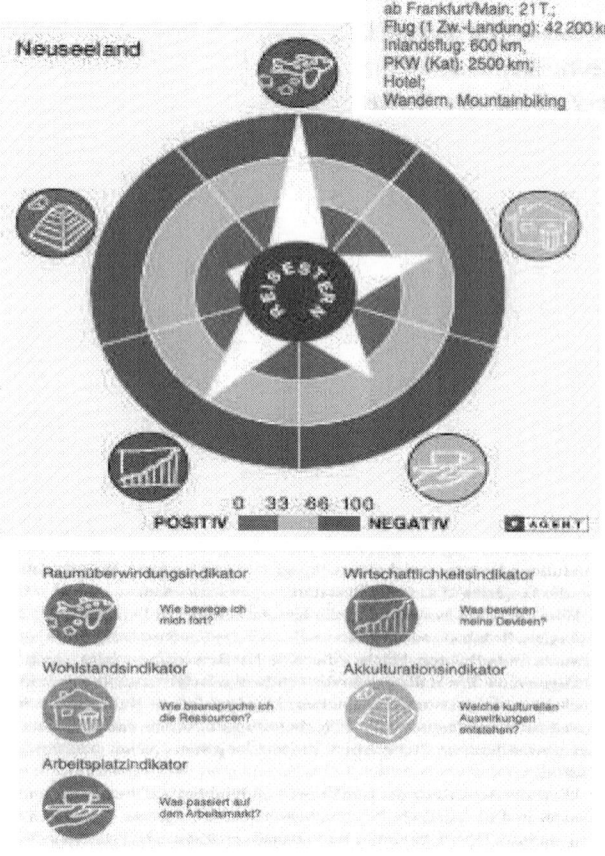

Abb. 3: Reisestern als Darstellung der Nachhaltigkeitsbilanz

Quelle: BECKER, C., JOB, H., WITZEL, A.: Tourismus und nachhaltige Entwicklung, Grundlage und praktische Ansätze für den mitteleuropäischen Raum, Darmstadt 1996, S. 144

„Der Reisestern differiert in der Länge seiner fünf Zacken entsprechend den sektoral dargestellten ökologischen und sozialen Belastungen sowie fehlenden positiven ökonomischen Effekten. Die Zackenlänge des Reisesterns gibt für den Schlüsselindikator des jeweiligen Kreissegmentes die zu erwartenden negativen Auswirkungen einer bestimmten Reise in Prozentpunkten der maximal möglichen Ausprägung an."[218]

Das Verkehrsampel-Schema funktioniert dabei selbsterklärend folgendermaßen: Der innerste Gürtel ist in farblicher Abbildung grün und soll die „Unbedenklichkeitszone" darstellen, der folgende mittlere Gürtel ist gelb und zeigt die „Vorsichtszone" und der äußerste rote Gürtel verkörpert die „Stoppzone".[219]

Es wäre nach BECKER nun festzulegen, ab wann eine solche Farbgrenze überschritten wird, wo die Grenzen verlaufen und ab wann von einer Reise abgeraten werden sollte. Weiters betont BECKER die Notwendigkeit einer weiteren Verifizierung dieser Überlegungen anhand empirischer Tests. Wichtig erscheint ihm auch eine nähere Bestimmung der Raumkategorisierung. Ihm geht es in Zukunft vorrangig darum, eine Vergleichbarkeit der Resultate zu gewährleisten. Außerdem kann es in Zukunft auch durchaus zu Verschiebungen in der Gewichtung einzelner Indikatoren kommen.[220]

Für eine erfolgreiche Steuerung und Förderung von Natur- oder Ökotourismus bedarf es auch der Kenntnis der Nachfragestrukturen.[221]

Die Tourismusnachfrage kann vom Staat, den allgemeinen wirtschaftlichen und gesellschaftlichen Rahmenbedingungen, von den meist privaten Anbietern und den gegebenen geographischen Umweltbedingungen beeinflusst werden.[222]

Grundsätzlich kann Kundenzufriedenheit als Statue gesehen werden, die die Qualität und Nachhaltigkeit der Destination, Gesundheit, Hygiene und Sicherheit beinhaltet.[223]

Diese Faktoren sollten bei der touristischen Angebotsgestaltung und der Bedürfnisbefriedigung beachtet werden.[224]

Touristen beeinflussen die Auswirkungen ihrer Nachfrage nach touristischen Leistungen durch ihre Kaufentscheidung und das Konsumverhalten. Die Reiseentscheidung wird wesentlich von den Urlaubsmotiven beeinflusst, das Verhalten

---

[218] BECKER, C., JOB, H., WITZEL, A.: Tourismus und nachhaltige Entwicklung, Grundlage und praktische Ansätze für den mitteleuropäischen Raum, Darmstadt 1996, S. 142 f

[219] BECKER, C., JOB, H., WITZEL, A.: Tourismus und nachhaltige Entwicklung, Grundlage und praktische Ansätze für den mitteleuropäischen Raum, Darmstadt 1996, S. 143

[220] BECKER, C., JOB, H., WITZEL, A.: Tourismus und nachhaltige Entwicklung, Grundlage und praktische Ansätze für den mitteleuropäischen Raum, Darmstadt 1996, S. 143

[221] BRUNNAUER, T.: Aufschwung und Aufwertung des Tourismus im Post-Apartheid Südafrika, Diplomarbeit der Wirtschaftsuniversität Wien, Wien 1999, S. 24

[222] BRUNNAUER, T.: Aufschwung und Aufwertung des Tourismus im Post-Apartheid Südafrika, Diplomarbeit der Wirtschaftsuniversität Wien, Wien 1999, S. 24

[223] TOTH, R.: Exploring the concepts underlying certification, Lehrveranstaltungsunterlagen des VK 6 SBWL Tourismus und Freizeitmarketing, in: HONEY, M.: Ecotourism and Certification: Setting standards in practice, Washington D.C. 2002, S. 73-101

[224] PREDOTA, D.: Tourismusentwicklung in Madagaskar: Auf dem Weg zur Nachhaltigkeit, Diplomarbeit der Wirtschaftsuniversität Wien, Wien 2001, S. 23 f

der Touristen während der Reise wirkt sich direkt auf die Gesamtumwelteffekte touristischer Angebote aus.[225]

3.7 Tourismus in Entwicklungsländern

Eine wichtige Vorraussetzung für die erfolgreiche Entwicklung einer Fremdenverkehrswirtschaft ist das Vorhandensein der touristischen Primärfaktoren und auch eine gewisse Fremdenverkehrsreife.[226]

Primärfaktoren für einen möglichen Tourismus in Entwicklungsländern sind klimatische Bedingungen und die landschaftlichen Schönheiten. Auch wichtig sind Temperatur, Niederschlag und Sonnenscheindauer, ein weißer Sandstrand, die Wassertemperatur, unberührte Natur, interessante Fauna, Vegetationsformen oder eine schöne Landschaft. Besonders prägend sind noch die politische Sicherheit des Landes, ein gewisses Maß an politischer Ruhe, eine positive Einstellung der Behörden zum Tourismus und eine aufgeschlossene Haltung der Bevölkerung gegenüber Fremden, Gastfreundschaft und freundliche Atmosphäre, ein Mindestbildungsniveau der ansässigen Bevölkerung, ein gewisser Anteil an höher qualifizierten Arbeitskräften, an Verkehrswegen, an Wasser- und Energieversorgung, an Abwasser-, Müllbehandlung und Infrastruktur.[227]

Der Aufbau einer modernen nachhaltigen Fremdenverkehrswirtschaft in unterentwickelten Regionen soll helfen, auch für die einheimische Bevölkerung eine Verbesserung der Infrastruktur, der Wasser- und Stromversorgung, des Arbeitsmarktes, der Einkommensverhältnisse oder anderes herbeizuführen. Auf der anderen Seite besteht die Gefahr der Abhängigkeit dieser Länder von saisonalen, konjunkturellen und modebedingten Nachfrageschwankungen in den Industrieländern, oder einer Abhängigkeit von internationalen Reiseveranstaltern.[228]

Viele Entwicklungsländer sind vom Tourismus als Motor der wirtschaftlichen Entwicklung abhängig. Sie hoffen auf Deviseneinnahmen, Arbeitsplätze, Einkünfte aus dem Tourismus, Multiplikatoreffekte in anderen Wirtschaftsbereichen und einen Ausgleich ökonomischer und sozialer Disparitäten zwischen peripheren Regionen und den Wirtschaftszentren.[229]

Mit einer Förderung des Tourismus verfolgen die Entwicklungsländer hauptsächlich wirtschaftliche Ziele. Diese Ziele kollidieren aber oft mit den sozio-kulturellen und ökologischen Elementen. Eine Entwicklung als Prozess zur Steigerung der Wohlfahrt der Bevölkerung kann nur auf Basis ökologischer Stabilität und langfristiger Sicherung

---

[225] PREDOTA, D.: Tourismusentwicklung in Madagaskar: Auf dem Weg zur Nachhaltigkeit, Diplomarbeit der Wirtschaftsuniversität Wien, Wien 2001, S. 23 f

[226] BRUNNAUER, T.: Aufschwung und Aufwertung des Tourismus im Post-Apartheid Südafrika, Diplomarbeit der Wirtschaftsuniversität Wien, Wien 1999, S. 48 ff

[227] NGUYEN, Y.-D.: Die Problematik des Tourismus in Entwicklungsländern am Beispiel Vietnam, Diplomarbeit der Wirtschaftsuniversität Wien, Wien 1995, S. 53 ff

[228] BRUNNAUER, T.: Aufschwung und Aufwertung des Tourismus im Post-Apartheid Südafrika, Diplomarbeit der Wirtschaftsuniversität Wien, Wien 1999, S. 47 f

[229] PREDOTA, D.: Tourismusentwicklung in Madagaskar: Auf dem Weg zur Nachhaltigkeit, Diplomarbeit der Wirtschaftsuniversität Wien, Wien 2001, S. 5 f

natürlicher Ressourcen vollzogen werden. Die Umweltverträglichkeit des Tourismus ist eine Voraussetzung zur Erreichung einer nachhaltigen Entwicklung.[230] Allerdings ist der Ferntourismus allein aufgrund seiner Reiseökobilanz nicht nachhaltig. Selbst wenn der Flugverkehr nur über den CO_2-Ausstoß umweltrelevant würde, so verbrauchte schon die kleinste Urlaubsflugreise das komplette, dem einzelnen Menschen pro Jahr zustehende Emissionsbudget.[231]

Der Tourismus kann zur Wirtschaftsentwicklung und zu kulturellem Austausch beitragen, durch Bewusstseinsschaffung internationale Beziehungen und Frieden fördern und beitragen, die vielfältigen Kulturen und Lebensstile zu respektieren. Auf der anderen Seite gibt es auch schon negative Auswirkungen des Tourismus, vor allem in Bezug auf die Umwelt, die Kultur und die Gesellschaft. Nach einer Studie der Weltbank fließen 55 % der Tourismuseinnahmen der Entwicklungsländer wieder in die nördlichen oder westlichen Länder zurück oder werden in den städtischen Zentren der Entwicklungsländer verteilt. Vor allem kleine Inseln leiden darunter und müssen viele Waren, die für den Tourismus – vor allem für den Luxustourismus – generell nötig sind, importieren, wodurch es wieder zu einem deutlichen Devisenabfluss kommt.[232]

Tourismus in Entwicklungsländern setzt seitens der Reisenden ein hohes Verantwortungsbewusstsein voraus.[233]

3.8 Massentourismus

Massentourismus ist organisierter Tourismus im großen Ausmaß, viele Leute reisen gleichzeitig, es werden viele Touristen auf einmal zu geringen Kosten pro Kopf bewegt. Der Profit bei jedem individuellen Touristen ist gering, wird aber durch die große Anzahl von Leuten erzielt. Massentourismus ist deshalb sehr beliebt, allerdings zeigt er auch Auswirkungen auf die Umwelt aufgrund der großen Anzahl an Touristen und aufgrund der zeitlichen und räumlichen Konzentration.[234]

Der Massentourismus wurde vor allem durch den bereits weiter oben genannten Wertewandel in der Gesellschaft begünstigt.[235]

Der Massentourist will im Gegensatz zum Individualtourist die vertraute Welt kaum verlassen, er sucht auch keinen Kontakt zu Einheimischen, will keine Fremdsprache sprechen und erlebt sein Urlaubsland auch oft vom Hotel oder vom Reisebus aus. Der

---

[230] PREDOTA, D.: Tourismusentwicklung in Madagaskar: Auf dem Weg zur Nachhaltigkeit, Diplomarbeit der Wirtschaftsuniversität Wien, Wien 2001, S. 5 f

[231] WOLTERS, J.: (Öko-)Tourismus: Instrument für eine nachhaltige Entwicklung? – Tourismus und Entwicklungszusammenarbeit, in: RAUSCHELBACH, B. (Hrsg.): Deutsche Gesellschaft für technische Zusammenarbeit (GTZ), Heidelberg 1998, S. 20

[232] PREDOTA, D.: Tourismusentwicklung in Madagaskar: Auf dem Weg zur Nachhaltigkeit, Diplomarbeit der Wirtschaftsuniversität Wien, Wien 2001, S. 46 f

[233] KASPAREK, M.: (Öko-)Tourismus: Instrument für eine nachhaltige Entwicklung? – Tourismus und Entwicklungszusammenarbeit, in: RAUSCHELBACH, B. (Hrsg.): Deutsche Gesellschaft für technische Zusammenarbeit (GTZ), Heidelberg 1998, S 76

[234] MORITZ, V. M.: Tourismus in Papua-Neuguinea – Entwicklung, Ausbildung, Nachhaltigkeit, Diplomarbeit der Wirtschaftsuniversität Wien, Wien 2000, S. 17

[235] HOPFENBECK, W., ZIMMER, P.: Umweltorientiertes Tourismusmanagement, Landsberg/Lech 1993, S. 34

Individualtourist will sich fern von den Tourismuspfaden bewegen und möchte mit der einheimischen Bevölkerung Kontakt aufnehmen. Die Reise selbst ist beim Massentourismus im Vergleich zum Alternativtourismus ungeplant, die hauptsächlichen Anbieter sind externe Manager im Vergleich zu häufigen einheimischen Managern beim Alternativtourismus. Dementsprechend sind die Arbeitskräfte beim Massentourismus kaum geschult, alternative Reiseformen werden hingegen von spezialisierten Reiseveranstaltern organisiert, die sich nach MAYRHOFER[236] auch der Nachhaltigkeitsforderung bewusst sind. Generell entwickelt sich Alternativtourismus langsamer als der Massentourismus, wobei die Grenzen heute schon stark ineinander übergehen. Alternativtourismus dauert generell länger als eine massentouristische Reise beispielsweise zu Bade- und Erholungszwecken.[237]

Massentourismus könnte auch als organisierter oder institutionalisierter Tourismus bezeichnet werden, weil er sich institutionalisiert hat und mit modernen betriebswirtschaftlichen Methoden produziert und vermarktet wird.[238] Allerdings sollte Massentourismus nicht nur auf das pauschaltouristische Angebot reduziert werden, auch das gesamttouristische Umfeld in Quell- und Zielländern des Tourismus muss berücksichtigt werden.[239]

---

[236] MAYRHOFER, M.: Sozio-kulturelle Aspekte des Tourismus in der Dritten Welt: eine empirische Fallstudie in Goa, Indien, Diplomarbeit der Universität Wien, Wien 1992, S. 20 f

[237] SWARBROOKE, J.: Sustainable Tourism Management, Wallingford 2002, S. 318 ff

[238] FREYER, W.: Tourismus, München/Wien 2001, S. 25

[239] SPREITZHOFER, G.: Tourismus 3. Welt – Brennpunkt Südostasien, Europäische Hochschulschriften, Wien 1995, S. 110

4. EINKAUFSTOURISMUS

Der Einkaufstourismus stellt eine Sonderform des Nachfrageverhaltens dar.[240]

Folgende Stufen des Kaufentscheidungsprozesses gibt es nach BÄNSCH[241]:

- Anregungsphase: durch Empfindung eines Mangelzustandes
- Suchphase: wie kann der Mangelzustand behoben werden
- Optimierungsphase: eine Entscheidung zugunsten einer Alternative
- Kontrollphase: Überprüfung, ob die richtige Kaufentscheidung zur Behebung des Mangels getroffen wurde

Folgende Kaufentscheidungsarten in Bezug auf das Denken – den kognitiven Aufwand – bei der Kaufentscheidung werden hier nach FRICKE unterschieden[242]:

- Extensive Kaufentscheidungen – stark ausgeprägte Beteiligung kognitiver Prozesse, generelle Kaufabsicht bildet sich erst während des Entscheidungsprozesses, meist bei Kauf eines neuen oder unbekannten Produktes, vor allem langlebige Gebrauchsgüter; es wird ein sehr großer Aufwand bezüglich Haltbarkeit, Sicherheit und Prestigenutzen eines Produktes gemacht, auch hinsichtlich des Vergleiches alternativer Produkte.
- Limitierte Kaufentscheidungen – bereits Kauferfahrung, kaum Informationssuche und -bewertung, aber noch keine eindeutige Präferenz zu Gunsten eines bestimmten Produktes oder einer bestimmten Marke, kognitiver Aufwand ist limitiert, vor allem affektive und reaktiv-impulsive Prozesse.
- Habitualisierte Kaufentscheidungen – Produktwahl wurde zur Gewohnheit, bei sich regelmäßig wiederholenden Einkäufen, Kauf von Alltagsgütern.
- Impulsive Kaufentscheidungen – geringe kognitive Kontrolle, starke Reizsituation, emotional geladen, ungeplant und schnell.

4.1 Definition

Einkaufstourismus ist ein räumliches, grenzüberschreitendes Versorgungsverhalten privater Haushalte oder Konsumenten. Der Akteur bei dieser Wanderung in ein fremdes Land zur Deckung des Bedarfs nach Konsumgütern ist der Einkaufstourist. Seine Interessen gelten nicht nur den traditionellen touristischen Belangen einer Ausflugfahrt, hauptsächlich geht es um den Erwerb verschiedener Konsumartikel. Die Bedürfnisse dieser Touristen werden durch das Angebot und durch die Eigenschaften der Anbieter ihrer Heimat gesteuert.[243]

---

[240] DEMETER, T.: Einkaufstourismus in Österreich, Diplomarbeit der Wirtschaftsuniversität Wien, Wien 1989, S. 13

[241] BÄNSCH, A.: Käuferverhalten, München/Wien 1993, S. 9

[242] FRICKE, A.: Das Kaufverhalten bei Öko-Produkten: Eine Längsschnittanalyse unter besonderer Berücksichtigung des Kohortenkonzepts, Europäische Hochschulschriften, Frankfurt am Main 1996, S. 29 f

[243] DEMETER, T.: Einkaufstourismus in Österreich, Diplomarbeit der Wirtschaftsuniversität Wien, Wien 1989, S. 14

Der Einkaufstourismus bezeichnet eine spezielle, weil grenzüberschreitende, Form des räumlichen Versorgungsverhaltens, der durch relativ hohe Zeit- und Distanzaufwendungen charakterisiert ist.[244] Einkaufstouristen sind Ortsfremde, die sich vorübergehend nicht zu Pendlerzwecken, sondern zu Konsumzwecken außerhalb des Wohnortes befinden und Versorgungsverhalten umsetzen.[245]

Folgende Aussagen gelten generell[246]:

- Preisveränderungen üben auf den Touristen einen Lerneffekt aus.
- Das Güter- und Dienstleistungsangebot wird nach den persönlichen Präferenzen zuerst in eine begrenzte Anzahl von Gruppen eingeteilt, dann erfolgt erst die individuelle Betrachtung der Güter oder Dienstleistungen und ihrer Preise. Es wird daher zuerst das Urlaubsbudget fixiert, danach folgen Preisüberlegungen.
- Individuelle Präferenzen verändern sich und sind sozial abhängig. Die von den Entscheidungen anderer Konsumenten ausgehenden Einflüsse bezeichnet man als externe Konsumeffekte. Dies sind zum Beispiel die Mitläufereffekte oder die Snobeffekte.

4.2 Einkaufstourismus in Österreich

Der Einkaufstourist hat eine bestimmte Einstellung gegenüber der Reise, welche einerseits von seinen Informationen über das Reiseziel und andrerseits von seinen eigenen Eigenschaften abhängig ist. Der Einkaufstourist besitzt Einstellungen gegenüber generellen Objekten, er hat gegenüber speziellen Gegenständen der Konsumwelt eine indifferente Grundhaltung. Alle Einkaufstouristen meinen, es ist notwendig, eine Reise ins Ausland zu machen, um bestimmte Bedürfnisse zu befriedigen, die sich zu Hause nicht decken lassen. Dabei befindet sich der Tourist dann in der Lage, eine Bewertung von Alternativen durchzuführen. Die Auswahl an möglichen Einkaufsstätten stellt eine Rangfolge – je nach den räumlichen Präferenzen des Konsumenten – dar. Der Tourist hat demnach gute Gründe zu reisen, die von seiner Rangfolge der optimalen Orte der Bedürfnisdeckung abhängig sind. Abhängig von seinem Informationsgrad und bestimmten Persönlichkeitsmerkmalen kann er nun sein bevorzugtes Reiseziel mehr oder weniger genau konkretisieren. Er kann nun also entscheiden. Das Resultat einer bestimmten Motivation ist schließlich die Kaufentscheidung. Der eigentliche Kaufakt hinterlässt aber auch Spuren in der Umwelt, da der Einkauf einerseits mit Reisen verbunden ist und andrerseits das Produkt, welches gekauft wird, auch wie jedes andere Produkt seinen Lebenszyklus durchlebt und somit Ressourcen bei der Produktion benötigt und letztendlich entsorgt

---

[244] DAROCZI, G.: Der Einkaufstourismus der Ungarn in Österreich, Diplomarbeit der Wirtschaftsuniversität Wien, Wien 1991, S. 11
[245] NEUBERGER, R. F.: Einkaufstourismus in Wien – Reise- und Einkaufsverhalten der Flugtouristen aus Nordamerika; Südostasien und der GUS im Wiener Städtetourismus, Diplomarbeit der Wirtschaftsuniversität Wien, Wien 1996, S. 10
[246] KAPLAN, P.: Eine Untersuchung über die kulturell bedingten Unterschiede im Einkaufsverhalten der Touristen aus Nordamerika, Südostasien und den GUS-Ländern in Wien, Diplomarbeit der Wirtschaftsuniversität Wien, Wien 1996, S. 25

werden muss.[247] Die größere Umweltbelastung durch die Reisenotwendigkeit und die dadurch teilweise entstehende Belästigung der Anrainer durch den grenzüberschreitenden Einkaufstourismus sind nicht zu unterschätzen.[248] Ist der Einkaufstourist nach Erstellung seiner persönlichen Alternativen in einer bestimmten Reihenfolge der Ansicht, dass eine Einkaufsfahrt in ein bestimmtes Land für ihn subjektive Vorteile bietet, besitzt er eine Motivation, in dieses Land zu reisen. Ist diese stark genug, wird er die Reise durchführen.[249]

Die von den Touristen wahrgenommenen Einkaufsmöglichkeiten oder Einkaufserlebnisse gehören zu den wichtigsten Einflussfaktoren der Gästezufriedenheit. Diese Einkaufsmöglichkeiten einer bestimmten Region dienen der Imagebildung und dienen als ausschlaggebendes Argument für die Vermarktung der Region.[250] Durch die Interaktion mit dem österreichischen Markt verändert sich der Informationsstand des Touristen über die österreichische Konsumwelt; dies wird als Rückkoppelung bezeichnet.[251]

4.3 Werthaltungen, Einstellungen, Motive der Einkaufstouristen

Die Einstellungen von Einkaufstouristen stehen in einem Zusammenhang mit den Eigenschaften und dem Informationsstand des Reisenden. Die Wahl der jeweiligen Einkaufsstätte hängt also nicht so sehr von den Einstellungen, Motiven und Bewertungen der Einkaufsmöglichkeit ab, sondern eben von den Eigenschaften und dem Informationsstand der Touristen.[252] Notwendige Voraussetzung für eine befriedigende Bedarfsdeckung ist eine räumliche und kapazitätsmäßig ausreichende Ausstattung der materiellen und immateriellen Infrastruktur, was auch ein ausreichendes Angebot an Gütern und Dienstleistungen voraussetzt.[253]

4.31 Ökologierelevantes Kaufverhalten

Das Umweltverhalten der Menschen wird durch das Umweltbewusstsein geprägt. Jeder Konsument kann allerdings für sich selbst bestimmen, ob und ab wann er sein Verhalten als umweltbewusst einstuft, was aber nicht heißt, dass er seine Einstellung auch tatsächlich in umweltbewusstes Verhalten umsetzt.[254] „Es ist zu vermuten, dass das Umweltbewusstsein, obwohl in der Bevölkerung stark ausgeprägt, für sich allein

---

[247] DEMETER, T.: Einkaufstourismus in Österreich, Diplomarbeit der Wirtschaftsuniversität Wien, Wien 1989, S. 39 ff

[248] DAROCZI, G.: Der Einkaufstourismus der Ungarn in Österreich, Diplomarbeit der Wirtschaftsuniversität Wien, Wien 1991, S. 4

[249] DEMETER, T.: Einkaufstourismus in Österreich, Diplomarbeit der Wirtschaftsuniversität Wien, Wien 1989, S. 167

[250] NEUBERGER, R. F.: Einkaufstourismus in Wien – Reise- und Einkaufsverhalten der Flugtouristen aus Nordamerika; Südostasien und der GUS im Wiener Städtetourismus, Diplomarbeit der Wirtschaftsuniversität Wien, Wien 1996, S. 3

[251] DEMETER, T.: Einkaufstourismus in Österreich, Diplomarbeit der Wirtschaftsuniversität Wien, Wien 1989, S. 191

[252] DEMETER, T.: Einkaufstourismus in Österreich, Diplomarbeit der Wirtschaftsuniversität Wien, Wien 1989, S. 204 f

[253] DAROCZI, G.: Der Einkaufstourismus der Ungarn in Österreich, Diplomarbeit der Wirtschaftsuniversität Wien, Wien 1991, S. 2

[254] PREDOTA, D.: Tourismusentwicklung in Madagaskar: Auf dem Weg zur Nachhaltigkeit, Diplomarbeit der Wirtschaftsuniversität Wien, Wien 2001, S. 23 f

genommen noch keine Garantie umweltgerechten Verhaltens darstellt."[255] Befragungsergebnisse, durchgeführt in Bern und München zur Einstellung zur Umwelt, zum Ausmaß des Umweltbewusstseins in der Bevölkerung zeigten eine sehr hohe Sensibilität gegenüber Umweltproblemen. Die Bewertung eines Guts „intakte Umwelt" hängt dabei stark von der ökonomischen Lage der Befragten ab, das heißt Umweltschutz wird umso mehr nachgefragt und praktiziert, je höher das Einkommen der Bevölkerung ist.[256] Auf der anderen Seite sind sich die Menschen bewusst, dass eine intakte Umwelt Kollektivgutcharakter besitzt, weshalb sie den Schutz der Umwelt anderen überlassen und die Umwelt als „Trittbrettfahrer" nutzen.[257] Individuen können demnach eine starke Präferenz für eine saubere Umwelt haben. Diese Präferenz muss sie aber noch lange nicht veranlassen, selbst aktiven Umweltschutz zu betreiben.[258]

Ganz allgemein betrachtet ist eine Person umweltbewusst, wenn deren Werte, Einstellungen, Absichten oder Verhalten relativ konsistent die umweltbezogenen Konsequenzen berücksichtigen, die durch den Kauf, den Besitz, den Gebrauch oder die Entsorgung von Produkten/Dienstleistungen entstehen. So betrachtet ist Umweltbewusstsein keine absolute, sondern eine graduelle, komparative Eigenschaft.[259] Ein Produkt wird als umweltfreundlich bezeichnet, wenn es im Vergleich zu einem anderen Produkt bezüglich einer oder mehrer besonders umweltrelevanter Eigenschaften besser für die Umwelt abschneidet.[260]
Das Umweltverhalten verliert also an Verhaltenswirksamkeit, je größer die Kosten des Umweltverhaltens sind. Je höher diese Kosten sind, desto weniger werden Individuen in Übereinstimmung mit ihren Präferenzen handeln.[261] „Es ist nicht notwendig, das Umweltbewusstsein von Personen zu verändern, um das Ziel vermehrten umweltgerechten Handelns zu erreichen; vielmehr muss dem einzelnen die Möglichkeit geboten werden, sich auf Gegenseitigkeit im umweltgerechten Handeln verlassen zu können."[262]

Bei ökologierelevantem Kaufverhalten werden nicht nur die direkten Folgen für die eigene Person, sondern auch jene für die Umwelt berücksichtigt, deshalb scheint dieses Kaufverhalten mehr als andere Kaufverhaltensweisen durch einen höheren Grad

---

[255] DIEKMANN, A., FRANZEN, A. (Hrsg.): Kooperatives Umwelthandeln: Modelle, Erfahrungen, Maßnahmen, Zürich 1995, S. 39

[256] DIEKMANN, A., FRANZEN, A. (Hrsg.): Kooperatives Umwelthandeln: Modelle, Erfahrungen, Maßnahmen, Zürich 1995, S. 41 ff

[257] DIEKMANN, A., FRANZEN, A. (Hrsg.): Kooperatives Umwelthandeln: Modelle, Erfahrungen, Maßnahmen, Zürich 1995, S. 134

[258] DIEKMANN, A., FRANZEN, A. (Hrsg.): Kooperatives Umwelthandeln: Modelle, Erfahrungen, Maßnahmen, Zürich 1995, S. 142

[259] HERKER, A.: Eine Erklärung des umweltbewussten Konsumentenverhaltens, eine internationale Studie, Europäische Hochschulschriften, Wien 1993, S. 8

[260] HERKER, A.: Eine Erklärung des umweltbewussten Konsumentenverhaltens, eine internationale Studie, Europäische Hochschulschriften, Wien 1993, S. 7

[261] DIEKMANN, A., FRANZEN, A. (Hrsg.): Kooperatives Umwelthandeln: Modelle, Erfahrungen, Maßnahmen, Zürich 1995, S. 146 f

[262] DIEKMANN, A., FRANZEN, A. (Hrsg.): Kooperatives Umwelthandeln: Modelle, Erfahrungen, Maßnahmen, Zürich 1995, S. 171 f

an kognitiver Steuerung geprägt zu sein. Der Begriff „ökologierelevant" zielt auf die Beziehung des Individuums zu seiner ökologischen Umwelt ab. Sowohl Werthaltungen als auch Verhaltensweisen können eine Ökologierelevanz aufweisen. Es handelt sich dabei um solche Werthaltungen oder Verhaltensweisen, die in ihrer Ausprägung positive oder negative Auswirkungen auf die biologisch-ökologische Umwelt haben, wobei diese Auswirkungen sowohl mittelbarer als auch unmittelbarer Art sein können. Diese Beziehung des Individuums zu seiner ökologischen Umwelt kann mehr oder weniger umweltbewusst ausgeprägt sein.[263]

Das hier betrachtete ökologierelevante Kaufverhalten erfüllt zwei Kriterien: erstens besteht „…bei der Kaufentscheidung für den Konsumenten die Wahlmöglichkeit zwischen mindestens zwei Alternativen, wobei eine bezüglich ihrer Umweltfreundlichkeit besser abschneidet"[264]. Zweitens liegt „…im Falle der Entscheidung für die umweltfreundlichere Alternative insgesamt ein echter Verzicht für den Konsumenten…"[265] vor. „Dieser Verzicht in Verbindung mit dem Kauf der umweltfreundlicheren Produktalternative kann sich beispielsweise in einem höheren Kaufpreis ausdrücken, aber auch in einem geringeren Produktnutzen oder Nutzungskomfort."[266] Der Kunde verzichtet auf gewisse direkte Vorteile der umweltschädlicheren Alternative. Dieser Verzicht des Kunden könnte einen positiven Beitrag für das Wohl der Erde beziehungsweise der Allgemeinheit bedeuten.[267] Ökologiebewusstes Verhalten findet vor allem aus Rücksicht auf die Konsequenzen des eigenen Handelns gegenüber der sozialen wie ökologischen Umwelt statt.[268]

Der umweltschutzmotivierte Käufer weist keine überdurchschnittliche Mehrpreisakzeptanz auf, wie man vielleicht annehmen möchte.[269] Der Einfluss des Preises auf die Kaufentscheidung ist jedoch von untergeordneter Bedeutung. Wichtiger erscheinen andere Einflussgrößen wie das Image des Reiselandes, Art des Urlaubes in Bezug auf Erholung, auf Geschäfts-, Bildungsreisen, die generellen Umweltbedingungen und viele individuelle und subjektive Einflussfaktoren.[270] Umweltbewusstes Kaufverhalten wird eher durch andere, egoistische Motivatoren und selten durch ökologierelevante Werthaltungen gesteuert.[271] Entscheidend für das Umweltverhalten eines Menschen scheint nicht rationales Wissen in Bezug auf Umweltbewusstsein zu sein, sondern die persönliche, emotionale

---

[263] DRÖGE, R.: Werthaltungen und ökologierelevantes Kaufverhalten, Wiesbaden 1997, S. 70 f
[264] DRÖGE, R.: Werthaltungen und ökologierelevantes Kaufverhalten, Wiesbaden 1997, S. 6
[265] DRÖGE, R.: Werthaltungen und ökologierelevantes Kaufverhalten, Wiesbaden 1997, S. 7
[266] DRÖGE, R.: Werthaltungen und ökologierelevantes Kaufverhalten, Wiesbaden 1997, S. 7
[267] DRÖGE, R.: Werthaltungen und ökologierelevantes Kaufverhalten, Wiesbaden 1997, S. 70
[268] DRÖGE, R.: Werthaltungen und ökologierelevantes Kaufverhalten, Wiesbaden 1997, S. 70
[269] FRICKE, A.: Das Kaufverhalten bei Öko-Produkten: Eine Längsschnittanalyse unter besonderer Berücksichtigung des Kohortenkonzepts, Europäische Hochschulschriften, Frankfurt am Main 1996, S. 94
[270] FREYER, W.: Tourismus, München/Wien, 1993, S. 61
auch in: SWARBROOKE, J.: Sustainable Tourism Management, Wallingford 2002, S. 219
[271] DRÖGE, R.: Werthaltungen und ökologierelevantes Kaufverhalten, Wiesbaden 1997, S. 158

Betroffenheit.[272] Faktoren, die für das Bewusstsein der Umweltauswirkungen und deren Gegenwirken ausschlaggebend sind, sind das wachsende Bedürfnis der Touristen für neue touristische Erfahrungen, steigendes Umweltbewusstsein und auch eine Tourismuswirtschaft, die sich um zukünftige Trends am Tourismusmarkt bemüht.[273]

4.32 Ökologierelevante Werthaltungen

Beispiele wie von WINDHORST oder DRÖGE zeigen eine geringe Verhaltensrelevanz von ökologierelevanten Werthaltungen.[274] Es zeigte sich eine große Verhaltensrelevanz von Einstellungen, aber eine immerhin signifikante jedoch schwache Wirkung von Werthaltungen.[275] WINDHORST[276] stellte bei der Untersuchung von vorherrschenden Werthaltungen eine wenig starke Ausprägung des Merkmals Umweltfreundlichkeit fest, der eigentliche Beweggrund für Umweltfreundlichkeit liegt für ihn in der allgemein hohen Prestigekraft von umweltbewussten Käufen. Nicht die Sorge um die Umwelt führt zu entsprechendem Verhalten, sondern narzistische und prestigeorientierte Beweggründe.[277] SCHÜRMANN stellt hingegen einen hohen Stellenwert der Umweltfreundlichkeit fest, allerdings ist jener nur im weitesten Sinne zu verstehen.[278]

Werthaltungen haben eine geringe Verhaltensrelevanz, weil mit dem Transformationsprozess von abstrakten Werthaltungen in konkretes Verhalten so viele kognitive Prozesse ablaufen, dass andere verhaltenssteuernde Motivatoren schneller und direkter ihre Wirkung entfalten. Im Fall von ökologierelevanten Werthaltungen sind besonders aufwendige und umfassende kognitive Prozesse in Gang, außerdem muss man dann auch die langfristigen und indirekten Wirkungen des eigenen Verhaltens auf andere und das globale Abstraktgebilde Umwelt berücksichtigen.[279] Umweltbewusst ausgeprägte Werthaltungen haben außerdem nur eine geringe Verhaltensrelevanz, weil sie dem von der Allgemeinheit meist Praktizierten und Gelebten entgegenstehen können. Egoistische Reize, die die Bedürfnisse des Individuums steuern, sind dann wiederum schneller und direkter bei der Verhaltenssteuerung. Das Gewünschte befriedigt meist egoistische Bedürfnisse. Das durch Werthaltungen beeinflusste Wünschenswerte steht egoistischen Wünschen häufig entgegen. Das Wünschenswerte weist meist eine größere kognitiv-

[272] GEISHÜTTNER, K-H.: Tourismus und Umweltethik – die ökologische Herausforderung aus wirtschaftlicher und ethischer Sicht, Diplomarbeit der Wirtschaftsuniversität Wien, Wien 1997, S. 28

[273] HUNTER, C., GREEN, H.: Tourism and the environment – a sustainable relationship?, London 1995, S. 79

[274] DRÖGE, R.: Werthaltungen und ökologierelevantes Kaufverhalten, Wiesbaden 1997, S. 8

[275] FRICKE, A.: Das Kaufverhalten bei Öko-Produkten: Eine Längsschnittanalyse unter besonderer Berücksichtigung des Kohortenkonzepts, Europäische Hochschulschriften, Frankfurt am Main 1996, S. 189

[276] WINDHORST, K.-G.: Wertewandel und Konsumentenverhalten - Ein Beitrag zur empirischen Analyse der Konsumrelevanz individueller Wertvorstellungen in der Bundesrepublik Deutschland, Münster 1985, S. 90 ff

[277] DRÖGE, R.: Werthaltungen und ökologierelevantes Kaufverhalten, Wiesbaden 1997, S. 24

[278] SCHÜRMANN, P.: Werte und Konsumverhalten – Eine empirische Untersuchung zum Einfluss von Werthaltungen auf das Konsumentenverhalten, München 1988, S.83 ff

[279] DRÖGE, R.: Werthaltungen und ökologierelevantes Kaufverhalten, Wiesbaden 1997, S. 154 f

psychologische Distanz zur Person auf als das individuell Gewünschte.[280]
Eine mögliche Lösung für die Verringerung der kognitiven Distanz stellen
Lernprozesse dar. Die Konsequenzen umweltbewussten gegenüber umweltfeindlichen
Kaufverhaltens müssen dem Konsumenten in einer Weise verdeutlicht werden, die es
ihm ermöglicht, sich ohne größeren kognitiven Aufwand der Handlungsfolgen bewusst
zu werden.[281] Auch die erfolgreiche Umsetzung eines umweltbewussten
Planungssystems bedarf des Bewusstseins aller beteiligten Akteure. Durch dieses
ökologische Bewusstsein kann der Schutz der Umwelt – in welcher Form auch immer
– gefördert werden. Die Interpretation im Lernprozess kann eine entscheidende Rolle
spielen, sowohl auf der individuellen Ebene als auch auf der
Tourismusmanagementebene.[282]

---

[280] DRÖGE, R.: Werthaltungen und ökologierelevantes Kaufverhalten, Wiesbaden 1997, S. 157 f

[281] DRÖGE, R.: Werthaltungen und ökologierelevantes Kaufverhalten, Wiesbaden 1997, S. 174 f
  Anm. der Verfasserin: Es geht hier aber auch – neben Bewusstseinsförderung und Lernprozessen – um erkennbare
  umweltfreundliche Angebote, die von unabhängigen Stellen in Bezug auf deren Umsetzung und Fortführung überprüft
  werden müssen.

[282] HUNTER, C., GREEN, H.: Tourism and the environment – a sustainable relationship?, London 1995, S. 116 f

5. AUSFORMUNGEN EINES „ÖKOTOURISMUS"

5.1 Entwicklung des Tourismus

Drei verschiedene Strategien für die Tourismusentwicklung können unterschieden werden:

1. eine Wachstumsstrategie ohne Rücksicht auf zukünftige negative Konsequenzen für die Umwelt
2. eine Rückschrittsstrategie, die sich gegen weiteres Wachstum ausspricht und deren Hauptziel der Schutz der Umwelt und der traditionellen und kulturellen Ressourcen ist
3. eine nachhaltige Entwicklung, bei der der Tourismussektor von der lokalen Politik unterstützt und deren Wachstum kontrolliert wird, da Umweltschutz und die Erhaltung der bestehenden Ressourcen als ein Hauptziel gilt.[283]

Dabei kann man wiederum in drei verschiedene Tourismusentwicklungsszenarien unterscheiden[284]:

• Optimismus-Gesamtszenario: steigende Einkommen sorgen weiterhin für eine überdurchschnittliche Zunahme der Reiseausgaben. Die vermehrte Freizeit führt zu weiteren Reisen am Wochenende und Kurzurlauben. Der zunehmende Wertewandel lässt neue Reisearten und -möglichkeiten entstehen. Die steigende Mobilität fördert die Globalisierung und Internationalisierung des Tourismus, auch bis zu Reisen ins Weltall. Die neuen Kommunikationstechniken erleichtern das Reisen durch schnelleren Zugang zu Informationen und das schnellere Buchen und Reservieren von Urlaubstrips.
• Realismus-Gesamtszenario: Durch rechtzeitiges Erkennen von Trends und Nachfragewünschen und durch entsprechende Angebotsgestaltung auf Anbieterseite sollen negative Trends wie beispielsweise das Abwandern der Touristen in andere Urlaubsdestinationen abgeschwächt oder abgefangen werden.

---

[283] MORITZ, V. M.: Tourismus in Papua-Neuguinea – Entwicklung, Ausbildung, Nachhaltigkeit, Diplomarbeit der Wirtschaftsuniversität Wien, Wien 2000, S. 33

[284] SMERAL, E., u.a.: Zukunftstrends im internationalen Tourismus – Die Freizeit- und Informationsgesellschaft an der Schwelle des 21. Jahrhunderts, Wirtschaftsforschungsinstitut Wien, Wien 1998, S. 139 f

- Pessimismus-Gesamtszenario: Negative Auswirkungen wie steigende Arbeitslosigkeit und sinkende Einkommen, durch Wirtschaftskrisen hervorgerufen, beeinträchtigen die Entwicklung des zukünftigen Tourismus nachhaltig. Der Wertewandel in der Gesellschaft und neue Freizeitaktivitäten lassen das Interesse am Reisen sinken. Durch Verkehrsüberbelastung und steigendem Individualverkehr sinkt die Mobilität der Bevölkerung. Die neuen Kommunikationstechniken sind Substitut für das heutige Reisen oder ersetzen dies ganz. Es kommt zu einer Überbelastung der Urlaubsdestinationen durch das Bevölkerungswachstum und durch die Ressourcenverknappung. Durch rücksichtslosen Massentourismus zerstört die Tourismusbranche ihre eigenen Grundlagen.

In Bezug auf die Tourismusentwicklung lassen sich folgende Phasen feststellen[285]:

- Stufe: Tourismusentwicklung und Tourismuseuphorie
- Stufe: Wahrnehmung der negativen Auswirkungen des Tourismus
- Stufe: Entwicklung des theoretischen Sanften Tourismus
- Stufe: Praxisbezogene Modelle des Sanften Tourismus
- Stufe: Praktische Umsetzung des Sanften Tourismus

Die Entstehungsphase des Tourismus liegt zwischen dem letzten Drittel des 18. Jahrhunderts und dem ersten Drittel des 19. Jahrhunderts. Die Fernreise war ein Privileg einer kleinen reichen Schicht, die damals eine Minderheit war, aber dennoch im Ausmaß eines Massentourismus ähnlich oft verreiste. Die soziale Begrenztheit des anfänglichen Tourismus resultiert aus dem großen Aufwand an zeitlichen, sozialpsychologischen und monetären Ressourcen. Angebotsseitig gab es für die Reisenden noch nicht viel: einfache Gasthäuser und Kutschen. Mit der Industrialisierung im 19. Jahrhundert kam der regelmäßige Erholungsurlaub, beschränkte sich aber auf die bürgerlichen Kreise, die bereits gehobenen Standard bei den Beherbergungen genossen, die Eisenbahn als Fortbewegungsmittel nutzten und erste organisierte Reisen in Anspruch nahmen. Erst im Nationalsozialismus kamen die Gesellschaftsreisen auf und damit kam es zur Abschaffung des Privilegs der Reichen, eine Reise unternehmen zu können.[286]

Zu Beginn der Fremdenverkehrsentwicklung verreisten die Touristen mit der Bahn, dann mit dem Bus, dem Auto und schließlich mit dem Flugzeug, das heute den größten Einfluss auf die Entwicklung des internationalen Reiseverkehrs hat.[287] In Bezug auf Kurzstrecken war und ist das Auto heute Verkehrsmittel Nummer eins.[288]

---

[285] KATSCHNIG, I-H.: Die Auswirkungen des Nationalparks Nockberge auf die Entwicklung des Sanften Tourismus in dieser Region, Diplomarbeit der Wirtschaftsuniversität Wien, Wien 1999, S. 18

[286] SMERAL, E., u.a.: Zukunftstrends im internationalen Tourismus – Die Freizeit- und Informationsgesellschaft an der Schwelle des 21. Jahrhunderts, Wirtschaftsforschungsinstitut Wien, Wien 1998, S. 36 ff

[287] BRANDNER, G.: Tourismus am Wörthersee unter besonderer Berücksichtigung von Tourismus- und Umweltmanagement, Diplomarbeit der Wirtschaftsuniversität Wien, Wien 1994, S. 20 f

[288] VDA – Verband der Automobilindustrie Deutschland, http://www.vda.de/de/service/jahresbericht/auto2005/verkehr/v_2.html, vom 15.12.2006

Tourismus wird immer erfolgen, so lang Menschen Überschüsse an Mobilität, Geld, Freizeit und Lebenslust haben.[289] Bis zum Ende der 1930er Jahre war das arbeitsorientierte Tramping eine Vorstufe des Alternativtourismus. Tatsächlich begonnen hat dieser Anfang der 1970er Jahre als Reaktion auf die Auswirkungen des Massentourismus. Deshalb gab es Überlegungen eines Sanften Tourismus auch im Zusammenhang mit dem Tourismus in die Länder der Dritten Welt. Die „Blumenkinder" der 1960er Jahre starteten die gruppenweisen Überlandsfahrten nach Indien, welche der Beginn für die massenhaften „Alternativreisen" waren, wobei alternativ hier im Sinne von etwas Anderem, etwas Neuartigem verstanden werden muss.[290]

In den 1990er Jahren entwickelte sich der so genannte Hybridtourismus als eine Mischform des Tourismus, es herrscht hier eine „sowohl als auch" - Stimmung. Hier entwickelten sich Mischbildungen, Zusammensetzungen und Heterogenität von verschiedenen Tourismusformen.[291]

KRIPPENDORF[292] hat die Diskussion um eine Neuorientierung der Tourismuspolitik maßgeblich mitbestimmt und schlägt folgende Strategien für eine harmonische nachhaltige Tourismusentwicklung vor[293]:

* Für Sanften und menschlichen Tourismus eintreten
* Reiseströme entzerren und besser verteilen
* Vorraussetzungen für einen fairen Tauschhandel und partnerschaftliche Beziehungen schaffen
* Tourismusförderung nicht als Selbstzweck und Allheilmittel betrachten
* Bedürfnisse und Interessen von Reisenden und Bereisten in den Mittelpunkt stellen und vereinbaren
* Kontrolle über Grund und Boden in einheimischen Händen halten
* Entwicklung auf einheimische Arbeitskräfte ausrichten, Arbeitsplatzqualität verbessern
* Einheimisches und Landestypisches betonen und kultivieren
* Ein ehrliches und verantwortungsbewusstes Reisemarketing
* Tourismusverantwortliche umfassender und besser ausbilden
* Die Bereisten über die Reisenden und die Tourismusprobleme informieren
* Reisen lernen – die Menschen auf Reisen vorbereiten und schulen

---

[289] ELLENBERG, L.: Ökotourismus: Reisen zwischen Ökonomie und Ökologie, Berlin 1997, S. 6

[290] ROTPART, M.: Vom Alternativtourismus zum Hybridtourismus – der postalternative Wandel im Individualtourismus und die Macht der Reisehandbücher im Dritte-Welt-Tourismus am Fallbeispiel der Philippinen, Dissertation der Kepler Universität Linz, Linz 1995, S. 47

[291] ROTPART, M.: Vom Alternativtourismus zum Hybridtourismus – der postalternative Wandel im Individualtourismus und die Macht der Reisehandbücher im Dritte-Welt-Tourismus am Fallbeispiel der Philippinen, Dissertation der Kepler Universität Linz, Linz 1995, S. 99 ff

[292] KRIPPENDORF, J.: Die Ferienmenschen: für ein neues Verständnis von Freizeit und Reisen, Zürich 1984, S. 176 ff

[293] MORITZ, V. M.: Tourismus in Papua-Neuguinea – Entwicklung, Ausbildung, Nachhaltigkeit, Diplomarbeit der Wirtschaftsuniversität Wien, Wien 2000, S. 20

AMMER zitiert KRIPPENDORF von 1982: „Wir müssen keine neuen Maßnahmen erfinden, sondern die bestehenden Instrumente verwenden und sie phantasievoll kombinieren. Theoretische Erkenntnisse sind genügend vorhanden, Steuerungsinstrumente auch – das Problem ist wirklich die politische Umsetzung." Diese Aussage ist auch heute noch aktuell.[294]

5.2 Neue Form der Tourismuspolitik

Eine ökologische Produktpolitik dient dazu, umweltfreundliche Produkte oder Umwelttechnik-Erzeugnisse hervorzubringen. Um aus dem Produkt Reise ein Öko-Produkt zu machen, ist eine spezielle ökologische Tourismuspolitik bei den Anbietern notwendig, eine bewusste Entscheidung des Unternehmens oder der Ferienregion für ein Tourismusangebot, das Umwelt zum Thema hat. Einerseits kann dies durch die Tourismusorganisation der Zielgemeinde erfolgen wie beispielsweise durch das Fremdenverkehrsamt, oder der Staat oder eine Behörde setzt die nötigen Schritte, beispielsweise für einen Nationalpark. Oder auch einzelne Tourismusunternehmen entwickeln trag- und zukunftsfähige Projekte. Generelle Informationen in Bezug auf den Ökotourismusreisemarkt erhält man auf Reisemessen oder internationalen Messen zum Thema Reisen und Umwelt, auch zahlreiche Veranstaltungen zu „Ecotourism" werden dort bereits angeboten.[295]

Die Ziele der Fremdenverkehrspolitik sind als oberstes Anliegen die langfristige Gewährleistung der körperlichen und psychischen Erholung sowie regenerierender Aktivität und Geselligkeit für möglichst breite Bevölkerungsschichten in intakter Landschaft unter Berücksichtigung der langfristigen Interessen der ansässigen Bevölkerung. Die Fremdenverkehrspolitik wird durch das natürliche, soziale, wirtschaftliche und rechtliche Umfeld beeinflusst und muss sich den speziellen und stets ändernden Interessen der Touristen anpassen.[296] Es gehört auch zu den Aufgaben der Tourismuspolitik, die negativen Begleiterscheinungen des Reisens zu vermeiden. Tourismuspolitik ist somit auch Umweltpolitik.[297]
„Grundlegende Ziele einer tragfähigen Freizeit- und Tourismuspolitik dürften Beiträge zur Steigerung der Lebensqualität, der Wohlfahrt als Befriedigung der Gesamtheit materieller und immaterieller Bedürfnisse sein, sowohl für die Gesamtgesellschaft als auch für das Individuum."[298]

---

[294] AMMER, U., u.a.: Freizeit, Tourismus und Umwelt, Bonn 1998, S. 97

[295] VIEGAS, A.: Ökodestinationen, Wien 1998, S. 12 ff

[296] REINTHALER, H.: Die verschiedenen Entwicklungsstadien des Fremdenverkehrs auf den griechischen Inseln dargestellt am Beispiel der Kykladen, Diplomarbeit der Wirtschaftsuniversität Wien, Wien 1988, S. 19 f

[297] SPREITZHOFER, G.: Tourismus 3. Welt – Brennpunkt Südostasien, Europäische Hochschulschriften, Wien 1995, S. 36 f

[298] DRASKOVIC, G.: Tourismus – kritische Betrachtung aus der sozio- ökologischen Perspektive, Diplomarbeit der Wirtschaftsuniversität Wien, Wien 2004, S. 80

Die Prinzipien eines umwelt- und sozialverträglichen Fremdenverkehrs (Sanfter Tourismus) werden vom schonenden Umgang mit den regionalen Potentialen, der eine langfristige und vielfältige Nutzung der sozialen und ökologischen Umwelt sichert, bestimmt.[299]

Möchte eine Gemeinde eine Fremdenverkehrsplanung entwickeln, so folgen zunächst die Arbeitsschritte[300]:

- Bestandsaufnahme und Analyse – Erfassung der Quantität und Qualität des bestehenden touristischen Angebots, Quantität und Struktur der derzeitigen touristischen Nachfrage und Konkurrenzsituation erfassen, Erfassung durch Stärken-Schwächen-Analyse im Sinne von was haben wir, wer kommt zu uns, wo liegen unsere Stärken und Schwächen? Es sollte möglichst genaue Vorstellungen über die touristischen Zielgruppen geben, die mit dem Angebot angesprochen werden sollen. Je nach Zielgruppe unterscheidet man verschiedene Schwerpunkte des Angebotsprofils, zum Beispiel den Ort in seiner Gesamtheit erfassen (familienfreundlich, alternative Urlaubsregion, fahrradfreundlich), die Beherbergungsbetriebe betrachten, die Infrastruktur, abgeleitete Angebote wie Wandern, Studienreisen oder Veranstaltungen miteinplanen.[301]
- Durch eine Umfeldanalyse sind die Folgen abzuschätzen, die sich aus wirtschaftlichen, sozialen und ökologischen Rahmenbedingungen und deren Veränderungen für die touristische Entwicklung der Gemeinde ergeben. Dies ist nun eine Chancen-Risiken-Analyse (Potentialanalyse, um das Angebot und die Leistungen zu analysieren[302]) mit Berücksichtigung der Folgen aus der zu erwartenden weiteren Verknappung des Gutes intakte Umwelt und deren zunehmender Nachfrage. Denn man beachte: Vernachlässigter Umweltschutz wird zum Kostenfaktor[303]
- Leitbildfindung – Szenarien der denkbaren touristischen Entwicklungs- oder Weiterentwicklungsmöglichkeiten, deren Ergebnisse Grundlage für Leitbilddiskussion und Entwicklung der Ziele sind. Dazu benötigt man enge Abstimmung mit allen tourismusrelevanten Gremien, Organisationen, Verbänden und wichtigen Personen der Gemeinden im Sinne von was wollen wir, wen wollen wir, wo gibt es Konflikte oder Widerstände?[304]

---

[299] AMMER, U., u.a.: Freizeit, Tourismus und Umwelt, Bonn 1998, S. 134 f

[300] AMMER, U., u.a.: Freizeit, Tourismus und Umwelt, Bonn 1998, S. 12 ff

[301] AMMER, U., u.a.: Freizeit, Tourismus und Umwelt, Bonn 1998, S. 12 ff

[302] BRANDNER, G.: Tourismus am Wörthersee unter besonderer Berücksichtigung von Tourismus- und Umweltmanagement, Diplomarbeit der Wirtschaftsuniversität Wien, Wien 1994, S. 48

[303] AMMER, U., u.a.: Freizeit, Tourismus und Umwelt, Bonn 1998, S. 12 ff

[304] AMMER, U., u.a.: Freizeit, Tourismus und Umwelt, Bonn 1998, S. 103 ff

- Maßnahmen- und Aktionsprogramm – Gegenüberstellung des Stärken-Schwächen-Profils mit dem touristischen Leitbild und den Entwicklungszielen, dadurch entsteht ein Maßnahmenpaket, Austragen von Zielkonflikten zur Sicherung der nachhaltigen Entwicklung des touristischen Potentials und der Wettbewerbssituation.
- Ergebnis ist ein Maßnahmen- und Aktionsprogramm, dessen Prioritätensetzung und Strukturierung auf andere Planungen und Vorhaben der Gemeindeentwicklung einwirkt.

Die Gemeinden haben vorrangig eine koordinierende Aufgabe. Direkten Einfluss haben sie dabei auf ihre eigenen Einrichtungen wie Sportanlagen oder Bäder, wobei sie hier Verbote durchsetzen, Satzungen beschließen, Umweltvorsorge im eigenen Handlungsbereich umsetzen, Handlungen von Gesellschaften im eigenen Besitz oder Flächennutzungspolitik betreiben können. Indirekt können sie auf Handlungen lokaler Akteure oder übergeordneter Verwaltungen und Institutionen Einfluss nehmen.[305]

Man kann aber durchaus beachten, dass der Tourismus eine bedeutende, die Gestalt der Landschaft und Struktur der Gesellschaft mitprägende Kraft darstellt. Wesentliches Kriterium im Rahmen eines örtlichen oder regionalen Tourismuskonzeptes muss ein Streben nach etwas Individuellem in allen Lebensbereichen sein. Natur und Mensch sollten mehr zusammengeführt und integriert werden, damit eine Kulturlandschaft entsteht, die den Einheimischen angepasst ist und ihnen somit Halt und Identität gibt. Verbindung von Provinzialität mit weiten Horizonten, regionalem Selbstbewusstsein und Offenheit sollte angestrebt werden. Außerdem muss man sich vermehrt dem Didakt des bewahrenden Wandels unterziehen, mit Offenheit und kritischer Distanz zum Fortschritt kommen, weil Kultur etwas Lebendiges, sich immer wieder Erneuerndes, darstellt.[306]

5.3 Nachhaltiger Tourismus – Nachhaltigkeit

Das Konzept der Nachhaltigen Entwicklung wurde das zentrale Thema der Rio-Konferenz 1992 und Inhalt der AGENDA 21 für nachhaltige Entwicklung im 21. Jahrhundert. Die AGENDA 21 wurde 1992 von der World Tourism Organisation (WTO), Earth Council und World Travel & Tourism Council (WTTC) entwickelt und ist ein Set aus Prinzipien, Praktiken und generellen Planungsprozessen und wurde zu einem Grundsatz für internationale Entwicklungsorganisationen.[307]

---

[305] AMMER, U., u.a.: Freizeit, Tourismus und Umwelt, Bonn 1998, S. 12 ff
Anm. der Verfasserin: Als vorbildliches Beispiel fungiert hier Werfenweng im Pongau in Salzburg, wo die Fremdenverkehrsakteure kooperieren und den Touristen die Chance bieten, komplett auf ihre privaten PKWs zu verzichten, indem sie diese bei Ankunft abholen oder ihnen zur Freizeitgestaltung Fahrräder zur Verfügung stellen. Der Tourismusverband Werfenweng nennt dies „Urlaub vom Auto" oder „Enthastungstourismus".

[306] GEISHÜTTNER, K-H.: Tourismus und Umweltethik – die ökologische Herausforderung aus wirtschaftlicher und ethischer Sicht, Diplomarbeit der Wirtschaftsuniversität Wien, Wien 1997, S. 74 f

[307] SHELDON, P. J., KNOX, J. M., LOWRY, K.: Sustainability in Mass tourism destinations: the case of Hawaii, Lehrveranstaltungsunterlagen des VK 6 SBWL Tourismus und Freizeitmarketing, in: Review at Tourism review of AIEST, St. Gallen 2004, S. 3f

Zu diesem Thema wurde ein internationaler Code of Ethics for Tourism von der WTO entwickelt, der generelle Leitziele einer tragfähigen Tourismusform und -entwicklung beinhaltet. Dieser Code wurde aufgrund zahlreicher Konventionen und internationaler Vereinbarungen den Tourismus betreffend im Jahr 1999 endgültig von der WTO beschlossen und beinhaltet im wesentlichen zehn Artikel, die sich beispielsweise auf Respektförderung der lokalen Kulturen und Werte oder Traditionen, auf eine nachhaltige Entwicklung, auf eine gemeinsame kooperative Initiative, auf Kulturerhaltung, auf Verpflichtungen der verschiedenen Stakeholder, auf ein Arbeitsrecht der lokalen Bevölkerung im Bereich des Tourismus und auf eine generelle Umsetzung dieses Codes of Ethics bezieht.[308]

Soll nun ausgehend vom Konzept des Sustainable Development ein nachhaltiger Tourismus durchgeführt werden, müssten möglichst nah gelegene Reiseziele mit einem umweltfreundlichen Verkehrsmittel aufgesucht werden, verbunden mit einer möglichst langen, durchgehenden Aufenthaltsdauer. Außerdem müssen dabei die sozialen Folgen, die dadurch für die Bereisten entstehen, beachtet werden.[309]

Folgende Elemente sind im Zuge eines nachhaltigen Tourismus gleichberechtigt zu berücksichtigen[310]:

- Intakte Natur, Schutz der Ressourcen (geringe Eingriffe in den Naturhaushalt, Verringerung des Landschaftsverbrauchs, geringe Veränderung des Landschaftsbildes, Erhalt der naturnahen Kulturlandschaft)
- Wohlbefinden der Einheimischen und der Mitarbeiter in touristischen Betrieben (Selbstbestimmung der einheimischen Bevölkerung, Erhöhung der Lebensqualität, Begrenzung der Belastungen durch Tourismus)
- Optimale Bedürfnisbefriedigung der Gäste (eigenbestimmte Erholung, gesundheitsfördernde Erholungsangebote, soziale Kontakte im Urlaub, verantwortungsbewusstes Erholungsverhalten)
- Wirtschaftlicher Wohlstand (breit gefächerte Wirtschaftsstruktur, breite Streuung des wirtschaftlichen Nutzens (für Einheimische), langfristiges wirtschaftliches Denken, Strategie des qualitativen Wirtschaftswachstums)
- Intakte Kultur (Wahrung des sozialen Zusammenhalts der lokalen Bevölkerung, Stützung der soziokulturellen Identität)

---

[308] WTO, Global Code of Ethics,
    http://www.unwto.org/code_ethics/pdf/languages/Codigo%20Etico%20Ing.pdf, vom 30.06.2006
[309] PREDOTA, D.: Tourismusentwicklung in Madagaskar: Auf dem Weg zur Nachhaltigkeit, Diplomarbeit der
    Wirtschaftsuniversität Wien, Wien 2001, S. 36 ff, zitiert aus: STECK, B.: Tourismus in der technischen Zusammenarbeit,
    Deutsche Gesellschaft für technische Zusammenarbeit (GTZ), Eschborn 1998, S. 11
[310] DRASKOVIC, G.: Tourismus – kritische Betrachtung aus der sozio-ökologischen Perspektive, Diplomarbeit der
    Wirtschaftsuniversität Wien, Wien 2004, S. 82 f

Eine Umorientierung des Tourismus in Richtung einer nachhaltigen Entwicklung erfordert eine umfassende Strategie. Dies bedeutet Integration der Nachhaltigkeit in die Entscheidungsprozesse aller Akteure der touristischen Wertschöpfungskette unter Einbezug der Reisenden und Bereisten, also der Einheimischen. Es muss eine veränderte Grundhaltung, bei der die Reisenden das Angebot kritisch hinterfragen und ein erhöhtes Informationsbedürfnis zum Ausdruck bringen, entstehen. Umweltschonung und Naturverträglichkeit wird als zusätzliches Qualitätskriterium einbezogen. Das Prinzip der Vernetzung nach dem Motto „global denken, lokal handeln" muss intensiver betrachtet werden.[311]

Der WWF (World Wide Fund For Nature, 1992)[312] schlägt folgende Prinzipien für nachhaltigen Tourismus vor[313]:

- Nachhaltige Ressourcennutzung
- Vermeidung von Überkonsum und Abfall
- Abfall vermeiden vor verwerten vor versorgen
- Erhaltung der Diversität
- Integration des Tourismus in die nationale Planung
- Unterstützung lokaler Ökonomien
- Einbeziehung lokaler Gesellschaften
- Beratung der Aktionäre und der Öffentlichkeit
- Schulung der Mitarbeiter
- Verantwortungsvolles Tourismusmarketing
- Durchführung von Forschungen
- Sozial und ökologisch verträgliche Planung und Ausführung von Infrastrukturmaßnahmen

Das Ziel der Nachhaltigkeit besteht darin, Entwicklung zur Steigerung der Wohlfahrt der Bevölkerung nur auf Basis ökologischer Stabilität, der langfristigen Sicherung natürlicher Ressourcen und sozialer Verträglichkeit zu vollziehen.[314] Drei Dimensionen der Nachhaltigen Entwicklung lassen sich feststellen: die ökonomische Dimension bezieht sich auf die Befriedigung der Grundbedürfnisse und die Gewährleistung eines gewissen Mindestlebensstandards. Es geht hier um die Sicherung und Grundlage materieller und immaterieller Bedürfnisbefriedigung, Erhalt der Leistungsfähigkeit des Produktionsvermögens, Vollbeschäftigung, soziale Sicherheit und Erhaltung der Wettbewerbsfähigkeit und um einen Beitrag zur

---

[311] DRASKOVIC, G.: Tourismus – kritische Betrachtung aus der sozio-ökologischen Perspektive, Diplomarbeit der Wirtschaftsuniversität Wien, Wien 2004, S. 83 f

[312] WWF-UK (Hrsg.): Beyond the green horizon: principles for sustainable development, London 1992, zitiert auf http://www.mekonginfo.org/mrc en/doclib.nsf/0/9F4FE60439B891074725692800148D16/$FILE/FULLTEXT.html, vom 25.12.2006

[313] WWF-UK: WWF Tourism Background Paper, in: WWF International, Juni 2001, S. 3 f, http://www.wwf.org.uk/filelibrary/pdf/wwf_tourism_backgrounder_2001.pdf, vom 15.12.2006

[314] PREDOTA, D.: Tourismusentwicklung in Madagaskar: Auf dem Weg zur Nachhaltigkeit, Diplomarbeit der Wirtschaftsuniversität Wien, Wien 2001, S. 32

internationalen wirtschaftlichen Stabilität. Die ökologische Dimension umfasst jene Komponenten, die die Nutzung der nicht erneuerbaren Ressourcen maximal bis zur Erzeugung von erneuerbaren Substituten für die jeweilige Ressource begrenzt, es geht um die Erhaltung eines intakten Ökosystems und Verbesserung der Umweltqualität, Minimierung des Rohstoff- und Energieverbrauchs, Schutz der biologischen Vielfalt und Risikovermeidung für Menschen und Tiere. Die dritte Komponente ist die sozio-kulturelle Dimension und bedeutet, dass das gesundheitliche und soziale Wohlbefinden, der Zugang zu allen gesellschaftlichen und politischen Bereichen und die Beteiligung der betroffenen Bevölkerung an für sie relevanten Entscheidungen sichergestellt werden sollte.[315]

Es geht hier um selbstbestimmte Lebensführung, Befriedigung der Grundbedürfnisse, Gerechtigkeit und Ermöglichung sozialer Innovation und Gestaltung der Arbeitsform.[316]

5.4 Sanfter Tourismus

Sanfter Tourismus wird seit Beginn der 1980er Jahre als eine Art Gegenpol zu traditionellen Tourismusformen gesehen und akzeptiert, dabei herrscht das Bild vom Tourismus der kleinen Zahl vor.[317] Der Sanfte Tourismus wird als Ansatz zur Entwicklung strukturell alternativer Tourismusangebote interpretiert. Außerdem wird er als allgemeines Korrektiv des Tourismus verstanden.[318] Viele Maßnahmen sind nur im Verbund mehrerer oder aller Unternehmen einer Branche realisierbar.[319] Wie beim Konzept des Nachhaltigen Tourismus sind auch beim Sanften Tourismus Wirtschaftlichkeit und Umwelt- und Sozialverträglichkeit die Hauptziele. Allerdings fehlen ihm einige Komponenten, wie zum Beispiel der zeitliche Weitblick, oder die Berücksichtigung räumlicher Verflechtungen und die vernetzte Sichtweise der drei Dimensionen (ökologisch, ökonomisch, sozio-kulturell).[320] Der Sanfte Tourismus erfüllt idealerweise folgende Funktionen: er ist umwelt- und sozialverträglich, angepasst, ruhig, einfach und nicht technisiert, naturnah, umweltfreundlich, selbstbestimmt, maßvoll und langfristig.[321]

---

[315] PREDOTA, D.: Tourismusentwicklung in Madagaskar: Auf dem Weg zur Nachhaltigkeit, Diplomarbeit der Wirtschaftsuniversität Wien, Wien 2001, S. 32 ff

[316] PREDOTA, D.: Tourismusentwicklung in Madagaskar: Auf dem Weg zur Nachhaltigkeit, Diplomarbeit der Wirtschaftsuniversität Wien, Wien 2001, S. 35

[317] DRASKOVIC, G.: Tourismus – kritische Betrachtung aus der sozio-ökologischen Perspektive, Diplomarbeit der Wirtschaftsuniversität Wien, Wien 2004, S. 84

[318] SCHARPF, H.: Umweltschonender Tourismus: Eine Entwicklungsperspektive für den ländlichen Raum, in: MOLL, P. (Hrsg.): Material zur Angewandten Geographie, Band 24, Bonn 1995, S. 70

[319] DRASKOVIC, G.: Tourismus – kritische Betrachtung aus der sozio-ökologischen Perspektive, Diplomarbeit der Wirtschaftsuniversität Wien, Wien 2004, S. 88

[320] PREDOTA, D.: Tourismusentwicklung in Madagaskar: Auf dem Weg zur Nachhaltigkeit, Diplomarbeit der Wirtschaftsuniversität Wien, Wien 2001, S. 44

[321] MÜLLER, P.: Sanfter Tourismus und Regionalpolitik – auf steinigem Weg zu neuen Prioritäten, Schriftenreihe des Club NÖ, Band 4, Wien 1985, S. 95

Hier geht es also um einen Einklang mit der sozialen und natürlichen Umwelt. Sanfter Tourismus ist naturschonend und kann den Tourismus nachhaltig aufrechterhalten, ohne dass Schäden entstehen. Erholungssuchende im Sinne des Sanften Tourismus verzichten vor allem auf landschaftsbelastende Tourismuseinrichtungen. Der Sanfte Tourismus ist nicht technisierter Tourismus, Tourismus des kleinen Maßstabes und somit ein alternatives Segment innerhalb des Fremdenverkehrs.[322] Innerhalb des Sanften Tourismus gibt es noch eine gewisse Akzeptanz und Duldung des Massentourismus, weil er teils von diesem abhängig ist. Daher muss ein Konzept der nachhaltigen Tourismusentwicklung über den Ansatz des Sanften Tourismus hinausgehen.[323] Heute wird Sanfter Tourismus wohl eher abwertend verwendet.[324] „Die logische Konsequenz von Sanftem Tourismus pur ist der Verzicht auf Reisen, zuhause bleiben, denn grob formuliert: der Tourismus zerstört, was er sucht, indem er es findet."[325] Sanfter Tourismus darf aber keineswegs als Billigtourismus abgestempelt werden, die Touristen lassen sich es sehr wohl etwas kosten, Natur zu erleben. Sanfter Tourismus bedeutet auch nicht wenig Tourismus, im Gegenteil geht es um ein Massenmanagement, weil es mittlerweile bereits sehr viele Urlauber gibt, die Sanften Tourismus leben wollen.[326]

Ziele eines Sanften Tourismus sind[327]:

- Verhinderung touristischer Monostruktur, Wirtschaftszweige beleben, breite Nutzenstreuung
- Erhaltung und Schaffung naturnaher Landschaften, Schutz, Pflege, Entwicklung der Natur, Biotope schaffen, Schutzgebiete einrichten
- Verminderung der Umweltbelastungen, Verbesserung der Wasserqualität, Verringerung von Lärm, Verkehrsberuhigung, flächensparendes Bauen
- Beachtung der regionalen Maßstäbe und Traditionen, landschaftstypische Bauweise, Pflege von Brauchtum und Kultur
- Sensibilisierung des Gastes in Bezug auf die Region, die er besucht
- Selbstbestimmung der Einheimischen über das Tourismuskonzept, Nutzung von örtlichen Potentialen, Regionalentwicklung, Bürgerbeteiligung

---

[322] KATSCHNIG, I-H.: Die Auswirkungen des Nationalparks Nockberge auf die Entwicklung des Sanften Tourismus in dieser Region, Diplomarbeit der Wirtschaftsuniversität Wien, Wien 1999, S. 17 ff

[323] PREDOTA, D.: Tourismusentwicklung in Madagaskar: Auf dem Weg zur Nachhaltigkeit, Diplomarbeit der Wirtschaftsuniversität Wien, Wien 2001, S. 44

[324] VIEGAS, A.: Ökodestinationen, Wien 1998, S. 4

[325] KRÜGER, R.: Umweltschonender Tourismus: Eine Entwicklungsperspektive für den ländlichen Raum, in: MOLL, P. (Hrsg.): Material zur Angewandten Geographie, Band 24, Bonn 1995, S. 117

[326] FEIGE, M.: Umweltschonender Tourismus: Eine Entwicklungsperspektive für den ländlichen Raum, in: MOLL, P. (Hrsg.): Material zur Angewandten Geographie, Band 24, Bonn 1995, S. 131 f

[327] AMMER, U., u.a.: Freizeit, Tourismus und Umwelt, Bonn 1998, S. 98

Folgende generelle Hindernisse gibt es bei der Umsetzung eines sanften umweltverträglichen Tourismus[328]:

* Die Tourismuswirtschaft ist zu kurzfristig an Gewinnoptimierung orientiert
* Die hohe Diskrepanz zwischen Umweltbewusstsein und Verhalten der Touristen
* Mit einer Konzentration auf einen Nischentourismus können die regionalen Umweltprobleme nicht gelöst werden
* Fehlende Umsetzungsbeispiele sowie Planungs- und Orientierungshilfen
* Zunehmende Preisorientierung (Last-Minute-Angebote) bei gleichzeitig hohen Qualitätsansprüchen führt zu einer Polarisierung des Reisemarktes, die die Umsetzung einer branchenweiten Ökostrategie erschweren kann
* Umweltfreundlicher Tourismus ist angesichts der heutigen und der in Zukunft noch stark zunehmenden Reiseströme nicht realisierbar. Die bereits erwähnte Paradoxie eines sanften Massentourismus vermindert die Chancen für einen umweltverträglichen Tourismus

Sanfter Tourismus bedarf genau abgestimmter Gesamtkonzepte von der Gästeinformation bis zur Abfall- und Lärmvermeidung im Hotel, vom Rad- und Busangebot bis zur Landschaftspflege. Ohne entsprechende Landwirtschaft, ohne Verkehrsberuhigung, ohne Bürgerbeteiligung ist der Sanfte Tourismus als Ideal nicht zu verwirklichen.[329] Das Haupthindernis bei der Realisierung eines umweltorientierten Tourismus liegt in einem fehlenden oder zu geringen Systemdenken. Nur wenn man sich selbst oder das Tourismusunternehmen oder -projekt als Teil eines viel größeren ökologischen und sozialen Netzes begreift, können sinnvolle Strategien für die Zukunft entworfen werden.[330]

5.5 Praktische Umsetzung eines Sustainable Developments

Die Aufklärung über die jeweiligen Umweltauswirkungen einer Reise kann zumindest einen Teil der Nachfrager dazu bewegen, die umweltfreundlichere Alternative zu wählen. Informatorische Maßnahmen wie Werbekampagnen, die Aufklärung über Umweltauswirkungen am Urlaubsort oder das parallele Angebot von verschiedenen Verkehrsmitteln wie Bahn oder Flugzeug zur Erreichung des Urlaubsortes überlassen den Kunden immer noch ihre Entscheidungsfreiheit. Aufklärungskampagnen oder Beratungsmöglichkeiten zielen auf einen schleichenden Bewusstseinswandel und somit Verhaltenswandel bei den Nachfragern als auch bei den Anbietern ab. Man muss daher über die Sensibilisierung des Umweltbewusstseins auch handfeste Alternativen

---

[328] ROTH, P.: Touristik-Marketing: das Marketing der Tourismus-Organisationen, Verkehrsträger, Reiseveranstalter und Reisebüros, München 1992, S. 50 ff

[329] KATSCHNIG, I-H.: Die Auswirkungen des Nationalparks Nockberge auf die Entwicklung des Sanften Tourismus in dieser Region, Diplomarbeit der Wirtschaftsuniversität Wien, Wien 1999, S. 51

[330] GEISHÜTTNER, K-H.: Tourismus und Umweltethik – die ökologische Herausforderung aus wirtschaftlicher und ethischer Sicht, Diplomarbeit der Wirtschaftsuniversität Wien, Wien 1997, S. 8

und deren positive Folgen thematisieren.[331]

5.51 Umweltbildung

Umweltbildung gilt als Vermittlung von Informationen, Methoden und Werten, um den handelnden und verantwortlichen Menschen zur Auseinandersetzung mit den Folgen seines Tuns in der natürlichen, gebauten und sozialen Umwelt zu bewegen und ihn dann zu umweltgerechtem Handeln zu bringen. Die Bildung sollte dabei so verlaufen, dass die Integration von Umweltschutz in alle Lebens- und Gesellschaftsbereiche erfolgt. Alle klassischen Themen (beispielsweise Artenschutz) sind um wirtschafts-, sozial- und arbeitsmarktpolitische Themen zu ergänzen, dazu gehören Fragen wie Ressourcen- und Energienutzung, Mobilität, Bauen und Wohnen, Gen- und Biotechnik, Lebensstilfragen und Wertediskussionen. Zur Umsetzung bedarf es Interdisziplinarität, Kooperationen, Managementinstrumenten, Mediations- und Moderationstechniken und moderner Medien der Informationsgesellschaft. Die Bildungsmaßnahmen sollen handlungs- und erfahrungsorientiert sein, Wissen und Werte vermitteln und dabei Spaß und Freude machen, die Inhalte sollten zielgruppenorientiert angeboten und in den Alltag übertragbar sein. Umweltbildung muss Teil aller Planungs- und Entwicklungsmaßnahmen, Förderprogramme und Gesetzesvorlagen sein. Die Forderung nach einem übergeordneten allgegenwärtigen Naturschutz benötigt im Vorhinein die Durchführung der kommunalen Landschaftsplanung in allen Gemeinden im Dialog mit den Nutzergruppen und die Integration von Naturschutz und Umweltschutz. Dies bedeutet eine Schwerpunktverlagerung über die Grenzen der Schutzgebiete hinaus hin zu den Städten und industriellen und land- und forstwirtschaftlichen Produktionsflächen.[332]

Beispielsweise gibt es Vorschläge und Tipps von einigen Zeitschriften, die sich mit Natur, Umwelt oder Tourismus beschäftigen, um den Touristen schon vor seiner Reise ausreichend zu sensibilisieren. Beispielsweise gibt es die Sympathiemagazine[333], die vom Studienkreis für Tourismus und Entwicklung in Zusammenarbeit mit dem Bundesministerium für wirtschaftliche Zusammenarbeit in Deutschland seit 1974 erstellt werden und jeweils ein bestimmtes Reiseland betrachten und vorstellen. Mittlerweile gibt es diese Magazine über circa 50 Länder, die Reisenden können sich dadurch auf das jeweilige Reiseland und deren Kultur, Bevölkerung und deren Alltag mit Respekt, Verständnis und Toleranz vorbereiten. Auch Einheimische kommen in den Magazinen zu Wort, sodass der Reisende die unverblümte Wahrheit erfährt. Dadurch entsteht verantwortliches Reiseverhalten und im besten Fall auch interkulturelles Lernen. Die Sympathiemagazine sind entwicklungsbezogenes Informations- und Bildungsmedium. Sie sind keine touristischen Werbebroschüren, sondern eher eine Ergänzung zu einem Reiseführer und stärken dadurch auch das

---

[331] KAHLENBORN, W., KRAACK, M., CARIUS, A.: Tourismus- und Umweltpolitik – ein politisches Spannungsfeld, Berlin 1999, S. 97

[332] AMMER, U., u.a.: Freizeit, Tourismus und Umwelt, Bonn 1998, S. 166 ff, S. 267 ff

[333] Sympathiemagazine, www.sympathiemagazine.de, vom 02.07.2006

Image des jeweiligen Reiseveranstalters, sofern sich dieser auf die Magazine bezieht.[334]
Auch die Zeitschrift Lonely Planet bietet ein ähnliches Service und versorgt die Reisenden mit verlässlicher und unabhängiger Reiseinformation. Sie gehen aber einen Schritt weiter und betonen ausdrücklich, dass sie bei der Produktion und Verteilung ihrer Bücher und Zeitschriften Abfall durch verschiedene Maßnahmen vermindern. Beispielsweise sehr bekannt ist das Buch „Blueprint", das verschiedene Reisedestinationen vorstellt, wichtige Aspekte der Region beleuchtet oder sogar Tipps für einen Besuch gibt. Teilweise werden auch besonders ökologieorientierte heimische Unterkünfte präsentiert. Lonely Planet bildet eine Reisecommunity, die sich „The Lonely Planet Foundation" nennt und insgesamt 5 % des jährlichen Umsatzes an Partnerprojekte rund um die Welt verteilt abgibt. Es geht bei dieser Foundation um Förderung des respektvollen Tourismus und um Schutz der Natur der Touristengebiete.[335] Diese Travel Foundation wird auch von den Reiseveranstaltern Thomas Cook und First Choice unterstützt.[336]

Auch Respect Österreich (eine Tochter der Österreichischen Entwicklungszusammenarbeit (ÖEZA)) bietet den Reisenden, aber auch Tourismuspraktikern oder angehenden Praktikern (Schülern), Informationen vor allem in Bezug auf die einheimische Bevölkerung und deren lokale Produkte oder Wirtschaft. Dabei werden die jeweiligen Ansprechpartner, die später mit den Touristen in Kontakt stehen geschult, was fair handeln im Tourismus heißt.[337]

Ebenso werden auf der Homepage des WWF Reisetipps angeboten, dabei geht es vorrangig darum, sich im Urlaub angemessen in Bezug auf Abfallerzeugung, Wasserverbrauch, Energieverbrauch zu verhalten, aktiv zu lernen und zu beobachten, auch Naturreservate zu besuchen, sich auch abseits der gängigen Routen zu bewegen, die Umwelt generell zu respektieren, den Gebrauch des Autos zu minimieren, die lokalen Gewohnheiten und Verbote zu akzeptieren und auch Nein zu sagen zu den traditionellen massentouristischen Souvenirs und anstelle dieser indigene, selbst hergestellte Produkte zu kaufen.[338]

Zu den Techniken eines Umweltmanagements gehört der Aufbau eines umweltorientierten Informationswesens, das mit betrieblicher Umweltberatung verbunden ist. Das Grüne Tourismusmarketing ist wichtiger Bestandteil dieses Umweltmanagements und beinhaltet die Bereiche Preispolitik, Kommunikationspolitik, Werbung als Umweltgütezeichen, Öffentlichkeitsarbeit und

---

[334] SPREITZHOFER, G.: Tourismus 3. Welt – Brennpunkt Südostasien, Europäische Hochschulschriften, Wien 1995, S. 84
[335] Lonely Planet, www.lonelyplanet.com, vom 03.07.2006
[336] ROGERS, D.: Travel firms unite for sustainability, in: Marketing, London, 06.11.2003, S. 4
[337] Respect: Fair handeln, http://www.respect.at/content.php?id=143&m_id=7&ch_id=141, vom 24.12.2006
[338] WWF, http://www.panda.org/how_you_can_help/at_home/travel/index.cfm, vom 03.07.2006

Sponsoring.[339] Das Umweltmanagement dient nicht nur dem Tourismus, sondern will auch dazu beitragen, dass die Lebensqualität sowohl der Einheimischen als auch der Touristen gesteigert wird. Das Ziel sollte die Schaffung eines gemeinsamen Verantwortungsgefühls für einen schonenden Umgang mit der Natur sein, so dass diese auch noch von den kommenden Generationen in einem möglichst unberührten Zustand erlebt werden kann.[340]

Auch eine entsprechende Entwicklungszusammenarbeit, um Entwicklungsländern zu helfen, bedeutet Tourismus, der zur Verbesserung der Lebensstandards beiträgt, Innovationspotentiale aufdeckt, faire Gewinnverteilung innerhalb und auch außerhalb des Schutzgebietes bewirkt, von verantwortlichen Veranstaltern getragen wird und der ausreichende Kontrollmöglichkeiten zur Überprüfung seiner Umwelt- und Sozialverträglichkeit bietet.[341]

Es geht hier vorrangig um eine Umerziehung der Reisenden[342] oder um eine Steuerung der Reisenden im Sinne von Steuern hin zu einem umweltfreundlicheren Verhalten. Steuern sollte man mit einem Mix aus weichen und harten Maßnahmen[343], so wie durch Besucherlenkung[344], weil es bereits bei der Anreise der Gäste zu großen Verkehrsbelastungen kommt, deshalb werden zum Beispiel Schranken oder Auffangparkplätze eingesetzt, alternative Verkehrsmittel vor Ort werden angeboten oder es gibt generelle autofreie Tourismusorte, und durch Lenkung durch Information und Bildung. Eine weitere Maßnahme sind die Lenkung durch Initiierung touristischer Großprojekte wie beispielsweise Ferienclubanlagen oder größere Feriendörfer, um so die Reiseströme kontrollieren zu können und das Problem der Standortwahl zu lösen, und eine eigentliche Steuerung in der Angebotsgestaltung vor Ort, zum Beispiel in den Feriendörfern selbst die Touristen über die Entsorgung des von ihnen produzierten Abfalls informieren, Hotels international überprüfen lassen, damit sich der Konsument auch schon vor der Reise über Umweltverträglichkeiten an seinem gewünschten Urlaubsort informieren kann.[345] Ein Beispiel ist die NUR-Umweltdatenbank mit 5.000 NUR-Vertragshotels; dabei gibt es Hotelchecklisten, eine komplette Prüfung des Umweltschutzstandes in den Hotels, ob beispielsweise der Fernseher auf Stand by läuft, auch wenn kein Gast das Zimmer gebucht hat, läuft auch Klimaanlage, ist

---

[339] HOPFENBECK, W.: Umweltorientiertes Tourismusmanagement: Strategien, Checklisten, Fallstudien, Landsberg/Lech 1993, S. 160 ff

[340] BRANDNER, G.: Tourismus am Wörthersee unter besonderer Berücksichtigung von Tourismus- und Umweltmanagement, Diplomarbeit der Wirtschaftsuniversität Wien, Wien 1994, S. 66

[341] ARBEITSGRUPPE ÖKOTOURISMUS: Ökotourismus als Instrument des Naturschutzes? Möglichkeiten zur Erhöhung der Attraktivität von Naturschutzvorhaben, Forschungsberichte des Bundesministeriums für wirtschaftliche Zusammenarbeit und Entwicklung, Köln 1995, S. 140 ff

[342] VIEGAS, A.: Ökodestinationen, Wien 1998, S. 3

[343] ELLENBERG, L.: Ökotourismus: Reisen zwischen Ökonomie und Ökologie, Berlin 1997, S. 64

[344] ROTPART, M.: Vom Alternativtourismus zum Hybridtourismus – der postalternative Wandel im Individualtourismus und die Macht der Reisehandbücher im Dritte-Welt-Tourismus am Fallbeispiel der Philippinen, Dissertation der Kepler Universität Linz, Linz 1995, S. 82

[345] FEIGE, M.: Umweltschonender Tourismus: Eine Entwicklungsperspektive für den ländlichen Raum, in: MOLL, P. (Hrsg.): Material zur Angewandten Geographie, Band 24, Bonn 1995, S. 133 ff

Hotelprospekt auf chlorfrei gebleichtem Papier gedruckt, etc....[346]

Zum Beispiel gibt es Hotel-Checklisten, an denen alle Hotels freiwillig teilnehmen können. Der WWF bietet Hotels auf seiner Homepage („www.panda.org") die Möglichkeit sich in eine entsprechende Liste einzutragen. Teilnehmende Hotels zahlen zu jeder Hotelrechung ihrer Gäste einen Euro dazu, um damit zu verschiedenen globalen Entwicklungs- und Naturschutzprojekten beizutragen. Als Gast bietet sich die Möglichkeit dem Hotel, in dem man seinen Urlaub verbringt, ein entsprechendes Anmeldeformular zu übergeben und dieses dadurch zur Teilnahme aufzufordern beziehungsweise zu animieren.[347]

Angebotsseitige Steuerung im umweltschonenden Tourismus muss aber auch freiwillige Selbstbeschränkung bedeuten. Alle Betroffenen begreifen sich im Idealfall als Teil des Ganzen.[348] Die Bevölkerung soll über die Art der Probleme informiert und aufgeklärt werden, also Umweltwissen soll vermittelt werden.[349]

Ein anderer Ansatz von DIEKMANN schlägt weniger Erziehung zum umweltbewussten Verhalten vor, dafür soll es mehr Anreize dazu geben, wie beispielsweise Preisgestaltung, Gebühren, Abgaben, Ge- oder Verbote.[350] Anreize müssen gerade so hoch sein, dass sie Personen zu umweltgerechten Handlungen veranlassen, dürfen aber nicht so hoch sein, dass diese nur wegen der Anreize ausgeführt werden.[351]

Welche Mittel sich hier als besonders wirksam erweisen, „ist sicherlich eine Frage, die mit den Mitteln der empirischen Sozialforschung weiter untersucht werden sollte."[352]

Ein Grund für die Komplexität der touristischen Leistung kann die Überlagerung und Vernetzung des Tourismus mit anderen Industriebetrieben (Verkehr, Landwirtschaft, Kultur) aber auch die relativ niedrigen Eintrittsbarrieren in den Tourismusmarkt sein. Gerade das erschwert eine umfassende Konzeption und Umsetzung eines Sanften Tourismus. Deshalb wird auch die Forderung nach einer Gesamtkonzeption immer notwendiger. Eine Verminderung der durch den Tourismus induzierten Probleme kann daher nur gelingen, wenn Reiseveranstalter, Beherbergungsbetriebe,

---

[346] CIESLAR, C.: Eine Analyse der Methoden zum Umweltmanagement in der Tourismusbranche, Diplomarbeit der Wirtschaftsuniversität Wien, Wien 1996, S. 34

[347] WWF, www.panda.org, vom 03.07.2006

[348] FEIGE, M.: Umweltschonender Tourismus: Eine Entwicklungsperspektive für den ländlichen Raum, in: MOLL, P. (Hrsg.): Material zur Angewandten Geographie, Band 24, Bonn 1995, S. 140

[349] DIEKMANN, A., FRANZEN, A. (Hrsg.): Kooperatives Umwelthandeln: Modelle, Erfahrungen, Maßnahmen, Zürich 1995, S. 9

[350] DIEKMANN, A., FRANZEN, A. (Hrsg.): Kooperatives Umwelthandeln: Modelle, Erfahrungen, Maßnahmen, Zürich 1995, S. 40

[351] DIEKMANN, A., FRANZEN, A. (Hrsg.): Kooperatives Umwelthandeln: Modelle, Erfahrungen, Maßnahmen, Zürich 1995, S. 171

[352] DIEKMANN, A., FRANZEN, A. (Hrsg.): Kooperatives Umwelthandeln: Modelle, Erfahrungen, Maßnahmen, Zürich 1995, S. 147

Tourismusverbände und Orte oder Regionen in einer gemeinsamen Gesamtkonzeption zusammenwirken. Es bedarf der Demokratisierung von Planungs- und Entscheidungsprozessen und der Förderung der Kooperation auf allen Ebenen. Die Tourismusverbände sind aufgrund ihrer strukturellen Voraussetzungen besonders geeignet, Harmonisierungs-, Kommunikations- und Koordinationsaufgaben zwischen den einzelnen Anbietern im Tourismus (Reiseveranstalter, Beherbergungsbetriebe, etc.) und gesetzlichen Institutionen wahrzunehmen und im Rahmen einer strategischen Neuorientierung von Gemeinden und Regionen ein einheitliches Gesamtkonzept zu entwickeln.[353] Partnerschaften zwischen öffentlichem, privatem und kommunalem Sektor sind vor allem dann wichtig, wenn es sich um Regionen handelt, in denen viele Agenturen und Interessensvertreter vorhanden sind und in denen die individuellen Agenturen nicht die nötige Macht haben, um zu kontrollieren.[354]

Meist haben die einzelnen Bundesländer für ihre tourismuspolitischen Belange eigene Tourismusprogramme entwickelt, in denen die Rahmenbedingungen für die Entwicklung des Fremdenverkehrs im jeweiligen Bundesland festgelegt sind und in denen die touristische Situation des Landes sowie die mittelfristigen Ziele der Tourismuspolitik formuliert werden.[355] Tourismusentwicklungen lassen sich auf lokaler Ebene planen und kontrollieren. Lokale Instanzen sind mit ihren integrierten Plänen und Entwicklungskontrollbefugnissen bestens platziert und geeignet, die Charakteristika der lokalen Umwelt und deren Bedürfnisse, sowie die Wünsche oder Einstellungen der lokalen Bevölkerung dem Tourismusmarkt und der damit verbundenen Industrie darzubieten.[356] Nationale Tourismusorganisationen entwickeln und vertreiben das nationale Tourismusprodukt, dazu wird die Entwicklung ausreichend geplant, die nachhaltige Struktur organisiert, damit sie sich auch entwickeln kann, das eigentliche Tourismusprodukt entwickelt, das Produkt durch Promotionskampagnen wie durch Werbung und Promotion bekannt gemacht und die gesetzten Pläne und Ziele ausreichend kontrolliert, ob sie auch so laufen, wie man sich das vorgestellt hat.[357]

Der Ansatz im Tourismus ist also ein integrierter Ansatz, umweltorientierte Unternehmensführung darf also nicht isoliert durch einen Umweltreferenten ausgeführt werden, sondern wird unter einem ganzheitlichen Aspekt verschiedener potentieller Möglichkeiten gesehen, wie beispielsweise der Kostensenkung, der Ertragssteigerung, der Risikoverminderung, der Motivation oder leichteren Gewinnung von qualifizierten Mitarbeitern. Informationen über alle umweltrelevanten

---

[353] GEISHÜTTNER, K-H.: Tourismus und Umweltethik – die ökologische Herausforderung aus wirtschaftlicher und ethischer Sicht, Diplomarbeit der Wirtschaftsuniversität Wien, Wien 1997, S. 32 ff

[354] HUNTER, C., GREEN, H.: Tourism and the environment – a sustainable relationship?, London 1995, S. 118 f

[355] KAHLENBORN, W., KRAACK, M., CARIUS, A.: Tourismus- und Umweltpolitik – ein politisches Spannungsfeld, Berlin 1999, S. 29

[356] HUNTER, C., GREEN, H.: Tourism and the environment – a sustainable relationship?, London 1995, S. 91 f

[357] HÜBLER, E.: Tourism in New Zealand and the active role played by the New Zealand Tourism Board, Diplomarbeit der Wirtschaftsuniversität Wien, Wien 1994, S. 15

Vorgänge im Unternehmen sind unerlässliche Vorraussetzungen für jeden Umweltschutz.[358]

Insgesamt lässt sich feststellen, dass der wirtschaftliche Wettbewerb um die Reisenden alle Akteursbeziehungen im Tourismus prägt. Kooperation ist schwierig, weil sich sowohl Kommunen und Bundesländer als auch die EU-Mitgliedsstaaten untereinander immer auch als Konkurrenten betrachten.[359]

Ein gutes Beispiel für die Zusammenarbeit der kommunalen, regionalen und internationalen Ebene stellt die Aktion „Landschaft des Jahres" der Naturfreunde Internationale unter Führung in Wien dar. So werden ökologisch sensible Regionen in Europa ausgezeichnet, die im Grenzbereich mehrerer Staaten liegen. Durch viele Veranstaltungen wird die Öffentlichkeit auf diese Landschaften aufmerksam gemacht.[360]

Beispielhaft sei auch noch das Green Globe 21 Zertifizierungsprogramm erwähnt, das weltweit gilt und Nachhaltigen Tourismus und Reisen allgemein für Konsumenten, Firmen und Gemeinschaften oder Gemeinden erleichtert. Green Globe 21 basiert auf der AGENDA 21. Es soll Firmen bei der Umsetzung und Verbesserung von Umweltstandards und -praktiken im Unternehmen Hilfe bieten und in weiterer Folge auch Logos oder Labels für besondere Leistungen vergeben.[361]

5.52 Sanfte Tourismuspolitik

Der Weg führt über ein umweltorientiertes Tourismusmanagement hin zu einem umweltbewussten und umweltverträglichen Tourismus, welcher vom Tourismus ausgehende Belastungen vermeiden will, indem die Nutzung öffentlicher ressourcenschonender Transportmittel oder landschaftsangepasster Unterkünfte gefördert wird.[362] Umweltorientiertes Tourismusmanagement umfasst die Planung, Steuerung und Kontrolle aller betrieblichen Umweltschutzaktivitäten.[363]
Marketing für Ökotourismusbetriebe wird laut MANDZIUK verstanden als „das Bringen der richtigen Güter und Dienstleistungen zu den richtigen Leuten, am richtigen Platz, zur richtigen Zeit, zum richtigen Preis unter Zuhilfenahme der

---

[358] HOPFENBECK, W., ZIMMER, P.: Umweltorientiertes Tourismusmanagement, Landsberg/Lech 1993, S. 80 f

[359] KAHLENBORN, W., KRAACK, M., CARIUS, A.: Tourismus- und Umweltpolitik – ein politisches Spannungsfeld, Berlin 1999, S. 80

[360] HAART, N., STEINECKE, A.: Umweltschonender Tourismus: Eine Entwicklungsperspektive für den ländlichen Raum, in: MOLL, P. (Hrsg.): Material zur Angewandten Geographie, Band 24, Bonn 1995, S. 19

[361] CONNER, F.: What is Green Globe?, in: Cornell Hotel and Restaurant Administration Quarterly, Ithaca NY, Februar 1995, Volume 36, Number 1, S. 15

[362] Lexikon der Geographie, Spektrum Akademischer Verlag, Heidelberg 2001, http://lexika.tanto.de/artikel.php?TANTO SID=6afbec6cd8f1295ea52b843d7aa4e5ba&TANTO KID=wu wien&TANTO AGR=41197&shortname=sav geogrlex&art ikel id=6865, vom 31.12.2006

[363] JASCH, C.: Ökobilanzierung im Tourismus, in: PILLMANN, W., WOLTZ, A. (Hrsg.): Umweltschutz im Tourismus - vom Umdenken zum Umsetzen: Envirotour Vienna, Wien 1993, S. 43 ff

richtigen Kommunikations- und Promotionsmittel."[364] „Marketing wird nicht nur dazu verwendet, die Besucherzahlen zu erhöhen, sondern auch, um die Anzahl der Touristen zu limitieren, um die Kapazität einer Destination nicht zu überschreiten. Marketingtechniken wie spezielle Aktivitäten und Veranstaltungen, Differenzierungs- und Paketpreisgestaltungen werden angewandt, um dem Problem der saisonalen Spitzen und der Überfüllung entgegenzuwirken."[365]

Das Nachhaltigkeitsprinzip fordert ähnlich wie der Sanfte Tourismus eine quantitative und qualitative Beschränkung des Umfangs und der Entwicklung des Tourismus. Irreversible Schädigungen und unakzeptable soziale Kosten für zukünftige Generationen werden verhindert. Ein nachhaltiges Umweltmanagement umfasst theoretisch die folgenden Schritte, was sich jedoch in der Praxis oft als schwierig umzusetzen herausstellt[366]:

- Erfassung der ökologischen Kosten von Tätigkeiten
- Beurteilung der verbliebenen vorhandenen Ressourcen der Erde unter Einbezug der Erfordernisse zukünftiger Generationen
- Festlegung des tolerierbaren Grades der Schädigung oder Einwirkung (Bestimmung einer Belastungskapazität), ohne dass damit die lebenserhaltende Kapazität der Umwelt und die potentiellen Bedürfnisse zukünftiger Generationen beeinflusst werden

Sanfter Tourismus zeichnet sich durch eine höhere Verantwortung gegenüber der natürlichen, sozialen und kulturellen Umwelt aus.[367] Sanfte Tourismusformen zeigen generell mehr Bereitschaft zur Nutzung öffentlicher Verkehrsmittel, zur Rücksichtnahme auf den Alltag und die Gewohnheiten der Einheimischen in den Urlaubszielgebieten, zur Vermeidung von Hektik, eventuell zur Einschränkung des Urlaubsprogramms, zum Verzicht auf unangemessenen Komfort oder gewohnten Lebensstil und zum aktiven Natur- und Umweltschutz im Urlaubsgebiet.[368]

---

[364] MANDZIUK, G. W.: Ecotourism: a marriage of conservation und capitalism, in: Plan Canada – Canadian Institute of Planners (Hrsg.), Toronto 1995, S. 32, http://www.multilingual-matters.net/cit/005/0319/cit0050319.pdf vom 10.09.2007

[365] FENNELL, D. A.: Ecotourism – an introduction, London 1999, S. 174 ff

[366] GEISHÜTTNER, K-H.: Tourismus und Umweltethik – die ökologische Herausforderung aus wirtschaftlicher und ethischer Sicht, Diplomarbeit der Wirtschaftsuniversität Wien, Wien 1997, S. 21 f

[367] GEISHÜTTNER, K-H.: Tourismus und Umweltethik – die ökologische Herausforderung aus wirtschaftlicher und ethischer Sicht, Diplomarbeit der Wirtschaftsuniversität Wien, Wien 1997, S. 19

[368] KATSCHNIG, I-H.: Die Auswirkungen des Nationalparks Nockberge auf die Entwicklung des Sanften Tourismus in dieser Region, Diplomarbeit der Wirtschaftsuniversität Wien, Wien 1999, S. 51

5.6 Ökotourismus

Der WWF[369] definiert Ökotourismus als „Tourism to protected areas, as a means of economic gain through natural resource preservation. A merger of recreation and responsibility."[370] Entstanden ist der Ökotourismus in den 1980er Jahren des 20. Jahrhunderts.[371] Ökotourismus ist Tourismus, welcher direkt oder indirekt die Bewahrung der Umwelt fördert und eine nachhaltige wirtschaftliche Entwicklung unterstützt.[372] Ökotourismus legt Wert auf Umweltschutz und individuelle Würdigung der Sensitivität der natürlichen Umwelt. Es werden Orte besucht, die relativ ungestört von menschlichen Aktivitäten sind. Dies sind Gebiete, die für ökologische Sensitivität, Diversität und Einzigartigkeit bekannt sind. Ökotouristen beachten die örtlichen Umweltbedingungen und vermeiden bewusst Verschmutzung oder Zerstörung der Umwelt während ihres Besuches. Ökotourismus erfordert große Mengen von relativ unentwickeltem und ursprünglichem Land, eher wohlhabende und einflussreiche Touristen tätigen diese Reiseform und weniger klassische Massentouristen. Viele Reisende kombinieren Ökotourismus mit Geschäftsreisen und anderen nichttouristischen Aktivitäten und tragen so zum Tourismussektor oder zu anderen Sektoren einer Volkswirtschaft bei.[373]

Ökotourismus in seiner Grundform ist aber keineswegs besser als alle anderen Formen des Tourismus, weil der Urlaub die einzige Zeit ist, in der der Tourist, der normalerweise Wert auf nachhaltige Entwicklung legt, nicht verantwortungsvoll handeln muss und deshalb ebenfalls Ressourcen verbraucht, andrerseits aber auch, weil der Ökotourismus in letzter Zeit stark zugenommen hat und mittlerweile genug mit dem Massentourismus gemeinsam hat, nämlich beispielsweise Gruppenreisen in größeren Gruppen, Wunsch der Touristen nach „Unterhaltungsprogramm" und Ausflügen oder gehobene Ansprüche an die Unterkünfte.[374] In letzter Zeit wurde der Begriff Ökotourismus aber auch mehrmals als Marketing-Trick in dem Sinne missbraucht, dass Leistungen angepriesen wurden, die dann nicht angeboten wurden, und trug deshalb auch zu einer verstärkten Zunahme dieser Reiseformen bei.[375]

5.61 Politik des Ökotourismus

Die Koordination einer möglichst ausgewogenen aber doch nach wirtschaftlichen Zielen ausgerichteten Entwicklung einer für alle Teilbereiche gleichermaßen nützlichen Vereinigung von Fremdenverkehr, natürlichen Ressourcen und den

---

[369] WWF, www.panda.org, vom 01.07.2006

[370] PREDOTA, D.: Tourismusentwicklung in Madagaskar: Auf dem Weg zur Nachhaltigkeit, Diplomarbeit der Wirtschaftsuniversität Wien, Wien 2001, S. 45

[371] VIEGAS, A.: Ökodestinationen, Wien 1998, S. 2

[372] FENNELL, D. A.: Ecotourism – an introduction, London 1999, S. 35 f

[373] MORITZ, V. M.: Tourismus in Papua-Neuguinea – Entwicklung, Ausbildung, Nachhaltigkeit, Diplomarbeit der Wirtschaftsuniversität Wien, Wien 2000, S. 15 ff

[374] SWARBROOKE, J.: Sustainable Tourism Management, Wallingford 2002, S. 320 f

[375] HÖLLERSBERGER, S.: Nachhaltiger Tourismus als Entwicklungsstrategie unter besonderer Berücksichtigung von „Pro-Poor Tourism", Diplomarbeit der Wirtschaftsuniversität Wien, Wien 2003, S. 8

Interessen der lokalen Bevölkerung soll zum Konzept des Ökotourismus beitragen. Der Ökotourismus ist – laut The Ecotourism Society, welche Reisen und gleichzeitig Natur bewahren weltweit durch Forschung oder Beratung fördert[376] („TIES is a global network of industry practitioners, institutions and individuals helping to integrate environmental and socially responsible principles into practice."[377]) – eine besonders sanfte und verantwortungsbewusste Form des Fremdenverkehrs, sowohl gegenüber der Natur als auch gegenüber der lokalen Bevölkerung. Die Verflechtung von Natur und Fremdenverkehr kann auch nicht auf Dauer ohne Einbeziehung der ansässigen Menschen erfolgen. Es bedarf demnach der Zusammenwirkung aller Beteiligten, vom privaten Betreiber, über Repräsentanten der lokalen Bevölkerung bis zu Organen der National- und Provinzregierung oder NGO´s. Dann würde die Entwicklung auch mit einem Nationalen Tourismusentwicklungsplan konform gehen. Um diesen Ökotourismus erfolgreich fortzuführen, bedarf es regelmäßiger Schulungen des Personals oder Untersuchungen über Natur, Touristen und Bevölkerung. Der Ökotourismus kann die nötige Sensibilität zur Begegnung mit den typischen Problemen unterentwickelter Regionen aufbringen und zu deren Lösung beitragen, er schafft eine höhere Akzeptanz des Fremdenverkehrs in der Bevölkerung, er kann mehr Arbeitsplätze als der Massentourismus schaffen, er fördert eine ausgeglichene und stabile Entwicklung und kann eventuell zu einer höheren Sicherheit der Touristen in der jeweiligen Region beitragen. Nebenbei kann er das eigentliche Tourismusprodukt, nämlich die Natur, durch konsequenten Natur- und Artenschutz bewahren[378] und so zur Finanzierung von Naturschutzprojekten und Maßnahmen, die die lokale Bevölkerung sonst nie zustande gebracht hätte, beitragen.[379] Ökotourismus ist eine Form der ökologischen Ökonomie, er verbindet wirtschaftliche mit ökologischen Elementen, wobei Rücksicht auf die Umwelt einen ökonomischen Erfolg garantieren kann.[380]

Ökotourismus wird auch als Erweiterung des Naturtourismus bezeichnet, weil der über einen reinen Naturtourismus hinaus auch negative Umweltauswirkungen und sozio-kulturelle Veränderungen minimieren will.[381] Deshalb existiert der Ökotourismus meist als Zusatzangebot zu einer vorhandenen touristischen Attraktion oder Urlaubsform. Für eine nachhaltige Tourismusentwicklung gibt es verschiedene Formen des Ökotourismus, wie nachfolgend beschrieben.

---

[376] ELLENBERG, L.: Ökotourismus: Reisen zwischen Ökonomie und Ökologie, Berlin 1997, S. 56

[377] The International Ecotourism Society, http://www.ecotourism.org/webmodules/webarticlesnet/templates/eco template news.aspx?articleid=12&zoneid=25, vom 17.12.2006

[378] BRUNNAUER, T.: Aufschwung und Aufwertung des Tourismus im Post-Apartheid Südafrika, Diplomarbeit der Wirtschaftsuniversität Wien, Wien 1999, S. 252 ff

[379] PREDOTA, D.: Tourismusentwicklung in Madagaskar: Auf dem Weg zur Nachhaltigkeit, Diplomarbeit der Wirtschaftsuniversität Wien, Wien 2001, S. 45

[380] BRUNNAUER, T.: Aufschwung und Aufwertung des Tourismus im Post-Apartheid Südafrika, Diplomarbeit der Wirtschaftsuniversität Wien, Wien 1999, S. 252 ff

[381] ARBEITSGRUPPE ÖKOTOURISMUS: Ökotourismus als Instrument des Naturschutzes? Möglichkeiten zur Erhöhung der Attraktivität von Naturschutzvorhaben, Forschungsberichte des Bundesministeriums für wirtschaftliche Zusammenarbeit und Entwicklung, Köln 1995, S. 3 f

5.62   Naturtourismus: Nationalparks, Naturparks, Expeditionen, Wandertouren

Dies sind meist Regionen, die möglichst ursprüngliche unberührte Natur aufweisen, die Natur wird das Thema der Reise. Die Unterbringung ist hier meist zweitrangig, dies können Campingplätze oder auch lokale Hotels oder Pensionen sein. Naturreisen sind mit gemäßigtem Sport verbunden, dieser steht aber nicht im Vordergrund. Geht es um Actionsport, so ist dies kein Naturtourismus mehr, sondern eher der Sparte des Actiontourismus zuzuordnen. Die Naturreise wird mit einer möglichst umweltverträglichen Reisedurchführung verbunden, besonders die Reiseveranstalter und Fremdenverkehrsverantwortlichen der Region setzen sich dafür ein. Naturtourismus wertet die Landschaft auf.[382]

5.63   Agrotourismus: Urlaub am Bauernhof

Dies sind Urlaubsformen, die an die vorhandenen bäuerlichen Infrastrukturen anknüpfen. Agrotourismus basiert auf der Attraktivität von Kulturlandschaften. Zielgruppen sind meist Touristen aus der Stadt, entweder Familien mit Kindern oder auch vermehrt Senioren, die das Ferienangebot auf dem Bauernhof nutzen wollen. Diese Tourismusform hat in Österreich bereits eine lange Tradition, heute findet man auch landwirtschaftliche Veranstaltungen wie Bauernmärkte, auch Landwirtschaftsmuseen informieren über das bäuerliche Leben. Ebenso werden vermehrt Ausflüge zu verarbeitenden Betrieben der Landwirtschaft wie beispielsweise der Käse- oder Weinerzeugung angeboten. Die lokale Gastronomie spielt dabei eine wichtige Rolle. Der Agrotourismus kann viel zur allgemeinen Umweltbildung beitragen.[383] Ökonomische Aktivitäten im landwirtschaftlichen Sektor werden begünstigt, ohne dass die Wirtschaft komplett vom Tourismus abhängig ist. Es gibt Unterkünfte und Einrichtungen für Touristen auf Bauernhöfen.[384]
Durch „Urlaub auf dem Bauernhof" kann das Verständnis der Stadt- und Landbevölkerung füreinander steigen, weil dort die üblichen Kontakte zwischen Gast und Gastgeber sehr intensiv sind und folgend eine positive Auswirkung auf die Einsicht der Stadtbevölkerung in die Probleme der Landwirtschaft und andrerseits der Landbevölkerung in das Leben in der Stadt bekommt. Es wird hier am Leben der anderen teilgenommen.[385]

5.64   Geotourismus: Vulkane, Fossilien, Ausgrabungen, Tropfsteinhöhlen, heiße Quellen

Hier geht es um die Erkundung geologisch oder geographisch besonders interessanter Phänomene. Das Angebot wird oft durch umweltpädagogische Elemente ergänzt wie

---

[382] VIEGAS, A.: Ökodestinationen, Wien 1998, S. 17 ff
[383] VIEGAS, A.: Ökodestinationen, Wien 1998, S. 19 ff
[384] MORITZ, V. M.: Tourismus in Papua-Neuguinea – Entwicklung, Ausbildung, Nachhaltigkeit, Diplomarbeit der Wirtschaftsuniversität Wien, Wien 2000, S. 34
[385] GERSTER, G.: Umweltschonender Tourismus: Eine Entwicklungsperspektive für den ländlichen Raum, in: MOLL, P. (Hrsg.): Material zur Angewandten Geographie, Band 24, Bonn 1995, S. 52 f

beispielsweise Lehrpfade, Museen, Schautafeln, Vorträge, Führungen oder Ausstellungen.[386]

5.65   Bioparktourismus: Zoos, Aquarien, Vogelschutzstationen

„Bioparks können mehr für die Umweltsensibilisierung einer größeren Zahl an Besuchern tun als beispielsweise die riesigen Naturgebiete in Mittel- und Südamerika oder Afrika"[387], weil es in kleineren kompakten Anlagen mehr Besuche gibt als in den großen Naturgebieten. Meist wird das Angebot ebenfalls durch umweltpädagogische Komponenten ergänzt. Zoos leisten mittlerweile einen wesentlichen Beitrag zum Erhalt der Arten. Sie haben auch ein großes Potential, den Menschen ein besseres Umweltverständnis zu vermitteln, sie können als Zentren wissenschaftlicher Arbeit für die Erhaltung bedrohter Tierarten dienen und dieser Artenschutz kann wiederum als Motivation für die Besucher fungieren, den Zoo zu besuchen. Tierschutzstationen bieten ein lehrreiches und intensives Naturerlebnis.[388]

5.66   Wissenschaftstourismus: Museen

Zum Umweltverständnis gehört heute auch ein Verständnis von Chemie, Physik, Biologie oder Meteorologie. Auch Forschungszentren wie Dinosaurierfundorte oder Space Shuttle-Startzentren sind interessante Anziehungspunkte.[389] Ist der Forscher nicht eng an wissenschaftliche Institutionen oder bestimmte Orte im Gastland gebunden, reist er auch in der Rolle eines Touristen durch das Land. Allerdings wird diese Rolle als Tourist persönlich meist überhaupt nicht derart wahrgenommen.[390]

5.67   Polittourismus, Work-Camps, Projektreisen

Projektreisen sind sozial und politisch motivierte Reisen, bei denen die Teilnehmer in Kurzseminaren auf die Reise vorbereitet und während der Rundreise im Land, wo sie Entwicklungsprojekte und Dörfer besichtigen, in landesüblichen Unterkünften, auch bei einheimischen Familien, untergebracht werden. Ein vorrangiges Motiv dabei ist das Erkennen der Zusammenhänge von Problemen der örtlichen Bevölkerung und Infrastruktur. Beim politischen Tourismus informiert man sich über gesellschaftliche und gelebte politische Modelle im Ferienland oder es wird ein Arbeitseinsatz mit einem anschließenden Besuchsprogramm im jeweiligen Land verbunden. In Work-Camps schließlich arbeiten vorrangig junge Leute freiwillig im Rahmen von Arbeitseinsätzen mehrere Wochen in landwirtschaftlichen oder sozialen Projekten, an

---

[386] VIEGAS, A.: Ökodestinationen, Wien 1998, S. 23 f

[387] VIEGAS, A.: Ökodestinationen, Wien 1998, S. 25

[388] VIEGAS, A.: Ökodestinationen, Wien 1998, S. 25 ff

[389] VIEGAS, A.: Ökodestinationen, Wien 1998, S. 6 ff

[390] ROTPART, M.: Vom Alternativtourismus zum Hybridtourismus – der postalternative Wandel im Individualtourismus und die Macht der Reisehandbücher im Dritte-Welt-Tourismus am Fallbeispiel der Philippinen, Dissertation der Kepler Universität Linz, Linz 1995, S. 73 ff

die sich dann eine Informationsfahrt oder ein Erholungsaufenthalt anschließen.[391]

5.68 Ethnotourismus

Der Kontakt zu Einheimischen ist wünschenswert und auch notwendig, es geht vorrangig um Reisen zu fremden, ursprünglichen Kulturen. Dabei sind Reisen in Rückzugsgebiete wie Regenwälder oder Inseln vorrangig, die Fremdheit des Alltagslebens, die Konzentration auf Exotik und die Kultur der Einheimischen stehen im Mittelpunkt des touristischen Anreizes.[392]

5.69 Exklusiver Tourismus

Diese Tourismusform steht für einkommensstarke Touristen, es werden vorhandene Einrichtungen aufgewertet und höhere Qualitätsstandards innerhalb einer Region geschaffen.[393]

5.610 Meeres- oder Wassertourismus

Mit modernen Wassersporteinrichtungen können spezielle Touristenressorts errichtet werden, die beispielsweise Wasserski, Windsurfen, Schnorcheln, Segeln oder anderes anbieten.[394]

5.611 Abenteuertourismus

Abenteuertourismus wird auch als Abenteuerreise, Aufsuchen einer außerhalb des gewöhnlichen Aufenthaltsorts gelegenen touristischen Destination mit dem Ziel, Außergewöhnliches und Nicht-Alltägliches zu erleben, bezeichnet. Abenteuerreisen sind eine Spezialform des Erlebnisurlaubs, der Abenteuertourismus beinhaltet auch die Sparte des Actiontourismus, wobei es bei diesem um die Ausübung eines Sports geht.[395]

War es früher das Bedürfnis, die Natur zu erleben, so stehen heute das Spaßhaben, der Nervenkitzel oder eine Grenzerfahrung bei den neuen Sportarten und Freizeitbeschäftigungen im Mittelpunkt. Natur ist dabei nur insofern wichtig, als sie

---

[391] ROTPART, M.: Vom Alternativtourismus zum Hybridtourismus – der postalternative Wandel im Individualtourismus und die Macht der Reisehandbücher im Dritte-Welt-Tourismus am Fallbeispiel der Philippinen, Dissertation der Kepler Universität Linz, Linz 1995, S. 73 ff

[392] SPREITZHOFER, G.: Tourismus 3. Welt – Brennpunkt Südostasien, Europäische Hochschulschriften, Wien 1995, S. 65

[393] MORITZ, V. M.: Tourismus in Papua-Neuguinea – Entwicklung, Ausbildung, Nachhaltigkeit, Diplomarbeit der Wirtschaftsuniversität Wien, Wien 2000, S. 34 f, zitiert aus: NIJKAMP, P., VERDONKSCHOT, S.: Sustainable tourism development: A case study of Lesbos, in: COCCOSSIS, H., NIJKAMP, P.: Sustainable Tourism Development, Gateshead 1995, S. 127 ff

[394] MORITZ, V. M.: Tourismus in Papua-Neuguinea – Entwicklung, Ausbildung, Nachhaltigkeit, Diplomarbeit der Wirtschaftsuniversität Wien, Wien 2000, S. 34 f, zitiert aus: NIJKAMP, P., VERDONKSCHOT, S.: Sustainable tourism development: A case study of Lesbos, in: COCCOSSIS, H., NIJKAMP, P.: Sustainable Tourism Development, Gateshead 1995, S. 127 ff

[395] HADL, B.: Analyse der Nutzung von Actiontourismus-Angeboten in Österreich gezeigt am Beispiel von Best Trip, Diplomarbeit der Wirtschaftsuniversität Wien, Wien 2005, S. 28 f

einen faszinierenden Hintergrund oder Rahmen bietet[396] und sich der Tourist inmitten der Natur noch wohler fühlt und annimmt, dass er sich im Einklang mit der Natur erholt.[397] Mit der Durchführung actionreicher Aktivitäten sind neben den bereits genannten das Gefühl der Freiheit, das Austesten der persönlichen Grenzen, Stolz, Adrenalin, Genuss, Herausforderung oder Überwindung verbunden. Außerdem wird oft nach etwas Neuem gesucht, durch diese Aktivitäten soll oft aus dem Alltag ausgebrochen werden.[398] Der Abenteuertourismus stellt eine extreme Variante des Naturtourismus dar, es bedarf durchaus Kondition, es werden Etappen mit größeren Strecken zurückgelegt, die Infrastruktur im Reisegebiet ist meist minimal, die Natur ist mehr Kulisse als Thema der Reise, Umweltinformationen oder Umweltsensibilisierung gehören nicht zum Reiseprogramm.[399] Die Grenzen zwischen Abenteuertourist und Individualtourist verschwimmen, da Individualtouristen zunehmend auch, aber nicht ausschließlich, die Komponente Abenteuer in ihre Reisen einbauen, denn das Risiko des Abenteuers wird kalkulierbar gehalten.[400]

Zum Abenteuertourismus zählen nach TRÜMPER[401]:

- Expeditionsreisen, z.B. Himalaja, Hundeschlittenrennen in Grönland, etc.
- Abenteuersportreisen, z.B. Mountainbiketouren, Skireisen, etc.
- Fun und Action-Angebote, z.B. Fallschirmspringen, Bungee Jumping
- Ausbildungskurse, z.B. Wildwasser- oder Sportkletterkurse
- Begleitete Touren, Führungen, z.B. Berg- oder Höhlentouren
- FIT`s – von Veranstaltern speziell auf Kundenwünsche abgestimmte, jedoch von diesen selbst durchgeführte, Reisen

In letzter Zeit werden Actiontourismusarten vermehrt im Bereich Teambildung oder Incentive angeboten, auch beliebt sind zunehmend kombinierte Packages mit inkludierten Seminar-Einheiten oder Outdoortrainings zum Zwecke des Überlebenstrainings in freier Natur.[402]
Hier sei noch anzumerken, dass die Meinung bezüglich dem typischen Action- oder Abenteuertourist stark auseinander geht. Meist reisen die jeweiligen Touristen extra wegen dem speziellen Angebot in ein Land, oft auch als Gruppe. Auch beliebt ist ein bestimmtes Actiontourismusangebot bei Schulen, Firmen, Vereinen, Arbeitskollegen

---

[396] ELLENBERG, L.: Ökotourismus: Reisen zwischen Ökonomie und Ökologie, Berlin 1997, S. 74

[397] AMMER, U., u.a.: Freizeit, Tourismus und Umwelt, Bonn 1998, S. 243 f

[398] HADL, B.: Analyse der Nutzung von Actiontourismus-Angeboten in Österreich gezeigt am Beispiel von Best Trip, Diplomarbeit der Wirtschaftsuniversität Wien, Wien 2005, S. 84 f

[399] VIEGAS, A.: Ökodestinationen, Wien 1998, S. 18

[400] ROTPART, M.: Vom Alternativtourismus zum Hybridtourismus – der postalternative Wandel im Individualtourismus und die Macht der Reisehandbücher im Dritte-Welt-Tourismus am Fallbeispiel der Philippinen, Dissertation der Kepler Universität Linz, Linz 1995, S. 77

[401] TRÜMPER, T.: Die touristische Entwicklung der Risiko- und Abenteuersportarten, in: DREYER, A., KRÜGER, A.: Sporttourismus. Management und Marketing Handbuch, Teil B II, München/Wien 1995, S. 225 f

[402] HADL, B.: Analyse der Nutzung von Actiontourismus-Angeboten in Österreich gezeigt am Beispiel von Best Trip, Diplomarbeit der Wirtschaftsuniversität Wien, Wien 2005, S. 28 f

oder Stammtischen.[403]
Für einen nachhaltigen Action- und Sporttourismus bedarf es so genannter Taburäume,
Naturerholungsräume und Kulissenräume, in denen zumindest vorübergehend der
Tourismus begrenzt wird, sodass die Natur in diesen Gebieten erhalten bleibt.
Schutzwürdige Gebiete sollten generell respektiert werden, eventuell lassen sich
naturangepasste Sportformen entwickeln, belastende Aktivitäten in belastbare Räume
umleiten oder es können Flächen aufgewertet werden, sodass das Gebiet der
steigenden Touristenzahl gewachsen ist. Der Sport akzeptiert, dass in Zukunft nicht
allen potentiellen Möglichkeiten nachgegangen werden kann, Akzeptanz für
Naturschutz ist hierbei ein Schlagwort. Naturschutz und Sport erarbeiten gemeinsam
ein Aktionsprogramm, das die Entwicklung von sportlichen Nutzungsmöglichkeiten
und den Erhalt der Natur und Landschaft langfristig sichert. Neue Kooperationen ist
ein anderes Schlagwort. Generell gibt es eine Reduzierung von Belastungen und eine
Vermeidung weiterer Beeinträchtigungen der natürlichen Gegebenheiten.[404]

5.612 Städtetourismus als Kulturtourismus oder Bildungstourismus

Der Städtetourismus ist eine Sondererscheinung des allgemeinen Tourismus und kann
als Kurzaufenthalt in größeren Städten zu kulturellem Zweck und/oder zur Teilnahme
am städtischen Leben oder aus beruflichen Gründen definiert werden. Städtetouristen
sind demnach Personen, die sich aus beruflichen oder privaten Motiven in einer Stadt
aufhalten und dabei eine ganz besondere touristische Infrastruktur in Anspruch
nehmen. Der Städtetourismus zeigt einen vielfältigen Nationenmix, er zeichnet sich
durch eine geringe durchschnittliche Aufenthaltsdauer der Gäste aus. Der
durchschnittliche Städtereisende ist wesentlich jünger und gehört einer höheren
Bildungs-, Berufs- und Einkommensschicht an als Erholungstouristen, seine
wesentlichen Reisemotive sind Bildung und Kultur.[405]

5.613 Gesundheitstourismus

Hier geht es vorrangig um Thermalquellen, die durch das gestiegene
Gesundheitsbewusstsein der Bevölkerung stark profitieren. Durch diese Form des
Tourismus wird die Hauptsaison etwas entlastet und somit kann die saisonale
Arbeitslosigkeit vermindert werden.[406] Auf der anderen Seite zählt zum
Gesundheitstourismus auch die zunehmende Häufigkeit von Zahnarztbesuchen in
Ungarn. (Anm. der Verf.)

---

[403] HADL, B.: Analyse der Nutzung von Actiontourismus-Angeboten in Österreich gezeigt am Beispiel von Best Trip,
Diplomarbeit der Wirtschaftsuniversität Wien, Wien 2005, S. 49

[404] AMMER, U., u.a.: Freizeit, Tourismus und Umwelt, Bonn 1998, S. 114 ff

[405] HÖRL, E.: Das Einkaufsverhalten der japanischen Touristen in der Stadt Salzburg, Diplomarbeit der Wirtschaftsuniversität
Wien, Wien 1996, S. 6 f

[406] MORITZ, V. M.: Tourismus in Papua-Neuguinea – Entwicklung, Ausbildung, Nachhaltigkeit, Diplomarbeit der
Wirtschaftsuniversität Wien, Wien 2000, S. 34 f, zitiert aus: NIJKAMP, P., VERDONKSCHOT, S.: Sustainable tourism
development: A case study of Lesbos, in: COCCOSSIS, H., NIJKAMP, P.: Sustainable Tourism Development,
Gateshead 1995, S. 127 ff

5.614 Dorftourismus

Die carrying capacity eines Dorfes ist sehr gering. Eine gute Planung der zu setzenden touristischen Maßnahmen von allen Seiten ist dabei wichtig. Es sollte beachtet werden, dass diese Kapazität in der Hochsaison nicht überschritten wird, dass es Unterschiede in den Standards zwischen Besuchern und Besuchten gibt, dass es Widerstände gegen den Tourismus von denen geben kann, die keine Vorteile daraus ziehen. Deshalb ist gute Planung notwendig, um die Vorteile möglichst voll auszuschöpfen. Es bedarf einer Bestandsaufnahme im voraus, die Meinung der Gemeindemitglieder bezüglich Vor- und Nachteilen, Problemen und Möglichkeiten der Tourismusentwicklung werden eingeholt, alternative Optionen bewertet und Bewohner, die Reiseindustrie und Umweltschützer einbezogen, eine Entwicklungsstrategie und dazu eine Tourismusstrategie entworfen, eine Marktanalyse in Bezug auf den heimischen Markt durchgeführt, das Produkt wird entwickelt und dabei die Dorfbewohner ausgebildet. Außerdem wird sichergestellt, dass möglichst viele Jobs an die Dorfbewohner gehen und nicht an Leute aus entfernteren Städten, Prognosen werden durchgeführt und dabei die carrying capacity berücksichtigt, eventuelle Beschädigungen an bestehenden Gebäuden festgestellt, Wasser- und Hygienestandards beachtet, Schilder, Wegweiser aufgestellt und so eventuell Labels oder Auszeichnungen für spezielle Leistungen erzielt, die Finanzierung der notwendigen Anschaffungskosten und laufenden Ausgaben gesichert und für ein gutes Management gesorgt, um die Pläne umzusetzen und um laufende Operationen zu beobachten und zu kontrollieren. Es wird entschieden, ob die Attraktionen des Dorfes auch geeignet sind, Touristen anzuziehen und ob es eine solide Basis an örtlicher Unterstützung gibt. Die Entwicklung wird nachhaltig sein und die Kultur bewahrt werden, wenn ein Übermaß an Besuchern vermieden werden kann. Die örtliche Bevölkerung wird in Entscheidungen einbezogen und der Großteil der Einnahmen aus dem Tourismus bleibt in den lokalen Gebieten.[407]
Erfolgsfaktoren für den Tourismus im ländlichen Raum sind[408]:

- Regionaltypisches Unterkunfts- und Gaststättengewerbe (Erreichbarkeit, Bauausführung, Energieversorgung, Verpflegung, Abfallentsorgung, Freizeitangebot, Gästeinformation, Geschäftsführung)
- Kulturlandschaft (Erhaltung, Erschließung, Interpretation)
- Dorfcharakter (Erhaltung bzw. Wiederherstellung eines attraktiven dörflichen Ortsbildes)
- Touristische Infrastruktur
- Tourismusorganisation (Professionelle Strukturen und sinnvolle räumliche Einheiten, vor allem lokale und regionale Tourismusorganisationen spielen eine entscheidende Rolle)

[407] MORITZ, V. M.: Tourismus in Papua-Neuguinea – Entwicklung, Ausbildung, Nachhaltigkeit, Diplomarbeit der Wirtschaftsuniversität Wien, Wien 2000, S. 34 ff
[408] HAART, N., STEINECKE, A.: Umweltschonender Tourismus: Eine Entwicklungsperspektive für den ländlichen Raum, in: MOLL, P. (Hrsg.): Material zur Angewandten Geographie, Band 24, Bonn 1995, S. 20 ff

- Markt und Produkt (zielgruppenorientiertes Marketing des umweltschonenden Tourismus im ländlichen Raum, sowohl der aktuellen als auch der potentiellen Zielgruppe gerecht werden; der umweltschonende Aspekt muss vom touristischen Anbieter intern als Wettbewerbsvorteil erkannt werden und dem Nachfrager extern als Produktionsvorteil vermittelt werden)
- Persönliches Engagement und öffentliches Tourismusbewusstsein (neue Orientierung und neue Funktionszuweisung)

Nur wenn diese Erfolgsfaktoren erkannt, genutzt und umgesetzt werden, kommt es zu einer positiven touristischen Entwicklung des ländlichen Raumes. Ein gutes Beispiel für die Zusammenarbeit der kommunalen, regionalen und internationalen Ebene stellt die vorhin bereits erwähnte Aktion „Landschaft des Jahres" der Naturfreunde Internationale dar. Auch die EU setzt im ländlichen Raum verstärkt auf eine touristische Inwertsetzung. Die Gemeinschaftsinitiative LEADER zeigt einen eindeutigen Maßnahmenschwerpunkt im Bereich ländlicher Tourismus und dessen Implementierung, indem aktive Partnerschaften auf lokaler Ebene geschaffen werden. Nur wenn die verschiedenen Bereiche aufeinander abgestimmt werden, kann sich der Tourismus im ländlichen Raum erfolgreich entwickeln. Es bedarf demnach eines integrierten Ansatzes zur Regionalentwicklung.[409] Ein zweites EU-Programm ist INTERREG, bei dem es um die Stärkung von grenzüberschreitenden Kooperationen geht, vor allem zwischen unterentwickelten Regionen, die sich gegenseitig bei der Entwicklung unterstützen. Sowohl LEADER als auch INTERREG sind Programme der AGENDA 2000 und wurden im Juni 1999 entwickelt und seither laufend verbessert und erweitert.[410] In Bezug auf eine grenzüberschreitende Zusammenarbeit zur Umsetzung eines umweltschonenden Tourismus gibt es beispielsweise die Gemeinschaftsinitiative INTERREG. Dabei geht es um eine zielgeleitete Kooperation mindestens zweier Akteure innerhalb der EU in unmittelbar benachbarten Grenzräumen mindestens zweier Staaten zum Zwecke einer optimalen Nutzung von Synergieeffekten. Interregionales Handeln im Fremdenverkehr ist dabei hauptsächlich ökonomisch determiniert. Natürliche Potentiale können nur erhalten werden, wenn das für den Grenzraum einzigartige physische und kulturelle Angebot bewahrt wird, wenn es keine gravierenden Auswirkungen auf lokale Einheiten wie die Bevölkerung und deren Traditionen gibt, wenn das Angebot in der jeweiligen Region als Marketing-Mix dargestellt wird. Es gibt also mehrere Attraktionen verschiedenster Art für die Touristen und letztendlich bedarf es wiederum einer Kooperation aller Beteiligten. Bisher fehlt es solchen Gemeinschaftsinitiativen immer noch an rechtlicher Verbindlichkeit und Verantwortungszuteilung innerhalb der Teilnehmer.[411]

---

[409] HAART, N., STEINECKE, A.: Umweltschonender Tourismus: Eine Entwicklungsperspektive für den ländlichen Raum, in: MOLL, P. (Hrsg.): Material zur Angewandten Geographie, Band 24, Bonn 1995, S. 20 ff

[410] CORDIS Datenbank, European Communities, Suchbegriff INTERREG, http://cordis.europa.eu/search/index.cfm?fuseaction=search.simple, vom 20.12.2006

[411] WACHOWIAK, H.: Umweltschonender Tourismus: Eine Entwicklungsperspektive für den ländlichen Raum, in: MOLL, P. (Hrsg.): Material zur Angewandten Geographie, Band 24, Bonn 1995, S. 93 ff

Ein umweltfreundlicher ländlicher Tourismus löst regionale Effekte aus und kann besonders in den ländlichen peripheren Regionen dazu beitragen, die regionale Wirtschaft zu diversifizieren und regionale Lebensverhältnisse zu verbessern. Durch einen umweltfreundlichen ländlichen Tourismus kann ein wesentlicher Beitrag zur Wirtschaftsförderung und zur nachhaltigen Regionalentwicklung geleistet werden. Dabei soll die Natur und Umwelt geschont, die Kulturlandschaft gepflegt, Kulturbauten renoviert und das Ortsbild erhalten werden. Es ist notwendig, integrierte Konzepte unter Berücksichtigung der ökonomischen Verflechtungen zu erarbeiten. Dann ist es auch möglich, die Qualität der Angebote zu verbessern und höhere regionale Wertschöpfungseffekte zu erzielen als mit Investitionen in touristische Großprojekte.[412]

Ein Beispiel für Dorftourismus stellt die Vereinigung „Dorftourismus in Österreich" dar, welche 14 Mitglieder als Verein umfasst, gegründet 1991, und 32 natürliche, typisch österreichische Dörfer aus ganz Österreich beinhaltet, die regionalbezogenen Urlaub in naturbelassener Landschaft anbieten.[413]

5.615 Intelligenter (intellektueller, Anm. d. Verf.) Tourismus

Der intelligente Tourismus versucht die Elemente Umwelt, Gesellschaft und Wirtschaft miteinander zu verknüpfen und so einen verträglichen Ausgleich zu finden.[414] Unter intelligentem Tourismus versteht man die vernunftbetonte Gestaltung des Erholungs- und Freizeittourismus unter Berücksichtigung und bewusster Nutzung gefühlsbetonter Komponenten. Dabei bezieht sich die Vernunft auf Maßnahmen und Handlungen, die zur Verbesserung der Erholungs- und Freizeitqualität und zur Optimierung des Wohlbefindens der Gäste, zur Fernhaltung störender Einflüsse, zur Vermeidung von sozialen Konflikten und von Beschädigungen durch den Tourismus notwendig sind.[415]
Der intelligente Tourismus bedeutet eine ganzheitliche Betrachtungsweise und berücksichtigt die Zusammenhänge und Wechselwirkungen zwischen Umwelt, Wirtschaft und Gesellschaft, er ist für viele Formen des Tourismus offen, für naturorientierte genauso wie für technisch geprägte, sie werden dort umgesetzt, wo günstige Voraussetzungen dafür bestehen. Intelligenter Tourismus zeichnet sich durch eine klare Positionierung und Strategie aus, die auf den eigenen Stärken und Fähigkeiten aufbaut, Gästewünsche aber nicht um jeden Preis erfüllt und nicht alle Trends mitmacht, er basiert auf breitem Konsens bei der Entscheidungsfindung auf Betriebs-, Orts- und Regionsebene, wobei Betroffene zu Beteiligten werden und ihre

---

[412] HAHNE, U.: Umweltschonender Tourismus: Eine Entwicklungsperspektive für den ländlichen Raum, in: MOLL, P. (Hrsg.): Material zur Angewandten Geographie, Band 24, Bonn 1995, S. 33 ff
[413] GEISHÜTTNER, K.-H.: Tourismus und Umweltethik – die ökologische Herausforderung aus wirtschaftlicher und ethischer Sicht, Diplomarbeit der Wirtschaftsuniversität Wien, Wien 1997, S. 75
[414] KRÜGER, R.: Umweltschonender Tourismus: Eine Entwicklungsperspektive für den ländlichen Raum, in: MOLL, P. (Hrsg.): Material zur Angewandten Geographie, Band 24, Bonn 1995, S. 118
[415] GEISHÜTTNER, K.-H.: Tourismus und Umweltethik – die ökologische Herausforderung aus wirtschaftlicher und ethischer Sicht, Diplomarbeit der Wirtschaftsuniversität Wien, Wien 1997, S. 79

Ideen zur Gestaltung des Tourismus einbringen und umsetzen können. Intelligenter Tourismus verlangt ein positiv-kritisches Umweltbewusstsein als Bedingung für die Akzeptanz und die Hinterfragung des Tourismus, dadurch entsteht permanente Weiterentwicklung. Intelligenter Tourismus respektiert die Grenzen des quantitativen Wachstums und verzichtet darauf, alles umsetzen zu wollen. Somit stellt er den Menschen in den Mittelpunkt und verschafft ihm den notwendigen Freiraum zur persönlichen Entfaltung.[416]

5.7   Beispiele für Ökotourismusprojekte in der Praxis

Nachfolgende Beispiele sind nach VIEGAS[417] alles Ökotourismusbeispiele, weil sie jeweils eine umweltpädagogische Komponente beinhalten, auf die hier aber nicht näher eingegangen wird.

5.71   Naturtourismus

Beispielsweise das „Whale watching" ist hier sehr populär. Ein Reiseveranstalter, der sich auf Reisen mit extremen Sportarten in freier Natur spezialisiert hat, ist Outdoor Connection in Nürnberg. Dieser bietet spezielle Programme mit River Rafting, Canyoning, Kajak- und Canadierschulung, Wasserwandern, Kletterkurse und so genannte „Erlebnisreisen" an. Hauptreiseziele sind dabei Deutschland oder Tirol, aber auch Expeditionen nach Westafrika oder Wildwassertouren in Costa Rica werden angeboten. In Ostafrika gibt es beispielsweise den Reiseveranstalter Rafiki Africa, der Touren durch den Nationalpark Virunga anbietet und so durch die Gebühren der Besucher den Park mitfinanzieren kann.[418]

In Harz gibt es seit 1994 den Nationalpark Harz, der von Besuchern sehr geschätzt wird. Die Region des Harzes lebt vorrangig vom Fremdenverkehr. Die Kombination der Tourismuswirtschaft mit dem Schutz der Natur stehen im Vordergrund.[419]

In Lahntal gibt es das Bootswandern. Dabei gibt es Touren mit dem Kanu oder Kajak für Wasserwanderer, wobei die Boote vor Ort ausgeborgt werden können. Auch Kombinationen mit Campingplätzen oder Landgasthöfen sind möglich. Beispielsweise der Reiseveranstalter LT-Aktivreisen in Roth bietet Programme im Lahntal an, oder auch Lupe Reisen in Bonn spezialisierte sich unter anderem auf das Lahntal.[420]

In der Kalkeifel in der Gemeinde Nettersheim in Deutschland gibt es ein Naturerlebnisdorf, welches als Besucherzentrum für den Naturpark gilt. Darin gibt es

---

[416] BEHM, H. U.: Umweltschonender Tourismus: Eine Entwicklungsperspektive für den ländlichen Raum, in: MOLL, P. (Hrsg.):
       Material zur Angewandten Geographie, Band 24, Bonn 1995, S. 175 ff
[417] VIEGAS, A.: Ökodestinationen, Wien 1998, S. 17 ff
[418] VIEGAS, A.: Ökodestinationen, Wien 1998, S. 17 ff
[419] VIEGAS, A.: Ökodestinationen, Wien 1998, S. 34 ff
[420] VIEGAS, A.: Ökodestinationen, Wien 1998, S. 39 f

eine naturkundliche Ausstellung zu sehen oder eine Fossilienausstellung. Im Gelände um das Naturschutzzentrum wurden „Entdeckungspfade" eingerichtet, dabei kann die lokale Geologie oder Archäologie erforscht werden. Auch Aktivprogramme für Jugendliche sind sehr beliebt.[421]
Im Schweizer Wallis befindet sich seit 1976 das Pro-Natura-Zentrum Aletsch, das besonders aufgrund der zahlreichen Wanderrouten bekannt ist. Das Zentrum bietet Übernachtungsmöglichkeiten, aber auch eine naturkundliche Ausstellung speziell für Kinder. Die Arbeit des Zentrums beschränkt sich aber nicht nur darauf, den Besuchern die schöne Natur zu zeigen, sondern es werden auch durchaus die Probleme, die durch den Tourismus entstehen, aufgezeigt.[422]

5.72 Agrotourismus

Beispielsweise gibt es den Ricola Kräutergarten in Kandersteg in der Schweiz. Darin kann man bis zu 15 verschiedene Heilkräuter gedeihen sehen und sich über deren Art informieren. In der Lombardei in Italien wurde zum Beispiel ein Netz aus Agrotourismus-Betrieben geschaffen, an dem nun mittlerweile 150 Berggemeinden teilnehmen. Bauernbetriebe nehmen dabei die Gäste in ihren Herbergen auf.[423]

In Georgia gibt es die „Plantation Trace", welche sich auf die fruchtbaren Böden von Georgia bezieht. Aufgrund dieser reichen Landschaft können Besucher eine Rundtour durch die Farmlandschaft und die rustikalen Orte machen. Die typischen Produkte kann man an den kleinen Marktständen der Farmer an den Landstraßen kaufen. Auch ein Landwirtschaftsmuseum als „lebendes Geschichtsmuseum" (mit Personal in traditioneller Kleidung) in der Region trägt zu entsprechenden Besucherzahlen bei. Auch hier ist das Angebot wieder speziell für Schulgruppen interessant, weil dann vor Ort ganze altertümliche Siedlungen entstehen und wieder zum Leben erweckt werden.[424]

Der Naturpark Obersauer in Luxemburg befindet sich um den Stausee Obersauer, der darauf abzielt, Naturschutz und wirtschaftliche Entwicklung ins Gleichgewicht zu bringen. Ausgehend vom Naturparkempfangszentrum kann man den Park erkunden. Auch ein Freilichtmuseum wurde eingerichtet. Mittlerweile gibt es Qualitätssicherungsprogramme, beispielsweise für das Fleisch der Region oder für die Herstellung eines Naturparkbiers. Entlang einer so genannten Feinschmeckerroute mit zahlreichen Restaurants und Hotels werden die Besucher verköstigt. Diese Programme ermöglichten im Jahr 1997 eine Umweltmanagementprüfung der Herstellerunternehmen oder der Hotels.[425]

---

[421] VIEGAS, A.: Ökodestinationen, Wien 1998, S. 41 ff

[422] VIEGAS, A.: Ökodestinationen, Wien 1998, S. 44 ff

[423] VIEGAS, A.: Ökodestinationen, Wien 1998, S. 20 ff

[424] VIEGAS, A.: Ökodestinationen, Wien 1998, S. 51 ff

[425] VIEGAS, A.: Ökodestinationen, Wien 1998, S. 53 ff

Auf Hawaii befindet sich das größte Macadamia-Nussherstellungsunternehmen. Mittlerweile gibt es ein Besucherzentrum, von welchem aus man eine Fahrt durch die Plantage machen oder die Nussverarbeitungsanlage besichtigen kann.[426]

5.73 Geotourismus

Der Eifel-Ort Bad Münstereifel in Deutschland bietet hier zum Beispiel an einem Wochenende im Sommer Meeresexkursionen an, weil früher in diesem Gebiet alles mit Meer bedeckt war. Naturkundliche Führungen informieren die Besucher über geologische Formationen oder Fossilien. Auch auf der Schwäbischen Alb in Deutschland gibt es geologische Funde, so gibt es dort etwa 2.300 Höhlen, die man im Rahmen von „Höhlentouren" erkunden kann. Genauso gibt es in South Dakota einen erfolgreichen Höhlentourismus in den National Caves, die Calcit-Kristall-Höhlen.[427]

Ein Geopfad in der Vulkaneifel dient als Mittel zur geologischen Öffentlichkeitsarbeit. Der Geopfad soll dem Besucher die heutige Umwelt als Ergebnis der geologischen Entwicklung näher bringen. Auch geologische Exkursionen zu wechselnden Themen werden ganzjährig angeboten, spezielle Angebote wie Jugendwochen, Fahrradtouren oder Kinderprogramme sollen die Besucher faszinieren. Zusätzlich wurden aufgrund des Erfolgs des Projektes die GEO-Route oder das GEO-Zentrum „Vulkaneifel" errichtet. Seit 1996 gibt es dort auch das Eifel-Vulkanmuseum, welches eine sinnvolle Ergänzung zu den bestehenden geologischen Lehr- und Wanderpfaden darstellt.[428]

In Kärnten gibt es den Hochgebirgs-Geo-Trail, ein naturwissenschaftlich-geologischer Lehrpfade entlang von Wanderwegen mit Höhlen durch die Karnischen Alpen.[429]

In Vorarlberg kann man „Durch Wandern lernen", und zwar entlang von Naturlehrpfaden, die das Verständnis für die Umwelt fördern sollen. Die Themen der markierten Wege sind unterschiedlich, auch Schluchtführungen werden angeboten.[430]

In Hot Springs in South Dakota befindet sich die Mammoth Site, ein geologisch-paläontologisches Ausgrabungsgebiet, welches eine Grube als riesige Tierfalle darstellt und in der sich noch heute Funde befinden. Mammoth Site entwickelte sich zu einer weltweit anerkannten Forschungsstelle zur Paläontologie des Eiszeitalters. Täglich gibt es geführte Touren in mehreren Sprachen durch das Museum, das mittlerweile in der Grube eingerichtet wurde. Ein spezielles Gästeprogramm bietet auch Schulungsräumlichkeiten für diverse Besuchergruppen.[431]

---

[426] VIEGAS, A.: Ökodestinationen, Wien 1998, S. 56 f
[427] VIEGAS, A.: Ökodestinationen, Wien 1998, S. 24
[428] VIEGAS, A.: Ökodestinationen, Wien 1998, S. 60 ff
[429] VIEGAS, A.: Ökodestinationen, Wien 1998, S. 65 f
[430] VIEGAS, A.: Ökodestinationen, Wien 1998, S. 67 ff
[431] VIEGAS, A.: Ökodestinationen, Wien 1998, S. 71 f

5.74   Bioparktourismus

Hier sei beispielhaft das Ozeanarium in Lissabon erwähnt, welches das größte Meeresaquarium Europas ist und worin 25.000 Exemplare ozeanischer Flora und Fauna aus rund 300 Arten aller Weltmeere präsentiert werden.[432]

Arnheim`s „Burger`s Zoo" in den Niederlanden entwickelte sich vom Zoo zum Ökosystem-Zoo. Die neue Ausstellung heißt „Burger`s Bush" und bietet den Besuchern die Möglichkeit, in den Regenwald einzutauchen und die Rolle des Menschen im System Urwald zu erfahren. Mittlerweile sind viele tropische Wälder entstanden. „Burger`s Desert" bietet eine Erkundungstour durch die Wüste.[433]

In St. Petersburg in Florida gibt es das Suncoast Seabird Sanctuary, welches sich um verletzte oder verstoßene Tiere kümmert, die man als Besucher auch besichtigen und kennen lernen kann.[434]

Ebenfalls in Florida in Tampa befindet sich das Florida Aquarium. Dieses High-Tech-Aquarium bietet ungekannte Ansichten und Einsichten in die Schönheit und Verletzlichkeit der Naturwunder von Florida. Dadurch soll das Bewusstsein der Harmonie zwischen Menschen und ihrer Umwelt bei den Besuchern stimuliert werden. Beispielsweise gibt es den Mangrovenwald, die Galerie der Korallenriffe, ein Labor für Biologen, eine interaktive Ausstellung oder Ausbildungsprogramme für alle Altersstufen.[435]

5.75   Wissenschaftstourismus

Hierzu zählt das Sea World in Florida oder der Düsseldorfer Aquazoo, welches Naturmuseum und Aquarium zugleich ist. In Florida gibt es seit 1995 „Wild Arctic", eine Erforschung der Arktis in einem Simulationshelikopter.[436]
In Orlando, Florida, gibt es das New Orlando Science Center als Wissenschaftszentrum. Dabei gibt es Ausstellungen zu „Nature Works" (Naturwissenschaften), „Science City" (Physik und Mathematik) und „Tech Works" (angewandte Wissenschaften). Das Orlando Science Center ist ein gutes Beispiel dafür, wie Umweltverständnis und Respekt vor der Natur im Rahmen von naturwissenschaftlichen Ausstellungen unterhaltsam gefördert werden können und somit neue Ökotourismus-Ziele entstehen können.[437]
In Tucson, Arizona, gibt es das Biosphere 2 als Wissenschaftszentrum, das eine Wüste, eine Savanne, einen tropischen Regenwald und einen Ozean in Miniformat

---

[432] VIEGAS, A.: Ökodestinationen, Wien 1998, S. 28
[433] VIEGAS, A.: Ökodestinationen, Wien 1998, S. 73 ff
[434] VIEGAS, A.: Ökodestinationen, Wien 1998, S. 82 f
[435] VIEGAS, A.: Ökodestinationen, Wien 1998, S. 85 ff
[436] VIEGAS, A.: Ökodestinationen, Wien 1998, S. 31
[437] VIEGAS, A.: Ökodestinationen, Wien 1998, S. 92 f

enthält. Durch technische Labors werden die Besuchergruppen geführt und erfahren so über die derzeit laufenden Forschungsprojekte. Wichtige Zielgruppe sind auch die Schüler- und Bildungsgruppen.[438]

5.8 Zusammenfassung

Auch wenn sich eine Region für eine bestimmte Variante des Ökotourismus entscheidet, bedeutet dies noch lange nicht, dass sie diese Variante für immer beibehalten muss, sie kann natürlich ihr Tourismusangebot im Laufe der Zeit verändern. Deshalb ist es teilweise wichtig, dass man jüngere, höher gebildete Individualreisende ansprechen kann, die bereits ein ausgeprägtes Umweltbewusstsein haben, reiseerfahren sind und allein oder in Kleingruppen reisen, gut vorbereitet sind und auch dem Veranstalter kritisch gegenüber stehen. Hauptsächliche Motivationen für diese Reisegruppen sind die exotische Natur, die Artenvielfalt, der unbekannte Ozean, fremde Kulturen oder Wissenschaft und Technik. Eine andere wichtige Zielgruppe für derartige Ökotourismusprojekte sind Kinder und Jugendliche mit ihren Familien oder auch Schulgruppen.[439]

Ökotourismus und Alternativtourismus werden oft als Synonyme verwendet, obwohl Naturtourismus das sinnliche Erleben der Natur zum Ziel hat und Ökotourismus auch über die Bedrohung der Natur und über die Rollen des Menschen informieren will und so ein vertieftes Umweltbewusstsein schaffen will. Auch umweltverträglicher Tourismus ist nicht mit Ökotourismus gleichzusetzen, dieser bezeichnet ein nachhaltiges Wirtschaften, bei dem der langfristige Erhalt der Umwelt berücksichtigt wird und die Belastungsgrenzen der Natur beachtet werden. Dieses Konzept orientiert sich an der AGENDA 21 der Rio-Konferenz von 1992. Der Ökotourismus ist nicht automatisch auch umweltverträglicher Tourismus. Ökotourismus anzubieten ist eine strategische Entscheidung, die das Ziel hat, neue Kundengruppen anzulocken und diese auch langfristig zu binden.[440]

Eine der wichtigsten zielführenden, vorbildlichen und beeindruckenden Formen des Ökotourismus hat Costa Rica umgesetzt.[441] Schon seit den 1960er Jahren gibt es dort ein Nationalparksystem und zahlreiche Naturschutz- und Erholungsgebiete.[442]
Wenn auf Touristeneinnahmen ab einer gewissen Belastungsgrenze zum Schutz der Natur verzichtet wird, kann von einem gesunden Ökotourismus mit dem Ökologie-

---

[438] VIEGAS, A.: Ökodestinationen, Wien 1998, S. 93 f

[439] VIEGAS, A.: Ökodestinationen, Wien 1998, S. 4

[440] VIEGAS, A.: Ökodestinationen, Wien 1998, S. 4 ff

[441] ARBEITSGRUPPE ÖKOTOURISMUS: Ökotourismus als Instrument des Naturschutzes? Möglichkeiten zur Erhöhung der Attraktivität von Naturschutzvorhaben, Forschungsberichte des Bundesministeriums für wirtschaftliche Zusammenarbeit und Entwicklung, Köln 1995, S. 67

[442] HERZOG, T.: Tourismus in Bali – eine wirtschaftsgeographische Analyse der unterschiedlichen Gäste-Verhaltensweisen und der Auswirkungen des Individual- und Pauschaltourismus, Diplomarbeit der Wirtschaftsuniversität Wien, Wien 1999, S. 21

Gedanken im Vordergrund gesprochen werden.[443]

Alternativer Tourismus ist meist von lokalen Organisationen oder Personen entwickelt, beinhaltet Reisen zu natürlichen unbelasteten Gebieten, um darüber etwas zu lernen. Dieser Tourismus will die Umwelt und die lokale Bevölkerung schützen und bewahren. Besonders in Entwicklungsländern erlebt der Alternativtourismus derzeit eine Blüte.[444] Alternativtourismus ist ein Sammelbegriff für viele Formen themenbezogener Reisen.[445]

Zu den Leitsätzen und Leitzielen einer nachhaltigen Tourismus- und Freizeitwirtschaft in Österreich zählen folgende Punkte[446]:

- Intakte Natur stellt die wichtigste Ressource im Tourismus dar
- Qualität ist wichtiger als Quantität. Quantitatives Wachstum sollte nur mehr bei minimalen Umweltbeeinträchtigungen unter qualitativen Gesichtspunkten erfolgen
- Sicherung der Existenzgrundlage einer Region durch sinnvolle Verflechtung des Tourismus mit anderen Wirtschaftszweigen
- Verstärkte Professionalisierung bei allen Entscheidungsträgern im Tourismus
- Verstärkte Entwicklung von Indikatoren zur Beurteilung der Nachhaltigkeit der Tourismusentwicklung, sowie der Umwelt- und Sozialverträglichkeit von Produkten und Dienstleistungen
- Förderung eines umweltgerechten Verhaltens aller an der Tourismus- und Freizeitwirtschaft Beteiligten
- Zeitliche Nachfrageentzerrung zur Glättung der Nachfragespitzen
- Anerkennung tourismusspezifischer Umweltkosten nach dem Verursacherprinzip
- Einsatz innovativer Verkehrssysteme zur Sicherung einer umweltfreundlicheren Mobilität

In Zukunft bedarf es der Umsetzung aller Tourismusaktivitäten als nachhaltig oder zumindest umweltverträglicher oder umweltverantwortlicher. Besonders für den Massentourismusmarkt sind in Zukunft von den Anbietern mehr nachhaltige Tourismusformen anzubieten. Die Umweltauswirkungen des Alternativtourismus hängen davon ab, wie dieser geplant, eingeführt, entwickelt und vor allem kontrolliert wird.[447] Tourismusentwicklung kann nicht auf Kosten der Urlaubsregion gehen, indem natürliche Ressourcen der Umwelt verbraucht werden. Die Prinzipien von

---

[443] HERZOG, T.: Tourismus in Bali – eine wirtschaftsgeographische Analyse der unterschiedlichen Gäste-Verhaltensweisen und der Auswirkungen des Individual- und Pauschaltourismus, Diplomarbeit der Wirtschaftsuniversität Wien, Wien 1999, S. 21

[444] HUNTER, C., GREEN, H.: Tourism and the environment – a sustainable relationship?, London 1995, S. 80 ff

[445] VIEGAS, A.: Ökodestinationen, Wien 1998, S. 5

[446] GEISHÜTTNER, K-H.: Tourismus und Umweltethik – die ökologische Herausforderung aus wirtschaftlicher und ethischer Sicht, Diplomarbeit der Wirtschaftsuniversität Wien, Wien 1997, S. 79

[447] HUNTER, C., GREEN, H.: Tourism and the environment – a sustainable relationship?, London 1995, S. 85 f

nachhaltigem Management müssen beachtet werden und sollten sich gegenüber der Umwelt verantwortlich zeigen. Dazu bedarf es der Ausbildung und dem Training von Tourismusmanagern, die im Idealfall eine nachhaltige Perspektive einnehmen. Vielleicht schafft man es sogar, die Touristen zu einer geänderten Einstellung zu führen, vor allem auch gegenüber der Natur und ihren Ressourcen. Verantwortungsvolle Entwicklung und aktiver Naturschutz sind wichtig für den Erfolg des Tourismuswachstumsprogramms, es bedarf neuer Attraktionen und Einrichtungen, bestehende Attraktionen müssen effektiv gemanagt werden.[448]

Eine große Chance, die Umwelt zu erhalten, liegt in der umweltfreundlicheren Gestaltung unserer Bedürfnisse. Daher bedarf es der näheren Untersuchung der menschlichen Bedürfnisse und des Konsumverhaltens und der Aufzeigung des Zusammenhangs zwischen Bedürfnisbefriedigung und Wirtschaftswachstum.[449] Nur eine Kompromisslösung kann zum Ziel einer nachhaltigen Tourismusentwicklung führen. Der Naturschutz besitzt nach wie vor unter allen Zielen oberste Priorität.[450]

---

[448] HÜBLER, E.: Tourism in New Zealand and the active role played by the New Zealand Tourism Board, Diplomarbeit der Wirtschaftsuniversität Wien, Wien 1994, S. 86 ff

[449] GEISHÜTTNER, K-H.: Tourismus und Umweltethik – die ökologische Herausforderung aus wirtschaftlicher und ethischer Sicht, Diplomarbeit der Wirtschaftsuniversität Wien, Wien 1997, S. 92

[450] KMENTA, M.: Kritische Analyse der touristischen Nutzung kanadischer Nationalparks, Diplomarbeit der Wirtschaftsuniversität Wien, Wien 1997, S. 170

6. ALTERNATIVE REISEANGEBOTE

6.1 Reiseveranstalter

„www.responsibletravel.com"[451] zeigte 2004 in einer Umfrage unter 1.002 britischen Erwachsenen, dass Touristen generell zunehmend ökologieorientierte, nachhaltige und umweltverträgliche Reiseformen in Anspruch nehmen wollen und deshalb intensiv nach einem entsprechenden Reiseveranstalter suchen, der zumindest postuliert, derartige Reisepackete anzubieten. Außerdem herrscht die Meinung, der Reiseveranstalter habe die Aufgabe, lokale Kulturen und Werte zu erhalten und zu schützen. Die Reisenden wollen sich umwelt- und sozialverträglich den lokalen Kulturen im Reiseland annähern.[452]

Das Respect – Institut für Integrativen Tourismus und Entwicklung zeigt – wie bereits weiter vorne erwähnt – in dem Travelguide „Reisen mit Respekt" verschiedene generelle Hinweise für ein faires Reise- und Einkaufsverhalten und -vergnügen auf und bietet auch Links zu führenden ökologisch orientierten Reiseveranstaltern oder Instituten zu verschiedenen Reisethemen an.[453] Auch die WTTC („www.wttc.org") zeigt in ihrem Corporate Social Responsibility Report im Anhang, welche Tourismusunternehmen beispielsweise Nachhaltigkeit bereits aktiv praktizieren und weiter umsetzen.[454]

Es gibt keine weltweiten systematischen Untersuchungen über die Anzahl oder die Größe von Reiseveranstaltern im Feld der Naturreisen. Die Branche besteht aus vielen kleinen Unternehmen, und immer neue Firmen versuchen, sich auf diesem expandierenden Markt zu etablieren. Charakteristisch ist, dass sich die meisten Firmen in Privatbesitz befinden und von der Persönlichkeit des Gründers stark beeinflusst werden. Viele der in den touristischen Quellgebieten ansässigen Reiseveranstalter arbeiten auch mit Agenturen im Zielland zusammen, dies sind so genannte inbound operators, die dort Reiseorganisationen übernehmen. In Costa Rica beispielsweise werden circa 60 % des Naturtourismus-Marktes von der Firma „Costa Rica Expeditions" abgedeckt. Entweder werden die Firmen so wie dieses Beispiel vor Ort durch eine größere Firma bei den Tourismusprojekten unterstützt und bilden so Kooperationen oder es gibt traditionelle kleine Familienunternehmen, die vor Ort Ausflüge oder Kurzreisen für Individualtouristen anbieten.[455]

---

[451] Responsible Travel, http://www.responsibletravel.com/Copy/Copy101763.htm, vom 16.12.2006

[452] JONES, S.: Operators urged to become eco-friendly, in: Travel Weekly, 15.03.2004, S. 6, www.travelbiz.com.au, vom 20.12.2006

[453] Reisen mit Respekt – ein Travelguide von Respect Austria (Institut für Integrativen Tourismus und Entwicklung) in Kooperation mit Österreichische Entwicklungszusammenarbeit (ÖEZA), S. 36 ff, auf http://www.respect.at/content.php?id=212&m_id=6&ch_id=73, vom 02.07.2006

[454] Corporate Social Leadership-REPORT der WTTC (World Travel & Tourism Council), S. 22, http://www.wttc.org/publications/pdf/CSLREPORT.pdf, vom 25.12.2006

[455] ARBEITSGRUPPE ÖKOTOURISMUS: Ökotourismus als Instrument des Naturschutzes? Möglichkeiten zur Erhöhung der Attraktivität von Naturschutzvorhaben, Forschungsberichte des Bundesministeriums für wirtschaftliche Zusammenarbeit und Entwicklung, Köln 1995, S. 51 f

Der Reiseveranstalter Contours bietet so wie die deutschen Sympathiemagazine Informationen zu beliebten Ferntourismusdestinationen, auch Touren fernab der Routineroute werden angeboten.[456]

Ergänzend seien hier noch drei Reiseveranstalter aus einer Vielzahl erwähnt, die sich der Nachhaltigkeit verpflichtet fühlen und deshalb auch ihr Reiseangebot dementsprechend gestalten:

- Tucan Travel: in London und gegründet und seit 1980 spezialisiert auf Lateinamerika, unterstützen mit ihren Reiseeinnahmen die lokale Bevölkerung und wählen gezielt verantwortungsbewusste lokale Reiseveranstalter als Partner aus. „At Tucan, we want to support the countries and local communities so they benefit from your visit"[457]
- BFirst Travel: Australisches Unternehmen, welches sich auf Lateinamerika spezialisiert, bieten maßgeschneiderte Touren für kleine Gruppen oder Individualreisende; "…assessment of the impact of our activities on the local culture and environment, with the goal being to visit and enjoy each place while leaving behind only footprints"[458]
- Excursiones naturales („www.naturreisen.at"): bieten Forschungsreisen vorrangig nach Costa Rica an, unter Einbeziehung der Forschungsstation La Gamba und dem Regenwald der Österreicher[459]
- Studiosus Reisen München GmbH: bieten über 100 Touren in mehr als 100 Ländern, vorrangig werden Studien- und Sprachreisen angeboten, „"Wahrnehmung unserer gesellschaftlichen Verantwortung" – so lautet eines der fünf Unternehmensziele von Studiosus, die im Unternehmensleitbild festgeschrieben sind. Darunter versteht das Unternehmen, seinen Kunden das Kennenlernen fremder Länder und Kulturen in einer nachhaltigen, zukunftsfähigen Form zu ermöglichen. Es bietet daher sozial verantwortlich und umweltschonend konzipierte Reisen an. Der sorgsame Umgang mit Ressourcen, mit der Natur und Umwelt ist dabei selbstverständlich. Auch unterstützt Studiosus soziale, kulturelle und ökologische Projekte in aller Welt." Diese Projekte gibt es seit 1993.[460]

---

[456] Traveltrade, 22.02.2006, S. 21, www.travelbiz.com.au, vom 03.07.2006

[457] Tucan Travel, http://www.tucantravel.com/information/Why+Tucan+Travel/All+about+us/2/147, vom 16.12.2006

[458] BFirst Travel, http://www.bfirsttravel.com/about.cfm, vom 16.12.2006

[459] Tropenstation La Gamba, http://www.lagamba.at/researchdb/pagede/index.php, vom 17.12.2006

[460] Studiosus Reisen, http://www.studiosus.de/unternehmen/qualitaet/nachhaltiges_reisen/index.php, vom 16.12.2006

Umweltverträgliches Reisen wird nach „www.tourism-watch.de" von folgenden Unternehmen angeboten[461]:

- www.alpenbuero.ch
- www.ate-info.de (Trekking/Erlebnisreisen)
- www.eco-tour.org
- www.eco-tip.org
- www.experiment-ev.de (Familienaufenthalte)
- www.forum-anders-reisen.de
- www.iitf.at (Integrierter Tourismus)
- www.medforum.org (Forum Mediterranean)
- www.OeTE.de (Ökologischer Tourismus in Europa)
- www.responsibletravel.com
- www.sci.de (Workcamps)
- www.viabono.de (Gütesiegel Hotels und Gaststätten)

Ein Negativbeispiel sei hier noch erwähnt, das zeigen soll, dass nicht alles, was sich nachhaltig oder alternativ nennt, auch tatsächlich alternativ ist. In Wien präsentiert sich mit großer Leuchttafel ein Reisebüro namens „ALTERNATIVE TOURISTIK". Nach Erkundigung durch die Autorin stellte sich heraus, dass das einzig Alternative am gesamten Reiseangebot, das nebenbei bemerkt nur eine Reiseroute – den Optima Express von Wien in die Türkei oder nach Griechenland per Autoreisezug – anbietet, die Reise mit dem Zug von Wien bis mindestens nach Griechenland ist.

Als Tourist kann daher durchaus bereits vor der Reisevorbereitung eine intensive Informationseinholung, wie beispielsweise welche Art von Reisen bietet der Reiseveranstalter an, wohin führen die Reisen, wie verhält sich der Reiseveranstalter gegenüber der Umwelt, gibt er dazu eine Stellungnahme ab, ist er in Projekte zur Förderung der Nachhaltigkeit eingebunden, usw., in Bezug auf die vorhandenen Reiseveranstalter durchgeführt werden, um letztendlich auch zum gewünschten nachhaltigen Ergebnis zu gelangen.[462]

6.2 Sonstige Foren oder Verbände

Die Akteure mit einem starken institutionalisierten Interesse am Naturschutz, Umweltorganisationen oder Naturschutzverwaltungen können aufgrund der eigenen schwachen Position in der Politik die Potentiale des Ökotourismus nutzen, um ihre Stellung zu stärken und so Aufmerksamkeit für ihre Anliegen wecken.[463]

[461] TourismWatch, http://www.tourism-watch.de/dt/24dt/24.adressbuch/index.html, vom 16.12.2006
[462] ARBEITSGRUPPE ÖKOTOURISMUS: Ökotourismus als Instrument des Naturschutzes? Möglichkeiten zur Erhöhung der Attraktivität von Naturschutzvorhaben, Forschungsberichte des Bundesministeriums für wirtschaftliche Zusammenarbeit und Entwicklung, Köln 1995, S. 151
[463] ARBEITSGRUPPE ÖKOTOURISMUS: Ökotourismus als Instrument des Naturschutzes? Möglichkeiten zur Erhöhung der Attraktivität von Naturschutzvorhaben, Forschungsberichte des Bundesministeriums für wirtschaftliche Zusammenarbeit und Entwicklung, Köln 1995, S. 151

Seit 1991 findet jährlich in Hannover der Reisepavillon statt. Dies ist eine Reisemesse mit circa 300 Ausstellern aus 30 Ländern und bietet ein Forum für ökologisches und sozialverantwortliches Reisen, in welchem man mit Praktikern oder Reiseveranstaltern direkten Kontakt aufnehmen und diskutieren kann, oder bei welchem man sich über die Homepage in ein Forum einträgt und beispielsweise immer aktuelle Informationen oder gerade diskutierte Themen direkt nach Hause bekommt. Foren können auf diese Weise auch etwas zur Bildung der Touristen beitragen. „Der Reisepavillon bietet dafür eine Plattform. Er formuliert nicht nur ökologische Prinzipien, sondern bringt Touristiker und Naturschützer, die Interessen der Ferienregionen und die Wünsche ihrer urlaubshungrigen Gäste zusammen und setzt dabei Maßstäbe für die Branche."[464]

Verschiedene Tourismusforen zum Thema nachhaltiger, sanfter, ökologiebewusster Tourismus bieten ihre Informationen auch im Internet an, wobei beispielsweise die Naturfreunde Internationale oder „www.eco-tour.org" in einigen involviert sind. Eine genaue Auflistung dieser Foren würde an dieser Stelle zu weit führen, beispielhaft sei hier Ö.T.E. – Ökologischer Tourismus in Europa e.V. genannt.[465]

---

[464] Reisepavillon, www.reisepavillon-online.de, vom 16.12.2006

[465] Ökologischer Tourismus in Europa (Ö.T.E.), http://www.oete.de/index1.htm, vom 16.12.2006

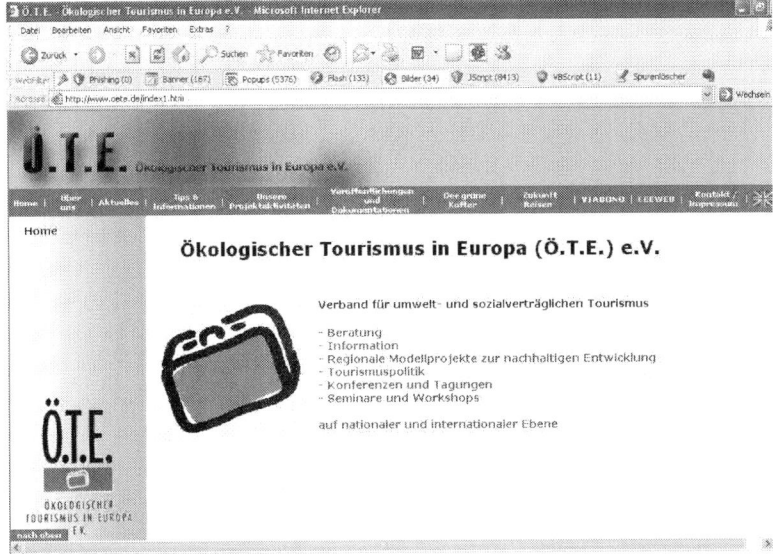

Abb. 4:   Ö.T.E. Homepage

Quelle: Ökologischer Tourismus in Europa (Ö.T.E.), http://www.oete.de/index1.htm, vom 16.12.2006

oder „www.forumandersreisen.de",

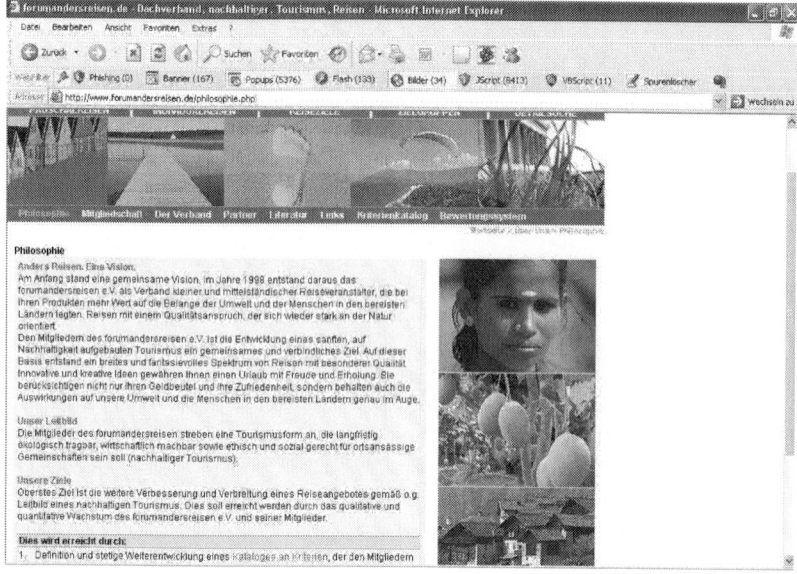

Abb. 5:   Forum anders reisen

Quelle: Forum anders reisen, http://www.forumandersreisen.de/philosophie.php, vom 16.12.2006

„www.tourismpartnership.org",

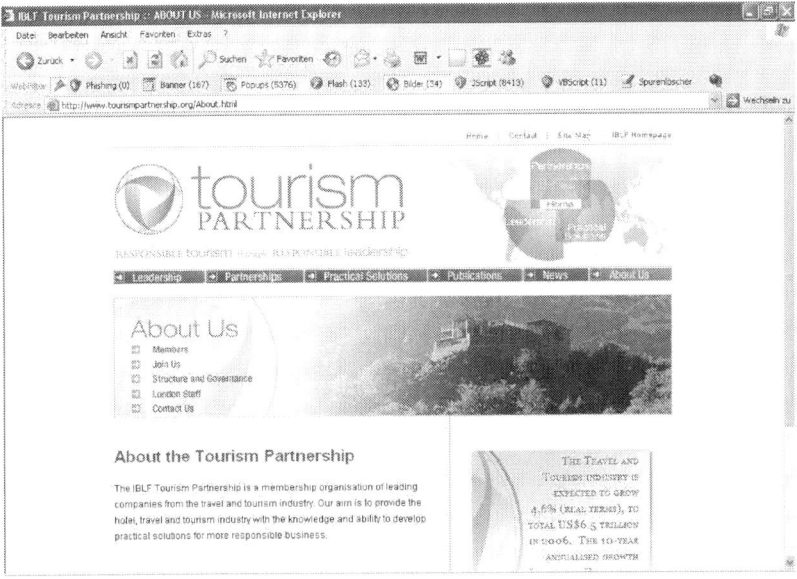

Abb. 6:   Forum Tourism partnership

Quelle: Tourism Partnership, http://www.tourismpartnership.org/About.html, vom 16.12.2006

Visit – Voluntary initiatives for sustainability in tourism („www.visit21.net"),
„www.zukunft-reisen.de", „www.ecoclub.com", „www.sanftes-reisen.org" oder
„www.ecosustainable.com", bei denen das eigene nachhaltige Tourismusangebot
angeboten und präsentiert werden kann, zum Teil sanfte Reisen selbst organisiert
werden können oder sich die potentiellen Reisenden generell informieren können.

6.3 Die alternative Reiseklientel

In der Literatur finden sich verschiedene Definitionen für die typischen Alternativtouristen. ROTPART meint Alternativtouristen, speziell jene, die Dritte-Welt-Länder besuchen, kommen aus der jüngeren und mittleren Altersgruppe, der mittleren und höheren Bildungs- und Einkommensgruppe und gehören zur oberen sozialen Schicht. Sie sind überdurchschnittlich physisch mobil, zeitlich und finanziell flexibel und sind gegenüber Reisen an sich aufgeschlossen.[466]

Oft geht man davon aus, dass Reisen für diejenigen von besonderer prestigeträchtiger Bedeutung sind, die noch mit dem Aufbau ihrer beruflichen Identität beschäftigt sind. Oft geht es auch um die Suche nach Erlebnissen, nämlich exploratives Erleben (Neues, Ungewohntes), biotisches Erleben (Erleben des vergessenen Körpers), soziales Erleben (Kontakt und Geselligkeit) und optimierendes Erleben (brauner werden, effektiv erholen, Kräftesammeln).[467]

Der typische Naturtourist, wie ihn die ARBEITSGRUPPE ÖKOTOURISMUS sieht, kann als überdurchschnittlich gebildet, umweltbewusst, erlebnisorientiert und ausgabefreudig bezeichnet werden. Seine Komfort- und Infrastrukturansprüche sind niedrig, die Bereitschaft, sich auf Landestypisches einzulassen, ist überdurchschnittlich hoch. Hohe Ansprüche hat er in Bezug auf Naturnähe und Erlebnisintensität, Informationsvermittlung während der Reise und schnelle Erreichbarkeit von Zielgebieten. Vorrangig ist Exklusivität des Erlebnisses.[468] SPREITZHOFER stellt auch fest: Alternativtouristen stammen oft aus westlich-kapitalistischen Industrieländern und gelten meist als Vertreter der städtischen Subkulturen in Europa, Nordamerika, Australien, Neuseeland und Japan.[469] Eine grundsätzliche Unterteilung unterscheidet zwischen Do-it-yourself-Ökotouristen, die sich die Reise selbst organisieren, den Ökotouristen unterwegs, die organisierte Ökoreisen unternehmen, und den Schulgruppen oder Wissenschafts-Ökotouristen, die forschen und so ein Land bereisen.[470]

Extreme Tourismustypen sind nach LINDBERG[471] der casual nature tourist – die oberflächlichen Naturtouristen mit oberflächlichem Naturinteresse, durchschnittlichem

---

[466] ROTPART, M.: Vom Alternativtourismus zum Hybridtourismus – der postalternative Wandel im Individualtourismus und die Macht der Reisehandbücher im Dritte-Welt-Tourismus am Fallbeispiel der Philippinen, Dissertation der Kepler Universität Linz, Linz 1995, S. 26 f

[467] ROTPART, M.: Vom Alternativtourismus zum Hybridtourismus – der postalternative Wandel im Individualtourismus und die Macht der Reisehandbücher im Dritte-Welt-Tourismus am Fallbeispiel der Philippinen, Dissertation der Kepler Universität Linz, Linz 1995, S. 123 ff

[468] ARBEITSGRUPPE ÖKOTOURISMUS: Ökotourismus als Instrument des Naturschutzes? Möglichkeiten zur Erhöhung der Attraktivität von Naturschutzvorhaben, Forschungsberichte des Bundesministeriums für wirtschaftliche Zusammenarbeit und Entwicklung, Köln 1995, S. 4

[469] SPREITZHOFER, G.: Tourismus 3. Welt – Brennpunkt Südostasien, Europäische Hochschulschriften, Wien 1995, S. 113

[470] FENNELL, D. A.: Ecotourism – an introduction, London 1999, S. 56 f

[471] LINDBERG, K.: Mixing environment, economics and tourism, in: THE ADVENTURE TRAVEL SOCIETY, Seattle 1991, S. 3

Umweltbewusstsein, kurzen Aufenthalten in Schutzgebieten, hohen Infrastrukturansprüchen und Ansprüchen an Erlebnisqualität und geringer Empfindlichkeit gegenüber hohen Besucherzahlen. Der andere Tourismustyp ist der hard-core nature tourist – engagierter Naturtourist mit speziellen Naturinteressen, hohem Umweltbewusstsein, langer Aufenthaltsdauer, geringen Infrastrukturansprüchen, sehr hohen Ansprüchen an Erlebnisqualität und großer Empfindlichkeit gegenüber hohen Besucherzahlen.[472]

Daneben gibt es noch die interessierten Naturtouristen (dedicated nature tourists) mit speziellem Naturinteresse, langer Aufenthaltsdauer und hohem Umweltbewusstsein und die durchschnittlichen Naturtouristen (mainstream nature tourists), die eher kurz bleiben, mittleres Umweltbewusstsein aufweisen und eher weniger Ansprüche an Naturnähe stellen.[473]

Generell zeigen sich die höchsten Wachstumsraten im Naturtourismus bei Nachfragegruppen, die in Schutzgebieten nur außergewöhnliche Erlebnisse häufig als zusätzliche Anziehungspunkte in einem touristischen Gesamtpaket suchen, ohne besonders naturinteressiert oder umweltbewusst zu sein.[474]

Der alternative Tourist besitzt folgende Charakteristika[475]:

- Er versucht, Schäden zu vermeiden
- Er besucht Gebiete, wo kaum Menschen sind
- Er erlebt Abenteuer
- Er versucht, die Zivilisation für eine Weile zu vergessen
- Er will Kontakt zu Einheimischen knüpfen
- Er will keine Tourismusinfrastruktur in Anspruch nehmen
- Er will vor und während seiner Reise mit Informationen versorgt werden
- Er reist alleine oder in kleinen Gruppen
- Er ist generell gut gebildet
- Er bleibt meist länger in seinem Urlaubsland als der typische traditionelle Tourist

---

[472] ARBEITSGRUPPE ÖKOTOURISMUS: Ökotourismus als Instrument des Naturschutzes? Möglichkeiten zur Erhöhung der Attraktivität von Naturschutzvorhaben, Forschungsberichte des Bundesministeriums für wirtschaftliche Zusammenarbeit und Entwicklung, Köln 1995, S. 48

[473] ARBEITSGRUPPE ÖKOTOURISMUS: Ökotourismus als Instrument des Naturschutzes? Möglichkeiten zur Erhöhung der Attraktivität von Naturschutzvorhaben, Forschungsberichte des Bundesministeriums für wirtschaftliche Zusammenarbeit und Entwicklung, Köln 1995, S. 48

[474] MÜLLER, B.: (Öko-)Tourismus: Instrument für eine nachhaltige Entwicklung? – Tourismus und Entwicklungszusammenarbeit, in: RAUSCHELBACH, B. (Hrsg.): Deutsche Gesellschaft für technische Zusammenarbeit (GTZ), Heidelberg 1998, S 32 f

[475] HUNTER, C., GREEN, H.: Tourism and the environment – a sustainable relationship?, London 1995, S. 82

7. NACHHALTIGKEIT: BEISPIELHAFTE KONZEPTE

Folgende Denkanstöße und gleichzeitig auf den Punkt gebrachte Aussagen aus der Literatur sollen zu Beginn dieses Kapitels dargestellt werden:

- Basis für den Tourismus ist die Kultur, ihre Erhaltung muss daher bei wachsendem Tourismus sichergestellt werden. Dies soll durch die Konzentration des Tourismus in einem einzigen Gebiet erfolgen.[476] HUNTER/GREEN betonen darüber hinaus, dass ein Gefühl für das besuchte Reiseland entstehen muss, um lokales Erbe und Natur zu bewahren, der Lebensstandard soll erhöht werden, der Fokus soll auf Bewahrung, Schutz und Aufrechterhaltung der vorhandenen indigenen Ressourcen gerichtet sein.[477] Die Lebensbedingungen der Einheimischen sollten verbessert und nicht entwertet werden.[478]

- Der Standort für ein Tourismus-Zentrum muss so gewählt werden, dass er den technischen Ansprüchen der Touristikbranche genügt (Flächen, Entfernungen, Infrastruktur).[479] Die lokale Politik und Wirtschaft muss auch bereit sein, alternative Tourismuskonzepte ins Auge zu fassen und sie als neue positive Chance zu sehen. Alle Beteiligten müssen aktiv mitwirken und sich gegenseitig unterstützen.[480] Der Fremdenverkehrssektor sollte ein Teil einer eigenständigen Regionalentwicklung sein. Es geht um den Ansatz einer ökologischen Erneuerung in strukturschwachen Räumen durch den Fremdenverkehr.[481]

7.1 Konzepte zur Entwicklung von nachhaltigem Tourismus

Tourismus ist vor allem in peripheren, ländlichen Regionen zu einem Entwicklungsbereich geworden, auf den die lokale Wirtschaft hofft.[482] Eine Region stellt dabei lediglich die Abgrenzung einer kleineren räumlichen Einheit gegenüber einer größeren dar.[483] In Bezug auf die Regionalpolitik bedarf es der Steuerung aus der Region heraus geben, dies ist unter dem Schlagwort Regionalisierung bekannt. Die Regionen werden eigenständiger, möglichst viele lokale und regionale Akteure werden als Entwicklungsträger in die veränderte Entwicklungsstrategie der eigenständigen Regionalentwicklung einbezogen. Weiters wichtig sind Kommunikation und Kooperation als neue Handlungsstrategien, Betonung der Prozess- und

---

[476] DRESS, G.: Wirtschafts- und sozialgeographische Aspekte des Tourismus in Entwicklungsländern, Dargestellt am Beispiel der Insel Bali in Indonesien, Dissertation der Universität München, München 1977, S. 89

[477] HUNTER, C., GREEN, H.: Tourism and the environment – a sustainable relationship?, London 1995, S. 81

[478] HUNTER, C., GREEN, H.: Tourism and the environment – a sustainable relationship?, London 1995, S. 81

[479] DRESS, G.: Wirtschafts- und sozialgeographische Aspekte des Tourismus in Entwicklungsländern, Dargestellt am Beispiel der Insel Bali in Indonesien, Dissertation der Universität München, München 1977, S. 89

[480] HUNTER, C., GREEN, H.: Tourism and the environment – a sustainable relationship?, London 1995, S. 81

[481] MUHANNA, E.: Sustainable Tourism Development and environmental management for developing countries, in: Problems and Perspectives in Management, Sumy, Volume 4, Issue 2 2006, S. 14 ff

[482] AMMER, U., u.a.: Freizeit, Tourismus und Umwelt, Bonn 1998, S. 135

[483] MAYRHOFER, M.: Sozio-kulturelle Aspekte des Tourismus in der Dritten Welt: eine empirische Fallstudie in Goa, Indien, Diplomarbeit der Universität Wien, Wien 1992, S. 13

Umsetzungsorientierung und Entwicklung eines integrativen Arbeitsansatzes. Eigenständige Regionalentwicklung zielt auf Regionen ab, deren Identität bestimmbar und den dort lebenden und arbeitenden Menschen bewusst ist. Dafür entscheidend sind die enge Verflechtung im ökonomischen und sozialen Bereich, die regionale Identität und eine ökologische Abgrenzbarkeit eines oder mehrerer Landschaftseinheiten. Ziel ist es, zukunftsfähige Regionen in die Lage zu versetzen, Entwicklungsprozesse selbst voranzubringen und zu gestalten.[484]

Zwölf wesentliche Elemente einer regionalen Tourismusentwicklung können beachtet werden:
Natürliche Ressourcen, kulturelle Ressourcen, Serviceeinrichtungen, Zugang, Märkte, annehmbares Entwicklungsimage, lokale Akzeptanz der Touristen, Behördenkontrolle, verfügbares Land für die Entwicklung, Vorhandensein von Unternehmern, Arbeitskräften und finanziellen Mitteln.[485]

Österreich hat 1979 eine Förderaktion für Eigenständige Regionalentwicklung (FER) zur Unterstützung von Wirtschaftsprojekten in den strukturschwachen, peripheren Problemregionen vor allem des ländlichen Raumes durch das Österreichische Bundeskanzleramt eingerichtet. Dies ist eine Förderstrategie, die gezielt an den endogenen Potentialen einer Region (Umwelt, Landschaft, natürliche Ressourcen) ansetzt, die im Rahmen der traditionellen Regionalpolitik nur unzureichend genutzt wurden, deren Aktivierung unter weitestgehender Selbstbestimmung der einheimischen Bevölkerung aber große Chancen auf eine umfassende Belebung ländlicher Problemgebiete verspricht.[486] Von 1979 bis 1999 war der Tourismus-Bereich mit 125 Projekten und rund 44 Mio. Schilling das Hauptfördergebiet. Allerdings verminderte sich diese Menge in den folgenden Jahren und im Jahr 2001 stellte man fest, dass besonders Projekte, die sich speziell auf lokale Regionen beziehen, zwar eine Förderung von Seiten des Bundes willkommen heißen, die Planung aber dennoch lokal und vor Ort erfolgen muss.[487] In Bezug auf Regionalisierung geht es darum, nicht für alle da sein zu wollen, sondern sich besser zu profilieren. Klare, eigenständige und unterscheidbare Angebote überzeugen die Touristen eher, je mehr sie sich von der Konkurrenz abheben.[488] Ein Unternehmen, eine Region oder ein Ort kann seine/ihre Besonderheiten hervorheben, um im Konkurrenzkampf überleben zu können.[489]

---

[484] AMMER, U., u.a.: Freizeit, Tourismus und Umwelt, Bonn 1998, S. 124 ff

[485] GARTNER, W.: Tourism Development: Principles, Processes, and Policies, New York 1996, S. 238

[486] KATSCHNIG, I-H.: Die Auswirkungen des Nationalparks Nockberge auf die Entwicklung des Sanften Tourismus in dieser Region, Diplomarbeit der Wirtschaftsuniversität Wien, Wien 1999, S. 31 f

[487] GERHARDTER, G., GRUBER, M.: Regionalförderung als Lernprozess: Evaluierung der Förderungen des Bundeskanzleramtes für eigenständige Regionalentwicklung, Schriften zur Regionalpolitik und Raumordnung, Nr. 32, Bundeskanzleramt Wien, Wien 2001, S. 73

[488] KOHL, M. Qualität im Tourismus. Was macht Hotels und Restaurants (besonders) erfolgreich?, Wien 1998, S. 20

[489] BRANDNER, G.: Tourismus am Wörthersee unter besonderer Berücksichtigung von Tourismus- und Umweltmanagement, Diplomarbeit der Wirtschaftsuniversität Wien, Wien 1994, S. 47 f

Insgesamt kommt dem Raum oder der Region eine entscheidende Funktion bei der Identitätsbildung und -stärkung zu. Der Tourismus stellt dabei den Gegenpol dar und führt zu einer Beeinträchtigung oder einem Verlust der Identität, allerdings existiert eine tourismusunabhängige regionale Identität nicht. Regionale oder lokale Identität stellt sich in Relation zu einer Nachbargemeinde oder zum Nachbarort ein. Identitätsbildung spielt sich zwischen den Einheimischen, den Fremdenverkehrsorganisationen und den Urlaubern ab. Die Bildung regionaler Identitäten wird durch folgende Elemente bestimmt, auf denen der Tourismus seine Attraktionen baut: es sind dies die regionale Natur- und Kulturlandschaft, die Tradition und Brauchtum und auch die inszenierte Fest- und Spielkultur. Regionale Identitätsbildung hängt demnach von quantitativen und qualitativen Merkmalen des Fremdenverkehrs ab.[490]

Für die wirtschaftliche Entwicklung ländlicher Räume kann ein umwelt- und sozialverträglicher Tourismus im Rahmen eigenständiger Regionalentwicklung wesentliche Impulse geben. Um zu entsprechenden Zielen zu gelangen, werden einige Instrumentarien eingesetzt[491]:

• Landschaftsplanung: Sie ist eine wichtige Grundlage, um die touristische Entwicklung einer Gemeinde oder einer Region ökologisch und ökonomisch am Nachhaltigkeitsprinzip zu orientieren.[492] Der Landschaftsplan enthält eine Bestandsaufnahme und -bewertung der ökologischen Gesamtsituation eines Gebietes sowie eine Einschätzung bestehender und durch geplante Vorhaben zu erwartender Beeinträchtigungen des Naturhaushaltes. Darauf aufbauend entwirft er Entwicklungsvorstellungen wie Schutz-, Entwicklungs- und Sanierungsziele für eine nachhaltige Sicherung der Leistungsfähigkeit des Naturhaushaltes.[493]

• Umweltverträglichkeitsprüfung: Gerade auf der Ebene der Gemeinde ist eine Gesamtbeurteilung im Umgang mit touristischen Projekten sehr wichtig, die Gesetzgebung liegt allerdings beim Bund.[494] Dem förmlichen Verfahren wird eine Diskussion über alternative Tourismus- und Freizeitkonzepte vorangestellt. So können auch sozioökonomische (Geldfluss, Arbeitsplätze, Nachfrage) und sozio-ökologische (Kulturverlust, Ortsbildveränderung) Belastungen in den Planungs- und Entscheidungsprozess einbezogen werden.[495]

---

[490] BACHLEITNER, R., PENZ, O.: Massentourismus und sozialer Wandel – Tourismuseffekte und Tourismusfolgen in Alpenregionen, Wien 2000, S. 75 ff

[491] MUHANNA, E.: Sustainable Tourism Development and environmental management for developing countries, in: Problems and Perspectives in Management, Sumy, Volume 4, Issue 2 2006, S. 14 ff

[492] AMMER, U., u.a.: Freizeit, Tourismus und Umwelt, Bonn 1998, S. 12 ff

[493] AMMER, U., u.a.: Freizeit, Tourismus und Umwelt, Bonn 1998, S 71

[494] RILL, H. P.: Skriptum Umweltrecht, Management Book Service Wien, Wien 2003, S. 40

[495] AMMER, U., u.a.: Freizeit, Tourismus und Umwelt, Bonn 1998, S. 152 ff

- Bewertung der Erlebniswirksamkeit der Landschaft: Die Erlebniswirksamkeit von Landschaften wird wesentlich von landschaftlicher Schönheit und vom Landschaftsbild geprägt. Zur Sicherung der Multifunktionalität einer Landschaft gehört neben der Sicherung des Naturhaushaltes, ökologischer Kreislaufprozesse und kulturhistorischer Entwicklungskontinuität auch die ästhetische Komponente. Am Erleben sind sowohl objektive als auch subjektive Komponenten beteiligt. Landschaftliche Schönheit für einen Menschen, für seine Heimat, seine Persönlichkeitsentwicklung und für sein physisches und psychisches Wohlbefinden ist von nicht zu unterschätzender Bedeutung. Eine Realisierung flächen- oder raumrelevanter Nutzungsansprüche ist meist mit einem Verbrauch von Landschaft verbunden und führt auch meist zu einer Verringerung des Erlebnispotentials.[496]
- Maßnahmen der Umweltbildung: hier sei an weiter vorne verwiesen, wo dieser Punkt bereits behandelt wurde

Die in der Folge entstehenden touristischen Angebote verändern die räumliche, soziale, wirtschaftliche, kulturelle und ökologische Umwelt einer Fremdenverkehrsregion oder einer Gemeinde. Nur mit klaren Zielen oder Leitbildern kann die Gemeinde gezielte Maßnahmen ergreifen, die einer ungesteuerten Entwicklung entgegenwirken, die Angebotssituation vor einer Übernutzung bewahren und die gemeindliche Umwelt vor etwaigen Belastungen schützen. Eine entsprechende Planung im Fremdenverkehr will steuernd auf die Entwicklung einer Fremdenverkehrsregion oder -gemeinde Einfluss nehmen. Ein Fremdenverkehrskonzept bietet die Möglichkeit, das Angebot abgestimmt zu entwickeln, es können Zielvorstellungen und Perspektiven sowie notwendige Handlungserfordernisse aufgezeigt werden. Außerdem gibt ein solches Konzept den Rahmen für die gewünschte touristische Entwicklung vor.[497] Nur durch allgemeine politische, wirtschaftliche und administrative Rahmenbedingungen, durchgehende Partizipation, Ausbildung und regionale Verflechtungen kann es zu erfolgreichen umweltverträglichen Tourismuskonzepten und Kompensationseffekten kommen.[498]

Eine nachhaltige Tourismusentwicklung berücksichtigt idealerweise folgende Ziele[499]:

- Wirtschaftlicher Wohlstand des Landes bei optimaler Wertschöpfung, also Potential des Landes, auch Gäste beherbergen und versorgen zu können, geringe bis durchschnittlich mäßige Arbeitslosigkeit
- Optimale Bedürfnisbefriedigung von Seiten der Reiseveranstalter bei neuer Reisekultur

---

[496] AMMER, U., u.a.: Freizeit, Tourismus und Umwelt, Bonn 1998, S. 166 ff

[497] AMMER, U., u.a.: Freizeit, Tourismus und Umwelt, Bonn 1998, S. 12 ff

[498] ARBEITSGRUPPE ÖKOTOURISMUS: Ökotourismus als Instrument des Naturschutzes? Möglichkeiten zur Erhöhung der Attraktivität von Naturschutzvorhaben, Forschungsberichte des Bundesministeriums für wirtschaftliche Zusammenarbeit und Entwicklung, Köln 1995, S. 10

[499] AMMER, U., u.a.: Freizeit, Tourismus und Umwelt, Bonn 1998, S. 135

- Intakte Kultur als Sozialverträglichkeit und -verantwortlichkeit
- Intakte Natur in Sinne von Ressourcenschutz als Umweltverträglichkeit ist Basis des Tourismus
- Subjektives Wohlbefinden der Gastgeber ist ebenfalls Basis des Tourismus

Bei der Umsetzung von umweltschonenden Projekten geht es nicht nur um die Anpassung an Mindeststandards, sondern die Projekte schonen vom Ansatz an insgesamt die Umwelt und es wird ein von der Zielsetzung ausgehender umweltschonender Tourismus am einzelnen Ort umgesetzt. Dazu werden die Tourismusprojekte miteinander vernetzt, auch im Verkehr wird auf Umweltschonung geachtet, beispielsweise durch Autofreie Orte oder intensive Förderung der öffentlichen Verkehrsmittel. Diese Aufgaben sind nur vor Ort unter Berücksichtigung der einzelnen detaillierten Probleme zu lösen. Ein Beispiel für die Umsetzung der Partizipation ist das Konzept des intelligenten Tourismus, das bereits früher erwähnt wurde. Dabei wird in der jeweiligen Gemeinde ein Arbeitskreis von Einwohnern und von einigen externen Beratern gebildet. Diese arbeiten für etwa ein bis zwei Jahre zusammen, um die Entwicklungsziele der lokalen Bevölkerung ableiten zu können, die externen Berater agieren im Hintergrund und bieten bei Bedarf Hilfe. Vorteilhaft dabei ist im Falle eines Zustandekommens des Projektes ein möglicher hoher Konsens unter den Beteiligten und auch in der Gemeinde und somit kann die Voraussetzung für die Realisierung dieses Konzeptes gebildet werden.[500]

Wichtig ist, dass alle Beteiligten den Tourismus als Querschnittsaufgabe oder als vernetzte Aufgabe begreifen. Die Tourismuspolitik umfasst die allgemeine Wirtschaftspolitik, Kultur- und Denkmalpflege, Land- und Forstwirtschaft, Umweltschutz und Landschaftspflege, Raumordnung und Landesplanung, Transport und Verkehr, Sport-, Gesundheits- und Bildungswesen und Städtebau und Architektur. Dadurch kann man Synergieeffekte nutzen, Schnittstellen aktiv politisch gestalten, tourismuspolitische Leitbilder abstimmen und strategische Allianzen bilden.[501]

Für die Entwicklung von Leitbildern sind bestimmte Zielvorstellungen wichtig, die nach einer hierarchischen Gliederung zuerst allgemein formuliert, diskutiert und entwickelt werden müssen, damit sie später konkretisiert und umgesetzt werden können. Folgende Ziele gelten dabei[502]:

- Wandel gesellschaftlicher Wertvorstellungen – sorgsamer Umgang mit der Ressource Landschaft, Grundsatz: weniger ist oft mehr
- Sicherung von Vielfalt, Eigenart und Schönheit – keine weitere Monotonisierung, Steigerung der Erlebnisvielfalt, Reduzierung von Beeinträchtigungen, Erhaltung der landschaftlichen Schönheit

---

[500] BECKER, C.: Umweltschonender Tourismus: Eine Entwicklungsperspektive für den ländlichen Raum, in: MOLL, P. (Hrsg.): Material zur Angewandten Geographie, Band 24, Bonn 1995, S. 79 ff

[501] HAART, N.: Umweltschonender Tourismus: Eine Entwicklungsperspektive für den ländlichen Raum, in: MOLL, P. (Hrsg.): Material zur Angewandten Geographie, Band 24, Bonn 1995, S. 86 f

[502] AMMER, U., u.a.: Freizeit, Tourismus und Umwelt, Bonn 1998, S. 190 ff

- Sicherstellung ungestörter sinnlicher Wahrnehmung – sehen, hören, riechen, etc., keine Belästigung durch Lärm, Gerüche
- Sicherung von Heimat
- Sicherung der Multifunktionalität von Landschaft – Befriedigung unterschiedlicher Nutzungsansprüche, Nutzungsintensität anpassen
- Erreichbarkeit schöner Landschaft
- Sicherstellung landschaftlicher Entwicklungskontinuität – langsamer Landschaftsverbrauch für kommerzielle Zwecke

Ziele sind, kurzfristig die Bilanz zwischen Erlebnispotential und Landschaftsverbrauch oder negativer Landschaftsveränderung auszugleichen und mittelfristig die Erlebnisqualität aller Landschaftsbildeinheiten zu verbessern.[503]

In Bezug auf Lösungsansätze und Maßnahmen ist eine konsequentere Planung und Umsetzung vorrangig, vor allem das Prinzip der Konzentration und Dekonzentration wird beachtet. Dies bedeutet, wenn eine bestimmte Besucherzahl in einer Region verkraftet werden muss, dann sind die Schäden im ökologischen Bereich am geringsten, wenn es gelingt, eine möglichst große Zahl an Besuchern auf Flächen zu konzentrieren, die eine hohe Belastbarkeitsgrenze besitzen. Weiters bedarf es von Seiten der Projektbetreiber einer Prüfung der ökologischen Verträglichkeit durch die Mittel UVP und UV-Studie, mehr und besserer Information durch Umweltbildung und Umweltinformation als wichtige Wegbegleiter bei der Suche nach Lösungsansätzen. Durch diese Bildung lässt sich die Entfremdung vor allem junger Leute zur Natur überwinden. Weiters kann man Regelungen für den Verkehr einführen, beispielsweise Kooperationen zwischen den Tourismusregionen, den Managern und der Bundesbahn, oder Initiierung neuer Verkehrsprojekte wie Tunnelbauten. Außerdem sollen Konventionen und Lösungen auf freiwilliger Basis angestrebt werden und als letztes Mittel Verbote aufgestellt werden. Die Umsetzung dieser Vorschläge ist nur möglich, wenn es gesellschaftspolitisch gelingt, Konsens darüber zu erreichen, dass heute nicht mehr alles vertretbar ist, was wünschenswert und möglich erscheint.[504]

Umweltschonende Entwicklungskonzepte wenden sich von dem an quantitativem Erfolg gemessenen Fremdenverkehr ab hin zu qualitativen Wertmaßstäben. Die Konzepte bewegen sich weg von rein wirtschaftlichem Denken zu mehr Umweltverträglichkeit und mehr Sozialverantwortlichkeit. Nicht der kurzfristige wirtschaftliche Erfolg einer Gemeinde steht im Mittelpunkt, sondern die langfristige Sicherung der natürlichen Ressourcen und somit auch die Sicherung des ökonomischen Erfolges des Tourismus. Beispielhafte Konzepte werden wenig später vorgestellt.

---

[503] AMMER, U., u.a.: Freizeit, Tourismus und Umwelt, Bonn 1998, S. 190 ff
[504] AMMER, U., u.a.: Freizeit, Tourismus und Umwelt, Bonn 1998, S. 249 ff

Vier   Hauptziele   einer   umweltschonenden   Tourismusentwicklung   werden
unterschieden[505]:

- Umweltverträglichkeit – geringe Eingriffe in den Naturhaushalt, geringer
  Landschaftsverbrauch, geringe Veränderung des Landschaftsbildes, Erhalt einer
  naturnahen Kulturlandschaft
- Sozialverantwortlichkeit – Selbstbestimmung der einheimischen Bevölkerung,
  Erhalt soziokultureller Identität, sanfte Weiterentwicklung soziokultureller
  Verhältnisse, Erhöhung der Lebensqualität, Begrenzung psychologischer
  Belastungen durch Tourismus
- Optimale Erholung der Gäste – Erholung für breite Bevölkerungskreise,
  eigenbestimmte Erholung fördern und ermöglichen, gesundheitsfördernde oder
  naturbezogene   Erholungsangebote,   soziale   Kontakte   im   Urlaub,
  verantwortungsbewusstes Erholungsverhalten, Schutz der Touristen vor
  Ausbeutung
- Optimale wirtschaftliche Wertschöpfung – wirtschaftliche Nutzen für
  Einheimische, breite Streuung des Nutzens, langfristiges wirtschaftliches
  Denken, Strategie des qualitativen Wirtschaftswachstums, Anstreben einer breit
  gefächerten Wirtschaftsstruktur

Der Aufbau eines Umweltmanagementsystems, das die Bestandteile betriebliche
Umweltpolitik, Entwicklung und Umsetzung eines Umweltschutzinstrumentariums,
eine Umweltbetriebsprüfung und Überprüfungs- und Korrekturmaßnahmen beinhaltet,
ist auf Ebene der EU in der Emas-Verordnung und in der internationalen Norm ISO
14001 geregelt. Diese Normen motivieren Unternehmen, in Eigeninitiative innovative
Maßnahmen zum betrieblichen Umweltschutz zu entwickeln und die Umsetzung durch
organisatorische   Verankerung   dauerhaft   zu   verwirklichen.   Ein
Umweltmanagementsystem kann dem Unternehmen oder auch der Gemeinde
Hinweise auf ökologische Probleme oder Verbesserungen geben, allerdings bedeutet
ein solches System nicht zwangsläufig eine nachhaltige touristische Entwicklung.[506]

7.2 Leitfaden für eine umweltschonende touristische Entwicklung von Gemeinden

Umweltschonender Tourismus ist ein umfassender, auf Ganzheitlichkeit und
Nachhaltigkeit ausgerichteter Denk- und Politikansatz. Dieser stellt eine natur- und
ressourcenschonende Entwicklungsstrategie dar, die durch konkretes Handeln
schrittweise und mosaiksteinartig umgesetzt wird. Touristische Entwicklungsstrategien
denken über Gemeinde- und Schutzgebietsgrenzen hinaus. Anstatt zu viel auf einmal
zu versprechen, wird für einen langfristigen Weg geworben. Intensive
Öffentlichkeitsarbeit bei den Einheimischen und bei den Touristen selbst schafft

---

[505] AMMER, U., u.a.: Freizeit, Tourismus und Umwelt, Bonn 1998, S. 12 ff
[506] PREDOTA, D.: Tourismusentwicklung in Madagaskar: Auf dem Weg zur Nachhaltigkeit, Diplomarbeit der
Wirtschaftsuniversität Wien, Wien 2001, S. 41

Akzeptanz und verhindert Enttäuschungen über notwendige Einschränkungen im Freizeitverhalten in bestimmten Zonen des jeweiligen Tourismusgebietes. Die beteiligten Gemeinden, die ja auch von dem Tourismus durch Arbeitsplätze, Steuereinnahmen oder ähnliches profitieren, orientieren sich an dem Schutzstatus und den Schutzzielen der Region und informieren sich darüber, sie kooperieren und koordinieren mit der Verwaltung der Region, die Zusammenarbeit innerhalb und zwischen der/den Gemeinde/n wird gefördert, kommunale Planungen verknüpft und die Gemeindeentwicklungsplanung mit anderen Planungsträgern abgestimmt.[507]

Vorteile für Gemeinden, die ihre Lage in einem Fremdenverkehrsgebiet als Standortvorteil genutzt haben, sind Wirtschaftsförderung durch die Region, Fördermittelzuwendung, Arbeitsplätze durch die Tourismusregion, Standortvorteile und der Tourismus als Wirtschaftsfaktor.[508] Problematisch ist oft, dass die Gemeinden nur ökonomische Vorteile sehen und deshalb oft ökologische Gesichtspunkte nicht ins Auge fassen. Vor Ort bedarf es immer der Abstimmung mit anderen Bereichen wie Verkehr, Landwirtschaft oder Wasserschutzgebieten, um einen umweltschonenden Tourismus zu initiieren. Außerdem bedarf es einer überörtlichen Zusammenarbeit, um den Gästen auch ein entsprechend breit gestreutes Angebot bieten zu können.[509]

Generell gilt, dass die touristische Tradition Einfluss darauf hat, ob sich die Entwicklungen von Gemeinden als Aufstieg oder Niedergang erweisen, wie die Beziehungen zu den Gästen strukturiert sind und in welchem Ausmaß eine Gewöhnung an den Tourismus stattgefunden hat.[510]

7.3 Ansätze einer Strategie in Entwicklungsländern

Auch Entwicklungsländer, die den so genannten Pro-Poor Tourismus umsetzen, halten sich an folgende Leitlinien[511]:

- Partizipation der lokalen Bevölkerung
- Fokus auf die Armen des Landes
- Flexibilität in Bezug auf Offenheit gegenüber neuen Situationen
- Lernfähigkeit der Beteiligten

---

[507] AMMER, U., u.a. Freizeit, Tourismus und Umwelt, Bonn 1998, S. 82 ff

[508] AMMER, U., u.a.: Freizeit, Tourismus und Umwelt, Bonn 1998, S. 63 ff

[509] BECKER, C.: Umweltschonender Tourismus: Eine Entwicklungsperspektive für den ländlichen Raum, in: MOLL, P. (Hrsg.): Material zur Angewandten Geographie, Band 24, Bonn 1995, S. 81 f

[510] BACHLEITNER, R., PENZ, O.: Massentourismus und sozialer Wandel – Tourismuseffekte und Tourismusfolgen in Alpenregionen, Wien 2000, S. 39 f

[511] HÖLLERSBERGER, S.: Nachhaltiger Tourismus als Entwicklungsstrategie unter besonderer Berücksichtigung von „Pro-Poor Tourism", Diplomarbeit der Wirtschaftsuniversität Wien, Wien 2003, S. 86 f

7.4 Beispielhafte innovative ländliche Entwicklungskonzepte

7.41 Viljandimaa

Hierbei geht es um die Entwicklung eines Ökotourismus in Estland im Bezirk von Viljandi. Hauptsächliche Ziele der Tourismus-Organisation (Viljandimaa Tourist Association), die 1997 als Nicht-Regierungs-Organisation gegründet wurde, sind die Schaffung von Arbeitsplätzen, Erhaltung des kulturellen Erbes und der Landschaftsschutz und -bewahrung. Die Organisation hält Sitzungen ab, um Tourismuspraktiker zu schulen, oder veranstaltet Ausflüge zu anderen erfolgreich umgesetzten Tourismusprojekten, um davon zu lernen. Die Tourismus-Organisation selbst hat bereits fünf lokale Tourismus-Zentren entwickelt, profitiert aber nicht von deren Erfolg.[512]

7.42 SPANC

SPANC (Somogy Provincial Association for Nature Conservation), gegründet 1980, ist ein ungarisches Projekt, um Umweltschutz sicherzustellen, erbliche Kulturbauten zu restaurieren und erhalten und Tourismus zu entwickeln. Darüber hinaus wird Ökotourismus in der Region gefördert, Trainings werden veranstaltet und organisiert, ein Bildungs- und Besucherzentrum wurde gegründet oder Land für zukünftige Schutz- und Erhaltungsprojekte wird gekauft. Mittlerweile ist SPANC international bekannt und wird von vielen Seiten unterstützt, so wie durch die World Conservation Union, und von der lokalen Bevölkerung auch sehr geschätzt, weil durch sie schließlich auch Arbeitsplätze in einer Region geschaffen werden, die zu den ärmsten in Ungarn zählt. Geführt wird SPANC von lokal ansässigen Unternehmern und Naturschützern, weshalb sich oft das Problem der Finanzierung zeigt, weil von staatlicher Seite kaum Mittel zur Verfügung gestellt werden.[513]

7.43 Sunflower Farm

Die Sunflower Farm beinhaltet Polens ökologisch-technisches Zentrum und das ECEAT (European Center for Ecological Agriculture and Tourism), die 1998 gegründet wurde. Seither wurden ökologische Projekte im Bereich Umweltbildung, organischer Anbau, Ökotourismus und nachhaltige Energie in Angriff genommen. Das ECEAT umfasst Organisationen, die sich für ökologischen Tourismus einsetzen. Dabei geht es vorrangig um die Kombination von biologischem Anbau der heimischen Bauern mit Ökotourismus, um so die heimische Landschaft und Natur zu bewahren,

[512] WICKENHAGEN, A., PONTIERI, A., HEILIG, G.: Innovative Rural Development Initiatives, Case Study 2: Viljandimaa, IIASA (International Institute for Applied Systems Analysis) Wien, Wien 11.03.2002, S. 3 ff, http://www.iiasa.ac.at/Research/ERD/net/pdf/CaseStudies/vil_7.pdf, vom 18.12.2006
[513] WICKENHAGEN, A., PONTIERI, A., HEILIG, G.: Innovative Rural Development Initiatives, Case Study 3: SPANC, IIASA (International Institute for Applied Systems Analysis) Wien, Wien 11.03.2002, S. 3 ff, http://www.iiasa.ac.at/Research/ERD/net/pdf/CaseStudies/sunfl-7.pdf, vom 18.12.2006

aber gleichzeitig die ländliche Entwicklung Polens zu fördern. ECEAT ist vorrangig zuständig für den Verkauf der Ökoprodukte der Bauern, aber auch um neue Landwirtschaften in das Programm zu integrieren. Sunflower Farm kann als Dachkooperation des polnischen Urlaubs am Bauernhof betrachtet werden. Allerdings gestaltet sich die Finanzierung schwierig, weil die polnische Regierung keinen Ökotourismus in diesem kleinen Umfang fördern will.[514]

Das ökologisch-technische Zentrum fördert die Verbreitung alternativer Energiequellen, wie Solarenergie, Windenergie oder Biomasseanlagen. Auch hier mangelt es an finanzieller Unterstützung von Seiten der polnischen Regierung.[515]

---

[514] WICKENHAGEN, A., PONTIERI, A., HEILIG, G.: Innovative Rural Development Initiatives, Case Study 3: SPANC, IIASA (International Institute for Applied Systems Analysis) Wien, Wien 11.03.2002, S. 3 f, http://www.iiasa.ac.at/Research/ERD/net/pdf/CaseStudies/Spanc_8.pdf, vom 18.12.2006

[515] WICKENHAGEN, A., PONTIERI, A., HEILIG, G.: Innovative Rural Development Initiatives, Case Study 3: SPANC, IIASA (International Institute for Applied Systems Analysis) Wien, Wien 11.03.2002, S. 5, http://www.iiasa.ac.at/Research/ERD/net/pdf/CaseStudies/Spanc_8.pdf, vom 18.12.2006

8. VERHALTEN UND EINSTELLUNGEN DER EINHEIMISCHEN BEVÖLKERUNG UND VERHALTENSÄNDERUNGEN BEI TOURISTEN

Die Einheimischen sollten erkennen, dass ihre Umwelt die primäre Attraktion für Touristen ist, sie soll deshalb erhalten und verbessert werden. Der Tourist sollte Verantwortung übernehmen, sich respektvoll gegenüber der Umwelt verhalten und die Gastgesellschaft nicht entfremden, indem er deren Heimat und Ressourcen verbraucht oder im Laufe der Zeit massiv verändert. Jene Form der Reise wird gewählt, die die Umwelt und fremde Völker und Kulturen am wenigsten beeinflusst und wovon die Einheimischen am meisten profitieren. Außerdem bedarf es einer engen Zusammenarbeit der Tourismusunternehmen auf Destinationsebene. Dabei sollte dann die carrying capacity einer Destination beachtet werden. Auch die EU hat bereits eine Richtlinie erlassen, in der Pauschalreisen umweltbewusster gestaltet werden sollen (90/314/EC)[516]. Nationale Tourismusbehörden sollten alles tun, um die natürlichen Ressourcen zu erhalten.[517]

In dieser Richtlinie heißt es unter anderem: „Pauschalreisen bilden einen wichtigen Teil des Fremdenverkehrs. Dieser Zweig des Reisegewerbes in den Mitgliedstaaten würde zu stärkerem Wachstum und erhöhter Produktivität angeregt, wenn es ein Minimum an gemeinsamen Regeln gäbe, um diesen Wirtschaftszweig auf Gemeinschaftsebene zu strukturieren. Dies würde nicht nur den Bürgern der Gemeinschaft zugute kommen, die aufgrund dieser Regeln organisierte Pauschalreisen buchen, sondern würde auch Reisende aus Drittländern anziehen, denen die Vorteile aus garantierten Mindestleistungen bei Pauschalreisen ein Anreiz wären. Die in einem Mitgliedstaat ansässigen Unternehmen des Reisegewerbes werden ihre Dienstleistungen infolgedessen in anderen Mitgliedstaaten anbieten können, und die Verbraucher in der Gemeinschaft erhalten die Möglichkeit, in sämtlichen Mitgliedstaaten Pauschalreisen zu vergleichbaren Bedingungen zu buchen. Der in dieser Richtlinie vorgesehene Schutz gilt auch für den Verbraucher, der einen Pauschalreisevertrag durch Abtretung erworben hat oder Mitglied einer Gruppe ist, für die eine andere Person einen Pauschalreisevertrag abgeschlossen hat. Reiseveranstalter und/oder Reisevermittler werden verpflichtet, sicherzustellen, dass die Beschreibungen der von ihnen veranstalteten oder angebotenen Pauschalreisen keine irreführenden Angaben enthalten und dass dem Verbraucher in den ihm zur Verfügung gestellten Reiseprospekten klare und genaue Informationen erteilt werden."[518]

---

[516] Richtlinie des Rates über Pauschalreisen (90/314/EC), erlassen am 13.06.1990, EURLEX
http://eur-lex.europa.eu/LexUriServ/LexUriServ.do?uri=CELEX:31990L0314:DE:HTML, vom 18.12.2006
[517] MORITZ, V. M.: Tourismus in Papua-Neuguinea – Entwicklung, Ausbildung, Nachhaltigkeit, Diplomarbeit der Wirtschaftsuniversität Wien, Wien 2000, S. 21 ff
[518] Richtlinie des Rates über Pauschalreisen (90/314/EC), erlassen am 13.06.1990, EURLEX
http://eur-lex.europa.eu/LexUriServ/LexUriServ.do?uri=CELEX:31990L0314:DE:HTML, vom 18.12.2006

8.1 Einheimische

Die Wahrnehmung von Einheimischen und Touristen hat die Belastung der Natur durch den Tourismus zu einem zentralen Problemfaktor entwickelt. Andrerseits wird die lokale Kultur als eine wichtige Tourismusressource erkannt.[519]

Die Angehörigen fremder, traditioneller Kulturen werden als „edle Wilde" idealisiert, als Repräsentanten eines gesellschaftlichen Idealzustandes, als Symbol für paradiesische Urzustände und als Ausdruck der Kritik an der modernen Gesellschaft. Andrerseits werden sie als rückständige, primitive Barbaren verachtet. Manche Urlaubsländer haben koloniale Vergangenheiten und empfinden Tourismus als neue Form des Kolonialismus. Andere empfinden Angst vor dem Fremden und vor der Veränderung oder aber hatten unerfreuliche Begegnungen mit den Reisenden. Viele negative Wirkungen des Tourismus in Bezug auf dieses Thema wurden bereits in vielen Regionen nachgewiesen. Ein großes Problem für die Einheimischen ist die aus ihrer Sicht relativ freizügige Moralauffassung der Touristen. Die dunkelste Seite des Tourismus zeigt sich vor allem in der Zunahme von Prostitution und den damit verbundenen Krankheiten wie beispielsweise AIDS.[520] Oft wird Sex und damit sexuelle Freiheit als „Verkaufsschlager" verwendet und eingesetzt, so wie beispielsweise in den Zielländern Thailand, Indonesien oder auf den Philippinen.[521] Generell gilt der Grundsatz: Die Bedürfnisse und Interessen der Einheimischen treten vor die der Reisenden![522]

8.11 Verhaltensänderungen der Einheimischen

Der Prozess der Akkulturation beschreibt den Wandlungsprozess, also den Prozess der Aufnahme von Elementen einer fremden Kultur in die eigene Kultur.[523] Die Akkulturation bezeichnet die Auswirkungen des Tourismus auf sein Umfeld, es geht auch um die gegenseitige Beeinflussung verschiedener Kulturen. Akkulturation im Sinne der Entfremdung der Einheimischen setzt voraus, dass die touristischen Werte auch von der einheimischen Bevölkerung akzeptiert werden. Durch die Kontakte mit Touristen und ihr demonstratives Konsumverhalten werden die Einheimischen zur Nachahmung animiert oder zu größerem Verlangen nach Konsum- und Luxusgütern angestiftet. Damit einher geht auch oft eine negative Modernisierung im Sinne von Zunahme von Bettelei, Kriminalität, Prostitution und Alkoholismus. Tourismus als ein Beitrag zum wirtschaftlichen Wachstum leitet Rationalisierungsprozesse ein und treibt

---

[519] DRASKOVIC, G.: Tourismus – kritische Betrachtung aus der sozio-ökologischen Perspektive, Diplomarbeit der Wirtschaftsuniversität Wien, Wien 2004, S. 35

[520] DRASKOVIC, G.: Tourismus – kritische Betrachtung aus der sozio-ökologischen Perspektive, Diplomarbeit der Wirtschaftsuniversität Wien, Wien 2004, S. 60 f

[521] HUNTER, C., GREEN, H.: Tourism and the environment – a sustainable relationship?, London 1995, S. 40

[522] KRÜGER, R.: Umweltschonender Tourismus: Eine Entwicklungsperspektive für den ländlichen Raum, in: MOLL, P. (Hrsg.): Material zur Angewandten Geographie, Band 24, Bonn 1995, S. 124 ff

[523] BACHLEITNER, R., PENZ, O.: Massentourismus und sozialer Wandel – Tourismuseffekte und Tourismusfolgen in Alpenregionen, Wien 2000, S. 61

soziale Differenzierung über die zunehmende Arbeitsteilung voran.[524]

Durch Akkulturation wird die zuvor als natürlich und selbstverständlich erlebte eigene Kultur relativiert und verunsichert.[525] Soziokulturelle Veränderungen zeigen sich vorwiegend bei der[526]:

- Familienstruktur
- Stellung der Frau
- Soziale Hierarchie
- Migration

Tourismus löst ein Bündel von sozio-kulturellen, sozial-strukturellen und sozio-ökologischen Veränderungen aus, die in ihrem Zusammenspiel und ihren sozial-psychologischen Folgen auf die Bereisten und die Einheimischen zu erforschen sind. Die Tourismusentwicklung erfolgt im Spannungsfeld von Bewahren und Verändern. Bewahren sollte man dabei die Kultur- und Naturlandschaft oder das Brauchtum, verändert wird das Gesamtbild hin zu einer Modernisierung mit vielen Wandlungsprozessen.[527] Handelt es sich dabei auch noch um eine Form des Massentourismus, erfolgen viele verschiedene Wandlungsprozesse, die miteinander verknüpft, aber versteckt ablaufen. Wandel durch Tourismus vollzieht sich langsam, durch und über Kommunikation. Diese gestaltet das Bild des Tourismus. Der Wandlungs- und Kommunikationsprozess wird durch gesellschaftliche Diskurse und Einstellungen wie beispielsweise Ökologiebewusstsein und Erlebnisorientierung geprägt. Tourismus wird als entwicklungsbestimmender Faktor gesehen. Er verändert die Landschaft durch Hotelbauten, Sportzentren, Skianlagen oder sonstige Infrastruktur, er führt zu einem höheren Verkehrsaufkommen mit oft enormen Parkplatzproblemen. Die Touristifizierung vollzieht sich langsam und in einem aktiven Auseinandersetzungsprozess.[528]
Die Wahrnehmung der einheimischen Bevölkerung erfolgt meist parallel zur Entwicklung von Tourismusgebieten. Mit stetig zunehmender Touristenzahl ändern sich durch Anpassungserscheinungen die bestehenden Sozialstrukturen, allmählicher Wandel in der Bewertung des Tourismusgeschehens ist die Folge. Nach der Phase der Adaption kommt es zur Institutionalisierung des Tourismus.[529]

---

[524] SPREITZHOFER, G.: Tourismus 3. Welt – Brennpunkt Südostasien, Europäische Hochschulschriften, Wien 1995, S. 53 ff

[525] Brockhaus - Die Enzyklopädie: in 30 Bänden, Leipzig, Mannheim, http://lexika.tanto.de/artikel.php?TANTO SID=6afbec6cd8f1295ea52b843d7aa4e5ba&TANTO_KID=wu_wien&TANTO AGR=41197&shortname=b24&artikel_id=1027802, vom 31.12.2006

[526] DRASKOVIC, G.: Tourismus – kritische Betrachtung aus der sozio-ökologischen Perspektive, Diplomarbeit der Wirtschaftsuniversität Wien, Wien 2004, S. 65 f

[527] BACHLEITNER, R., PENZ, O.: Massentourismus und sozialer Wandel – Tourismuseffekte und Tourismusfolgen in Alpenregionen, Wien 2000, S. 51 f

[528] BACHLEITNER, R., PENZ, O.: Massentourismus und sozialer Wandel – Tourismuseffekte und Tourismusfolgen in Alpenregionen, Wien 2000, S. 121 f

[529] SPREITZHOFER, G.: Tourismus 3. Welt – Brennpunkt Südostasien, Europäische Hochschulschriften, Wien 1995, S. 77

Folgende Wandlungsdimensionen gibt es im Tourismus ganz allgemein[530]:

- Kultureller Wandel (Wandel von Brauchtum, Tradition, Lebensstil, Lebensrhythmus)
- Sozialer Wandel (Lebensbedingungen, Sozialgefüge)
- Ökologischer Wandel (Wahrnehmungsgewohnheiten von Landschaft und Natur)
- Ökonomischer Wandel (Dienstleistungswirtschaft, Veränderung der Wertschöpfung aus dem Tourismus)

Grundsätzlich ist davon auszugehen, dass Massentourismus genauso wie der Sanfte Individualtourismus, in welcher Form auch immer, die gleichen negativen Begleiterscheinungen aufrufen kann. Die Geschwindigkeit, mit der ein Gebiet erschlossen wird, die Quantität der Besucher und die Ausdehnung des Gebietes, das in die touristischen Aktivitäten einbezogen wird, sind auch für den Ökotourismus relevant, um Auswirkungen abzuschätzen.[531] Dennoch bleibt festzuhalten, dass das Ausmaß oder gar die Möglichkeit des Kulturwandels letztendlich immer noch von der bereisten einheimischen Bevölkerung bestimmt wird, inwiefern sie also die fremden Werte und Verhaltensweisen in die eigene Gesellschaft übernimmt.[532]
Je größer die Kluft zwischen Reisendem und Bereisten, desto höher das Ausmaß gegenseitiger Beeinflussung. Beiderseitiger Kulturschock ist unvermeidlich, ungesteuerte und auch unsteuerbare kulturelle Wandlungsprozesse sind die Folge.[533]

Generell können folgende soziokulturelle Belastungen in Bezug auf die ortsansässige Bevölkerung genannt werden[534]:

- Zerstörung traditioneller Sozial- und Wertsysteme
- Aufgabe einheimischer Lebensweise, oft auch Verstädterung, weil viele Jugendliche in die Städte ziehen und dort nach Arbeit (im Tourismus) suchen
- Kulturverfall, Kommerzialisierung der örtlichen Kultur und Kunst
- Weckung von Bedürfnissen, oft verbunden mit Aggressivität gegenüber den Touristen (Demonstrationseffekt)
- Prostituierung, Alkoholismus, Kriminalität, Bettelei

---

[530] BACHLEITNER, R., PENZ, O.: Massentourismus und sozialer Wandel – Tourismuseffekte und Tourismusfolgen in Alpenregionen, Wien 2000, S. 53 f

[531] ARBEITSGRUPPE ÖKOTOURISMUS: Ökotourismus als Instrument des Naturschutzes? Möglichkeiten zur Erhöhung der Attraktivität von Naturschutzvorhaben, Forschungsberichte des Bundesministeriums für wirtschaftliche Zusammenarbeit und Entwicklung, Köln 1995, S. 85

[532] MAYRHOFER, M.: Sozio-kulturelle Aspekte des Tourismus in der Dritten Welt: eine empirische Fallstudie in Goa, Indien, Diplomarbeit der Universität Wien, Wien 1992, S. 213

[533] SPREITZHOFER, G.: Tourismus 3. Welt – Brennpunkt Südostasien, Europäische Hochschulschriften, Wien 1995, S. 66

[534] FENNELL, D. A.: Ecotourism – an introduction, London 1999, S. 100 f

- Verteuerung der Grundstücke und Lebenshaltung[535]
- Oft lässt sich auch ein suizidförderndes Potential des Tourismus feststellen, vor allem in jenen Regionen, die hohe Pendleranteile oder rasch wachsenden Tourismus aufweisen (vor allem sind dies oft die Dienstleistungsberufssparte oder die Landwirte).[536]

8.12 Verhalten der Touristen und des Tourismus

Oft wird dem Tourismus vorgeworfen, dass er in den von ihm sehr stark betroffenen Gemeinden und Regionen einen Verlust der kulturellen Identität bewirkt und der Lebensraum der ortsansässigen Bevölkerung zu einer reinen Tourismuskulisse degradiert.[537] Zu den Begleiterscheinungen des Tourismus zählt auch die architektonische Neugestaltung ganzer Ortsbilder, die Zersiedelung ehemaliger Grünflächen und Strukturanpassungen der Landwirtschaft, denn mit der Touristenzahl steigt auch die Anzahl der Hotels, Pensionen und Privatquartiere und damit die Bettenauslastung.[538] Zunehmender Tourismus lässt auch den Bereich traditioneller Riten und Gebräuche nicht unangetastet. Der touristische Geschmack oder Trend bestimmt zunehmend Inhalt, Dauer und Ort der Darbietungen. Den Touristen wird meist nur mehr ein kleines, eventuell verzerrtes Bild oder ein Ausschnitt der jeweiligen heimischen Kultur vorgespielt. Im Bereich der Architektur bemerkt man eine Hinwendung zu modernen Hotelbauten im internationalen Stil. Das Kunsthandwerk dient zunehmend ausschließlich der massenhaften Produktion für den Souvenirmarkt. Kunstformen werden vereinfacht und Kreativität wird durch Massenproduktion ersetzt.[539]

Im Zuge des ökonomischen Strukturwandels verliert die Landwirtschaft zusehends an Bedeutung. Die bäuerliche Kultur einer Region verändert sich in dem Sinne, dass Grundbesitzer oft Empfänger von Pistenentschädigungen und Loipengebühren werden, dass Bauernhöfe oft als Beherbergungsbetriebe agieren, dass man landwirtschaftliche Produkte im eigenen Tourismusbetrieb verwerten kann, dass es eine verstärkte lokale Vermarktung agrarischer Erzeugnisse gibt und dass Landwirtschaft als Landschaftsgärtnerei bezeichnet und dargestellt wird.[540]
Der Tourist kann seiner Rolle als Tourist während seiner Reise nicht entfliehen. Gegenüber den Einheimischen kann er sich nicht verleugnen und von den anderen Touristen wird er als ihresgleichen angesehen. Der Tourismus bricht bildlich wie eine Wanderdüne oder Sintflut aus der Großstadt über die Einheimischen herein. Dabei tritt

---

[535] FENNELL, D. A.: Ecotourism – an introduction, London 1999, S. 100 f

[536] BACHLEITNER, R., PENZ, O.: Massentourismus und sozialer Wandel – Tourismuseffekte und Tourismusfolgen in Alpenregionen, München, Wien 2000, S. 113 f

[537] GEISHÜTTNER, K-H.: Tourismus und Umweltethik – die ökologische Herausforderung aus wirtschaftlicher und ethischer Sicht, Diplomarbeit der Wirtschaftsuniversität Wien, Wien 1997, S. 73

[538] BACHLEITNER, R., PENZ, O.: Massentourismus und sozialer Wandel – Tourismuseffekte und Tourismusfolgen in Alpenregionen, Wien 2000, S. 31

[539] HUNTER, C., GREEN, H.: Tourism and the environment – a sustainable relationship?, London 1995, S. 35

[540] BACHLEITNER, R., PENZ, O.: Massentourismus und sozialer Wandel – Tourismuseffekte und Tourismusfolgen in Alpenregionen, Wien 2000, S. 34

der Tourismus oft als Eroberer oder Besetzer auf. Die Einheimischen werden fast in den Untergrund gedrängt und durch die Herren einer Saison sich selbst entfremdet.[541]

Wenn die Tourismuswirtschaft weiterhin Landschaft und Kultur ausschließlich als Produkt ansieht, wird sie auf Dauer wirkliche Kreativität und Eigenständigkeit verhindern und somit zu einem Identitäts- und Sinnverlust der ortsansässigen Bevölkerung beitragen.[542]

Ob es bei ökotouristischer Erschließung zu einem Ausverkauf des kulturellen Erbes oder zu einer bewussten Rückbesinnung auf althergebrachte Werte sowie zu einer Stärkung des Selbstbewusstseins und der kulturellen Identität kommt, ist sowohl von den Erfahrungen mit dem Tourismus als auch von der Möglichkeit abhängig, diese Entwicklung einschätzen und steuern zu können.[543]

Es zeigte sich bereits mehrmals, dass die Einbeziehung von heimischer Population in die sie betreffenden Entscheidungen[544] oder von Landfläche der Staaten zur Aufdeckung von ökonomischen, ökologischen und sozialen Auswirkungen und Folgen der touristischen Entwicklung beiträgt. Die Werte von Staaten mit relativ geringer Bevölkerung oder Fläche zeigen, dass hier eine wesentlich stärkere Beeinflussung durch den Tourismus stattfindet als in viel größeren und bevölkerungsreicheren Staaten.[545]

Auf der anderen Seite hat WIMMER[546] festgestellt, dass die befragten Einheimischen an einer intensiveren Einbindung der lokalen Bevölkerung in das Tourismusgeschehen wenig bis gar nicht interessiert sind. Auch eventuell stattfindende Sitzungen den lokalen Fremdenverkehr betreffend werden von den Einheimischen nicht besucht und die Bereitschaft, im Fremdenverkehr aktiv mitzuarbeiten, hält sich in Grenzen. Gibt es diese Bereitschaft, bezieht sie sich meist nur auf „allgemeine Auskünfte geben" oder „an öffentlichen Veranstaltungen mitwirken".[547]

---

[541] GEISHÜTTNER, K.-H.: Tourismus und Umweltethik – die ökologische Herausforderung aus wirtschaftlicher und ethischer Sicht, Diplomarbeit der Wirtschaftsuniversität Wien, Wien 1997, S. 74

[542] GEISHÜTTNER, K.-H.: Tourismus und Umweltethik – die ökologische Herausforderung aus wirtschaftlicher und ethischer Sicht, Diplomarbeit der Wirtschaftsuniversität Wien, Wien 1997, S. 74

[543] ARBEITSGRUPPE ÖKOTOURISMUS: Ökotourismus als Instrument des Naturschutzes? Möglichkeiten zur Erhöhung der Attraktivität von Naturschutzvorhaben, Forschungsberichte des Bundesministeriums für wirtschaftliche Zusammenarbeit und Entwicklung, Köln 1995, S. 86

[544] ROTPART, M.: Vom Alternativtourismus zum Hybridtourismus – der postalternative Wandel im Individualtourismus und die Macht der Reisehandbücher im Dritte-Welt-Tourismus am Fallbeispiel der Philippinen, Dissertation der Kepler Universität Linz, Linz 1995, S. 37

[545] BRUNNAUER, T.: Aufschwung und Aufwertung des Tourismus im Post-Apartheid Südafrika, Diplomarbeit der Wirtschaftsuniversität Wien, Wien 1999, S. 61 f

[546] WIMMER, A.: Die Einstellungen der Bewohner gegenüber dem Tourismus – dargestellt am Beispiel der Tourismusgemeinde Bad Hall, Diplomarbeit der Wirtschaftsuniversität Wien, Wien 1993, S. 80 f

[547] WIMMER, A.: Die Einstellungen der Bewohner gegenüber dem Tourismus – dargestellt am Beispiel der Tourismusgemeinde Bad Hall, Diplomarbeit der Wirtschaftsuniversität Wien, Wien 1993, S. 78 ff

Einheimische, die an der Planung und Entwicklung von nachhaltigen Entwicklungsstrategien aktiv teilnehmen, sind auch stärker an den Prozessen interessiert und können deshalb auch mehr ihrer Erwartungen und Wünsche umsetzen. Das nachhaltigste Projekt ist jenes, bei dem die Einheimischen so belassen werden, wie sie sind, und sie so weiterleben können, wie sie es gewohnt sind.[548]

---

[548] BROOKFIELD, H., BYRON, Y.: South-East Asia`s Environment Future: the search for sustainability, United Nations University Press, Tokyo 1993, S. 1 ff, http://www.unu.edu/unupress/unupbooks/80815e/80815E00.htm, vom 15.12.2006

9. „COSTA RICA" ALS VORBILD FÜR NACHHALTIGE TOURISMUSENTWICKLUNG UND ANDERE BEISPIELE

Das mittelamerikanische Land Costa Rica hat eine extrem komplexe Geographie, die zu verschiedenen klimatischen Bedingungen auf kleinem Raum führt. Costa Rica besitzt zahlreiche Vulkane, Urwald, Regenwald, Tropenwald, Bergketten, Savannen und Sandstrände. Dadurch besitzt das Land einen Reichtum an verschiedenartigen Ökosystemen, es bietet Lebensraum für viele pflanzliche und tierische Lebensarten auf kleiner Fläche. Durch diese enorme Artenvielfalt erreichte Costa Rica internationale Bedeutung. Ursprünglich wurde Costa Rica von Biologen und Ökologen überschwemmt, heute bieten jedoch alle Reiseveranstalter Naturreisen nach Costa Rica an. In Costa Rica ist es durch die Zusammenarbeit von vorausschauender staatlicher Planung und naturbewussten Unternehmern in den lokalen Hotels und Agenturen bereits gelungen, ein ganzes Land als Reiseziel für Naturliebhaber zu profilieren.[549] Costa Rica verfügt über 20 Nationalparks, acht Reservate und zahlreiche Schutzgebiete, in denen die Touristen unter anderem bedrohte Tierarten beobachten können.[550]

9.1 Costa Rica

„Costa Rica (spanisch für „Reiche Küste", früher auch „Kostarika") ist ein Staat in Mittelamerika. Er grenzt im Norden an Nicaragua und im Süden an Panama. Begrenzt wird Costa Rica im Osten durch die Karibik und im Westen durch den Pazifik. Costa Rica hat den geringsten Anteil indigener Bevölkerung unter den mittelamerikanischen Staaten, der Großteil der Bevölkerung besteht aus Nachkommen spanischer Einwanderer. Etwa 60 % der Costaricaner leben in Städten. Zwei Drittel der etwa vier Millionen Einwohner des Landes leben im klimatisch begünstigten Hochland, Siedlungsschwerpunkt ist das Valle Central, in dem die bedeutenden Städte San José, Heredia, Cartago und Alajuela liegen. Wichtige Küstenstädte sind Puerto Limón (Karibikküste) und Puntarenas (Pazifikküste). Topographisch lässt sich Costa Rica in drei Großräume gliedern: in die vulkanischen Bergketten der Cordilleras, die Schwemmlandebenen der Karibikküste und die hügelige Pazifikküste. In den Cordilleras gibt es eine Vielzahl noch aktiver und auch erloschener Vulkane, darunter der Turrialba. Die drei am meisten besuchten sind der Volcán Poás (2.704 m), der Arenal (1.633 m) und der Irazú (3.432m).[551]
Die ältesten archäologischen Funde, die eine menschliche Besiedlung Costa Ricas dokumentieren, sind etwa 11.000 Jahre alt.[552]
Obwohl Costa Rica immer noch stark landwirtschaftlich geprägt ist (zum größten Teil Subsistenzwirtschaft, die gemessen am BIP 19 % ausmacht), konnten auch andere

---

[549] VIEGAS, A.: Ökodestinationen, Wien 1998, S. 37 ff
[550] Costa Rica Mundial, www.costaricamundial.com, vom 04.07.2006
[551] Wikipedia Enzyklopädie, http://de.wikipedia.org/wiki/Costa_Rica, vom 18.12.2006
[552] Wikipedia Enzyklopädie, http://de.wikipedia.org/wiki/Costa_Rica, vom 18.12.2006

Wirtschaftssektoren ausgebaut werden. Eine große Bedeutung hat inzwischen der Tourismus, der 2001 mit 1,1 Millionen ausländischen Besuchern 1,3 Mrd. US-$ Einnahmen brachte. Die beste Reisezeit ist Januar bis März/April und Ende Juli bis September.[553]

Rund 27 % der Fläche Costa Ricas stehen unter Naturschutz. In dem 1969 erlassenen Gesetz zur Erhaltung des Waldes wurde Santa Rosa im Nordwesten des Landes an der Pazifikküste als erster Nationalpark eingerichtet. Gleichzeitig wurde eine Nationalparkverwaltung geschaffen, die aber zunächst weder genügend finanzielle Mittel noch Personal besaß, um den Park wirksam gegen Bauern und Neusiedler zu schützen. Der Privatinitiative Einzelner (wie der Regenwald der Österreicher) ist es zu danken, dass inzwischen die Situation deutlich besser geworden ist. Mehr als 20 Nationalparks gibt es über das Land verstreut mit ganz unterschiedlichen charakteristischen Merkmalen.[554]

Die zu Costa Rica gehörende unbewohnte Cocos-Insel (Isla del Coco) liegt 500 km vor der Küste im Pazifischen Ozean; sie darf heute nur mit besonderer Genehmigung betreten werden. Sie ist wie auch die Nationalparks La Amistad und Guanacaste von der UNESCO zum Weltkulturerbe erklärt worden."[555]

Die Naturschutzpolitik des Landes gilt weltweit als vorbildlich und Costa Rica wurde für viele zum „Paradeland" des Ökotourismus. Der frühzeitige Eingriff des Staates in die Vermarktung und eine effiziente Regulierung des Tourismus haben positive Entwicklungs- und Steuerungsansätze hervorgebracht.[556]

In Costa Rica gibt es CST – The Certification in Sustainable Tourism Programm –, welches vom Costa Rican Tourism Institute (ICT), unterstützt durch The National Accredittion Commitee und auf Bildungslevel durch die Universität von Costa Rica, aber auch von The Earth Council, entwickelt wurde. Dabei werden die Unternehmen hervorgehoben, die ein nachhaltiges Tourismuskonzept mit natürlichen, kulturellen und sozialen Ressourcenmanagementstrategien entwickelt haben und praktizieren. Das CST beinhaltet fünf Levels einer nachhaltigen Tourismusstrategie und wie man diese erreichen kann. Dabei geht es um physische-biologische, infrastrukturelle und servicetechnische Parameter, um externe Stakeholder und um die sozio-ökonomische Umwelt. Mittels eines Fragenkataloges werden die Firmen anhand dieser Parameter geprüft, wobei sich jede einzelne der Fragen auf ein Element der Nachhaltigkeit bezieht. In Summe werden pro Parameter Prozente erzielt, je nachhaltiger, desto mehr Prozente, je mehr Prozente, desto höher der Level und desto höher ist somit das Commitment gegenüber Nachhaltigkeit, also desto nachhaltig orientierter ist das Unternehmen. Das CST soll einen Anreiz bieten, durch einen höheren Level bessere

---

[553] Wikipedia Enzyklopädie, http://de.wikipedia.org/wiki/Costa_Rica, vom 18.12.2006

[554] Wikipedia Enzyklopädie, http://de.wikipedia.org/wiki/Costa_Rica, vom 18.12.2006

[555] Wikipedia Enzyklopädie, http://de.wikipedia.org/wiki/Costa_Rica, vom 18.12.2006

[556] ARBEITSGRUPPE ÖKOTOURISMUS: Ökotourismus als Instrument des Naturschutzes? Möglichkeiten zur Erhöhung der Attraktivität von Naturschutzvorhaben, Forschungsberichte des Bundesministeriums für wirtschaftliche Zusammenarbeit und Entwicklung, Köln 1995, S. 67 ff

Publicity und Werbung zu erreichen, dadurch kann das Personal auch besser geschult werden und die Unternehmen können auch an internationalen Messen und Events wie beispielsweise dem bereits erwähnten Reisepavillon teilnehmen. Durch das CST soll Nachhaltigkeit real werden, praktisch und notwendig sein. Lokal entsteht durch CST mehr Wettbewerb und somit ein Ansporn für die Unternehmen, sich nachhaltig zu entwickeln, Unternehmensressourcen sparsam und effizient einzusetzen, Ersparnisse zu generieren und diese sinnvoll einzusetzen.[557]

9.2 Andere ähnliche Konzepte

9.21 Regenwaldtourismus in Ecuador und Costa Rica

In Ecuador gibt es die Reserva de Producciòn Faunística Cuyabeno im Amazonastiefland, welche 6.000 km^2 tropischen Regenwald umfasst und deren hauptsächliche Touristen Naturbeobachter und -fotografen sind. Durch Vorschläge einer Zonierung von Seiten des Landwirtschaftsministeriums wurde ein regulatives Instrument aufgebaut, das sowohl den indianischen Ethnien als auch den in der Reserva aktiven Tourismusunternehmen Nutzungsgrenzen setzen und die Aktivitäten regulieren soll. Ein kontrollierter Naturtourismus soll vor allem nicht-nachhaltige Bewirtschaftungsformen der indigenen Bevölkerung ersetzen.[558] Im Management-Plan für die Reserva von 1993 wurde Cuyabeno in eine „Reserva Ecológica" umgewandelt, die die Ziele hat: Schutz der Ökosysteme, der Flora und Fauna, Förderung nachhaltiger traditioneller Nutzungsformen der indigenen Bevölkerung und Steuerung und Förderung nicht-traditioneller nachhaltiger Nutzungen wie den Tourismus, Umwelterziehung, Forschung und Schutz an/von Ressourcen.[559] Der lokale Tourismus hat mittlerweile bereits einigen indigenen Familien geholfen, ihren Lebensstandard zu erhalten oder zu verbessern. Für viele Indígenas, die innerhalb der Reserva leben, ist Tourismus mittlerweile zu einem wichtigen Wirtschaftszweig geworden und stellt eine Alternative zu anderen meist nicht-nachhaltigen Erwerbsmöglichkeiten in der Landwirtschaft, Viehzucht oder in der Jagd dar.[560] Costa Rica stellt ein positives Beispiel für fortgeschrittenen Naturtourismus dar. Der frühzeitige Eingriff des Staates in die Vermarktung und eine effiziente Regulierung des Tourismus haben positive Entwicklungs- und Steuerungsansätze hervorgebracht.[561]

---

[557] Certification for sustainable tourism, www.turismo-sostenible.co.cr/EN/home.shtml, vom 04.07.2006

[558] ARBEITSGRUPPE ÖKOTOURISMUS: Ökotourismus als Instrument des Naturschutzes? Möglichkeiten zur Erhöhung der Attraktivität von Naturschutzvorhaben, Forschungsberichte des Bundesministeriums für wirtschaftliche Zusammenarbeit und Entwicklung, Köln 1995, S. 5 f

[559] ARBEITSGRUPPE ÖKOTOURISMUS: Ökotourismus als Instrument des Naturschutzes? Möglichkeiten zur Erhöhung der Attraktivität von Naturschutzvorhaben, Forschungsberichte des Bundesministeriums für wirtschaftliche Zusammenarbeit und Entwicklung, Köln 1995, S. 271

[560] ARBEITSGRUPPE ÖKOTOURISMUS: Ökotourismus als Instrument des Naturschutzes? Möglichkeiten zur Erhöhung der Attraktivität von Naturschutzvorhaben, Forschungsberichte des Bundesministeriums für wirtschaftliche Zusammenarbeit und Entwicklung, Köln 1995, S. 314 f

[561] ARBEITSGRUPPE ÖKOTOURISMUS: Ökotourismus als Instrument des Naturschutzes? Möglichkeiten zur Erhöhung der Attraktivität von Naturschutzvorhaben, Forschungsberichte des Bundesministeriums für wirtschaftliche Zusammenarbeit und Entwicklung, Köln 1995, S. 62

9.22   Fotosafari- und Jagdtourismus in Tanzania und Zimbabwe

Zu den Schutzgebietskategorien in Tanzania zählen Nationalparks, die Ngorongoro Conservation Area, ein Schutzgebiet mit Nutzungsrechten der Bevölkerung und Wildreservate. Naturschutz in Tanzania ist vor allem Schutz von Wildtieren. Selous Game Reserve ist mit 45.000 km^2 das größte unbewohnte Wildreservat Afrikas und Teil eines nationalen Schutzgebietsnetzes, das 13 % der Landesfläche umfasst. Allmählich werden Bevölkerungsgruppen, die in den 1940er Jahren zurückgedrängt wurden, wieder angesiedelt. Allerdings gibt es außerhalb des Reservats gravierende Probleme, weil die Bevölkerung aufgrund mangelnder Nutzungs- und finanzieller Partizipationsmöglichkeiten nicht am Erhalt des Reservats interessiert ist. Außerdem gibt es finanz- und managementtechnische Defizite an der staatlichen Verwaltung, weshalb der Fortbestand des Reservats fraglich ist. Deshalb wurde das Selous Conservation Programme in Kooperation mit der Bundesrepublik Deutschland gegründet, welches die Wildtiere und Biotope schützen soll und die Gemeindeentwicklung durch Einbeziehen der umliegenden Dörfer fördern soll. Durch den Foto- und Jagdtourismus können nun wirtschaftliche Vorhaben geplant und auch umgesetzt werden, weil durch den Tourismus eine wichtige Einnahmequelle geschaffen wurde.[562]

„Inwieweit Fotosafaris und der Jagdtourismus sich in der Realität als ökonomisch attraktiv erweisen, welche Gruppen daran partizipieren und über welche Distributionsmechanismen dies geschieht, ist allerdings nur vor dem Hintergrund der spezifischen Gegebenheiten zu beantworten. Ebenso ist durch eine detaillierte Analyse zu klären, inwieweit sie den eingangs formulierten Kriterien ökologisch verträglicher und sanfter Formen des Tourismus entsprechen und mit Hilfe welcher Faktoren ihre Verträglichkeit erhöht werden kann."[563]

Generell ist anzumerken, dass die Umsetzung von Großprojekten in Tanzania schwierig ist und kaum kontrolliert wird. Eine UVP oder ähnliche Prüfverfahren von Camps oder ähnlichen Anlagen wurde bisher kaum durchgeführt. Auch schwierig gestaltet sich die infrastrukturelle Erschließung im Land, weil es teilweise schwierig zu erschließende Abschnitte gibt oder weil durch Großbauten die Vegetation geschädigt werden würde. Aus diesen Gründen bedarf es der Erarbeitung von Umweltstandards oder einer angepassten Landnutzungsplanung. Ökologisch sensible Bereiche werden differenziert ermittelt und als Kernzonen geschützt.[564]

---

[562] ARBEITSGRUPPE ÖKOTOURISMUS: Ökotourismus als Instrument des Naturschutzes? Möglichkeiten zur Erhöhung der Attraktivität von Naturschutzvorhaben, Forschungsberichte des Bundesministeriums für wirtschaftliche Zusammenarbeit und Entwicklung, Köln 1995, S. 187 ff

[563] ARBEITSGRUPPE ÖKOTOURISMUS: Ökotourismus als Instrument des Naturschutzes? Möglichkeiten zur Erhöhung der Attraktivität von Naturschutzvorhaben, Forschungsberichte des Bundesministeriums für wirtschaftliche Zusammenarbeit und Entwicklung, Köln 1995, S. 222

[564] ARBEITSGRUPPE ÖKOTOURISMUS: Ökotourismus als Instrument des Naturschutzes? Möglichkeiten zur Erhöhung der Attraktivität von Naturschutzvorhaben, Forschungsberichte des Bundesministeriums für wirtschaftliche Zusammenarbeit und Entwicklung, Köln 1995, S. 239 ff

Der Jagdtourismus gewinnt zunehmend an Bedeutung, speziell bei Amerikanern. Die Unterbringung erfolgt dabei in einfachen Camps direkt vor Ort des Jagdgebietes und der Kontakt zu Einheimischen beschränkt sich auf die Reiseleiter und deren Team. Ein Interesse der Jagdkunden über die Jagd hinaus für das eigentliche Urlaubsland und deren Bevölkerung gibt es kaum. Da allerdings die Besucherzahl insgesamt relativ klein ist, können Beeinträchtigungen der Tier- oder Pflanzenwelt durch Belastungen durch Lärm oder Aufscheuchen der Tiere bisher noch ausgeschlossen werden. Im Gegenteil konnten Jagdkunden den Staat bei Maßnahmen der Wildpflege unterstützen.[565] Um dies auch in Zukunft sicherstellen zu können, sind Monitoring, Ausbildungsmaßnahmen, Informationskampagnen und Kontrollmechanismen sehr wichtig und nicht zu vernachlässigen.[566]

Abschließend lässt sich festhalten, dass die wirtschaftlichen Effekte des Naturtourismus die Akzeptanz von Naturschutz zwar deutlich verstärken, aber nicht automatisch zu einer Harmonisierung von Schutz- und Entwicklungsinteressen führen. Neben entwicklungsfördernden Maßnahmen werden also auch Kontrollinstrumente und Bewusstseinsbildung als Maßnahmen beim Management von Ökotourismus immer wichtiger. Wichtig ist vor allem eine Kapazitätsbildung auf lokaler Ebene.[567]

---

[565] ARBEITSGRUPPE ÖKOTOURISMUS: Ökotourismus als Instrument des Naturschutzes? Möglichkeiten zur Erhöhung der Attraktivität von Naturschutzvorhaben, Forschungsberichte des Bundesministeriums für wirtschaftliche Zusammenarbeit und Entwicklung, Köln 1995, S. 251 ff

[566] ARBEITSGRUPPE ÖKOTOURISMUS: Ökotourismus als Instrument des Naturschutzes? Möglichkeiten zur Erhöhung der Attraktivität von Naturschutzvorhaben, Forschungsberichte des Bundesministeriums für wirtschaftliche Zusammenarbeit und Entwicklung, Köln 1995, S. 262

[567] ARBEITSGRUPPE ÖKOTOURISMUS: Ökotourismus als Instrument des Naturschutzes? Möglichkeiten zur Erhöhung der Attraktivität von Naturschutzvorhaben, Forschungsberichte des Bundesministeriums für wirtschaftliche Zusammenarbeit und Entwicklung, Köln 1995, S. 325

10. EMPIRISCHE ERHEBUNG DER EINSTELLUNGEN UND DES VERHALTENS AUSGEWÄHLTER ÖKO-TOURISTEN

10.1 Einleitung und Darstellung der Untersuchung

Die Grundidee für diese Diplomarbeit liegt im Anliegen, den Zusammenhang zwischen Reiseteilnehmern und ihrer Umweltsensibilität zu untersuchen. Es sollte herausgefunden werden, ob sich die Touristen über die Beeinträchtigungen, die durch ihre Reise entstehen, und die Auswirkungen ihrer Reise auf Umwelt oder Einheimische bewusst werden.

Dr. HUBER vom Department für Palynologie und strukturelle Botanik an der Universität Wien trug einen wesentlichen Impuls für die Inangriffnahme dieses Themas bei, da er persönlich Interesse an den Einstellungen und Erfahrungen seiner Reiseteilnehmer hatte. Gemeinsam mit dem Reisebüro Graf Reisen in Wien, Neubaugasse, veranstaltet er zusammen mit WEISSENHOFER Forschungsreisen vorrangig nach Costa Rica, um dort die „Tropenstation La Gamba" zu besuchen und zu erforschen. HUBER und WEISSENHOFER sind Mitarbeiter der Tropenstation. La Gamba wurde 1993 gegründet und wird synonym auch als „Regenwald der Österreicher" bezeichnet.[568] Darüber hinaus besteht die Möglichkeit für Studenten am Institut für Botanik, vor Ort in Costa Rica neben der Forschungstätigkeit Diplomarbeiten oder Dissertationen zu verfassen.
HUBER will durch diese Aktivitäten dazu beitragen, dass erstens das Bewusstsein und Verständnis der Reiseteilnehmer für die Tropen gestärkt und erhöht wird, dass zweitens die einheimische Bevölkerung im Reiseland in die Reisen miteinbezogen wird, sodass drittens deren Lebensgrundlage gestärkt und erhalten wird. Grundsätzlich geht es um Verständnis und Förderung einer internationalen Zusammenarbeit, sodass die natürlichen Ressourcen des Reiselandes – sowohl in Bezug auf die Natur als auch in Bezug auf die Bevölkerung – erhalten und bewahrt werden.[569]

Diese Tourismusformen beinhalten geführte und lehrreiche Reisen. Die Untersuchung bezieht sich auf fünf verschiedene Befragungen. Die Reiseteilnehmer reisten nach Costa Rica und Marokko, jeweils unter Leitung von HUBER und seinem Alternativreiseveranstalter „Excursiones naturales" (veranstaltet von GRAF - Reisen, Neubaugasse 60, 1070 Wien). Dabei wurden insgesamt vier Befragungen durchgeführt, jeweils vor und nach der Reise nach Costa Rica beziehungsweise Marokko. Aufgrund der natürlichen Gegebenheiten im Land waren der Lehrinhalt und der biologische Bezug in Costa Rica für die Reisenden bedeutsamer als jener in Marokko. Der fünfte Fragebogen wurde für eine Schülergruppe aus Vöcklabruck in

---

[568] Tropenstation La Gamba, http://www.lagamba.at/researchdb/pagede/index.php, vom 19.12.2006
[569] persönliches Gespräch mit HUBER, W., wissenschaftlicher Mitarbeiter am Institut für Botanik an der Universität Wien, 10.08.2005

Oberösterreich entwickelt. Organisiert durch die Lehrkräfte startete im Jahr 2004 ein Schüleraustauschprogramm mit Costa Rica.

10.2 Die schriftliche Befragung

Insgesamt wurden wie schon erwähnt fünf Befragungen durchgeführt. Die Befragung erfolgte über den im Anhang wiedergegebenen Fragebogen, jeweils vor und nach der Reise in schriftlicher Form. Der Grund für die Wahl dieser Befragung ist, dass dadurch Verzerrungen aufgrund so genannter „sozial erwünschter Antworten" vermieden werden konnten.[570] Außerdem wurde den Befragten dadurch die Möglichkeit gegeben, kurz – aber länger als bei einer mündlichen Befragung – über ihre Antwort oder über die Reise nachzudenken. Auch der Einfluss von Seiten HUBER ist bei einer schriftlichen Befragung geringer, weil man sich durch den Interviewer nicht eingeengt fühlt.

Generell Vorteile einer schriftlichen Befragung sind[571]:

• Aufgrund der Standardisiertheit zur Befragung homogener Gruppen geeignet
• Kostengünstiger, deshalb für größere Stichprobe geeignet
• Keine Verzerrungen durch Interviewereffekte
• Befragungssituation ist anonymer, deshalb wohl ehrlichere Antworten
• Schwer erreichbare Personen können leichter angesprochen werden.

Die Nachteile einer schriftlichen Befragung sind hingegen[572]:

• Höhere Ausfallsquote als bei mündlichen Befragungen
• Keine Kontrolle über die Befragungssituation, also hat der Befragte alles verstanden, hat er die Fragen der Reihe nach beantwortet, wie lange hat er für den Fragebogen gebraucht.

Ein besonderes Problem einer schriftlichen Befragung ist die Erzielung einer angemessenen Rücklaufquote. Ein mangelhafter Rücklauf kann dazu führen, dass das auswertbare Material nicht repräsentativ für die Grundgesamtheit ist. Deshalb sollte es vor dem eigentlichen Fragebogen ein Anschreiben geben, welches die Befragten über die anstehende Befragung informiert.[573] Dies geschah in diesem Fall unmittelbar in Verbindung mit dem Fragebogen selbst.
Das Begleitschreiben wurde in einem persönlichen Stil abgefasst und soll auf die

---

[570] KESSLER, A.: Eigene Beobachtung mittels quantitativer Sozialforschung, in: RÖSSL, D. (Hrsg.): Die Diplomarbeit in der Betriebswirtschaftslehre: ein Leitfaden, Facultas Wien, Wien 2005, S. 191
[571] KESSLER, A.: Eigene Beobachtung mittels quantitativer Sozialforschung, in: RÖSSL, D. (Hrsg.): Die Diplomarbeit in der Betriebswirtschaftslehre: ein Leitfaden, Facultas Wien, Wien 2005, S. 191
[572] KESSLER, A.: Eigene Beobachtung mittels quantitativer Sozialforschung, in: RÖSSL, D. (Hrsg.): Die Diplomarbeit in der Betriebswirtschaftslehre: ein Leitfaden, Facultas Wien, Wien 2005, S. 191
[573] KESSLER, A.: Eigene Beobachtung mittels quantitativer Sozialforschung, in: RÖSSL, D. (Hrsg.): Die Diplomarbeit in der Betriebswirtschaftslehre: ein Leitfaden, Facultas Wien, Wien 2005, S. 192

Bedeutung der Studie hindeuten, sodass der Befragte den Sinn hinter dem Fragebogen sieht.[574]

Der Fragebogen selbst setzt sich aus offenen und geschlossenen Fragen zusammen. Bei offenen Fragen muss der Befragte die Antwort selbst formulieren, bei geschlossenen Fragen sind verschiedene Antwortmöglichkeiten vorgegeben, aus denen der Befragte dann wählen kann. Auch eine Mittelposition bei den geschlossenen Fragen („teils/teils") wurde integriert, allerdings ist hier negativ hervorzuheben, dass Befragte oft dazu neigen, die Mittelposition aus Bequemlichkeit zu wählen, um nicht über die Frage nachdenken oder um die eigentliche Meinung nicht äußern zu müssen.[575]

Vorangestellt sei hier, dass in Anbetracht der kleinen Stichprobe keine allgemeine Gültigkeit der Aussagen hinsichtlich der Grundgesamtheit erzielt werden konnte. Allerdings können durch die Resultate dieser Untersuchung Tendenzen erfasst und Anknüpfungspunkte für weiterführende Studien gegeben werden.

10.3 Beschreibung der Stichprobe

Insgesamt konnten 89 Fragebogen ausgewertet werden. Von den Naturreisen stammten 60 Fragebögen, die sich auf die Reise nach Costa Rica mit 27 Befragungen vor der Reise und 33 nach der Reise beziehen, und 10 Befragungen von Personen, die nach Marokko reisten, wobei 6 Bögen im Vorhinein und 4 im Nachhinein ausgefüllt wurden. 19 Befragungen konnten mit den teilnehmenden Schülern und Lehrern des Schüleraustausches durchgeführt werden.

In Folge werden nun die einzelnen Fragen der Costa Rica-Reise vorgestellt und auch auf mögliche Zusammenhänge oder Unterschiede, generelle Häufigkeiten oder auf Vergleiche von vorher und nachher abgefragten Items eingegangen. Da das Hauptaugenmerk auf der Reise nach Costa Rica liegt und die beiden anderen Befragungswellen nur ergänzend durchgeführt wurden, werden diese anschließend nur insofern dargestellt, als sich signifikante Unterschiede vor und nach der Reise zeigten oder als es Zusammenhänge zwischen Variablen gibt. Außerdem sind hier nicht alle Fragen des Fragebogens angeführt, da nicht alle erhobenen Items für die vorliegende Arbeit von Bedeutung scheinen. Die sechs verschiedenen Fragebögen sind im Anhang in Kapitel 12 angeführt.

Die Fragen der Marokkoreise sind identisch mit jenen der Costa Rica-Reise. Die Ergebnisse seien hier nur überblicksartig dargestellt, da – wie bereits erwähnt – das Hauptaugenmerk der Befragung auf Costa Rica liegen soll.

---

[574] KESSLER, A.: Eigene Beobachtung mittels quantitativer Sozialforschung, in: RÖSSL, D. (Hrsg.): Die Diplomarbeit in der Betriebswirtschaftslehre: ein Leitfaden, Facultas Wien, Wien 2005, S. 192

[575] KESSLER, A.: Eigene Beobachtung mittels quantitativer Sozialforschung, in: RÖSSL, D. (Hrsg.): Die Diplomarbeit in der Betriebswirtschaftslehre: ein Leitfaden, Facultas Wien, Wien 2005, S. 193 ff

Gewisse Items wurden bewusst sowohl vorher als auch nachher abgefragt, um zu testen, ob diese je nach den gemachten Reiseerfahrungen und Erlebnissen anders beurteilt werden. Andere Fragen wurden nur ergänzend abgefragt, um eventuell beim Befragten unbewusst ein gewisses Überdenken der Ideale hervorzurufen, oder um ihm bewusst zu machen, was sein Handeln für die Umwelt oder die Einheimischen bedeutet. Doch darauf sei anhand der jeweiligen Frage eingegangen.

10.4 Soziodemographische Items

10.41 Geschlecht/Alter, Ausbildung, berufliche Stellung, Nettoeinkommen, Wohnort

Insgesamt waren 18 Frauen und 9 Männer aller 60 Fragebögen von Costa Rica bereit, ihr Geschlecht anzugeben. 32 Personen (27 Reisende nach Costa Rica, 5 Reisende nach Marokko) gaben Informationen in Bezug auf ihr Alter preis. Dabei zeigte sich eine klassische Altersverteilung über alle Altersstufen, sowohl Studenten (10 Personen) als auch berufstätige 30-50Jährige (8 Personen) bis hin zu Pensionisten (9 Personen) nahmen an der Reise nach Costa Rica teil. Hauptsächlich Doktorats-Studenten nahmen an der Reise nach Costa Rica teil, weshalb diese Gruppe auch den größten Anteil einnimmt. Fast ein Drittel der Reiseteilnehmer nach Costa Rica (30,8 % oder 8 Personen) hat ein Uni-Diplom und studierte Pharmazie.

Das monatliche Nettoeinkommen der Costa Rica-Reisenden bewegt sich großteils unter 1.000 €, da alle 10 Studenten, die den Fragebogen vor der Reise ausfüllten, dies angaben, und auf der anderen Seite über 3.000 € (8 der 27 vor der Reise Befragten).

Der Großteil der Befragten Costa Rica-Reisenden stammt aus Wien (28,7 % aller 89 Befragungen oder 26 Personen), aber auch viele deutsche Touristen (24,3 % aller 89 Fragebögen, 22 Personen) nahmen an der Reise teil.

Die sechs Reiseteilnehmer an der Marokko-Reise waren hingegen etwas älter bis hin zu pensionierten Reisenden. Fünf der sechs Reiseteilnehmer waren Frauen, davon haben 80 % (4 Frauen) ein Uni-Diplom (Naturwissenschaften, Landwirtschaft, Geographie und Pharmazie).

Das monatliche Nettoeinkommen der Marokko-Reisenden bewegt sich durchschnittlich zwischen 2.000 und 2.500 €. Die Wohnorte der 10 Marokko-Fragebögen wurden quer über Österreich angegeben.

10.5 Idee für die Reise

Hier gab es für die Reiseteilnehmer die Möglichkeit, ein oder mehrere Merkmale anzukreuzen, wobei die verschiedenen Merkmale „Werbung/Medien/Internet", „berufs- oder studienbedingt", „persönliche Empfehlung durch Freunde/Bekannte/Verwandte", „zufällig" und „aus Interesse" waren. Darüber hinaus konnten die Befragten sonstige Gründe für ihre Aufmerksamkeit auf Costa Rica-

Reisen angeben.
Insgesamt haben 27 Personen den Fragebogen, der vor der Reise nach Costa Rica
verteilt wurde, ausgefüllt. Davon ist lediglich eine Person (dies sind 3,7 %) durch
Werbung, Medien oder Internet auf diese Art der Reise gekommen. 40,7 % der 27
Befragten gaben an, sie seien berufs- oder studienbedingt auf die Reise aufmerksam
geworden. Dies zeigt auch die nachfolgende Grafik.

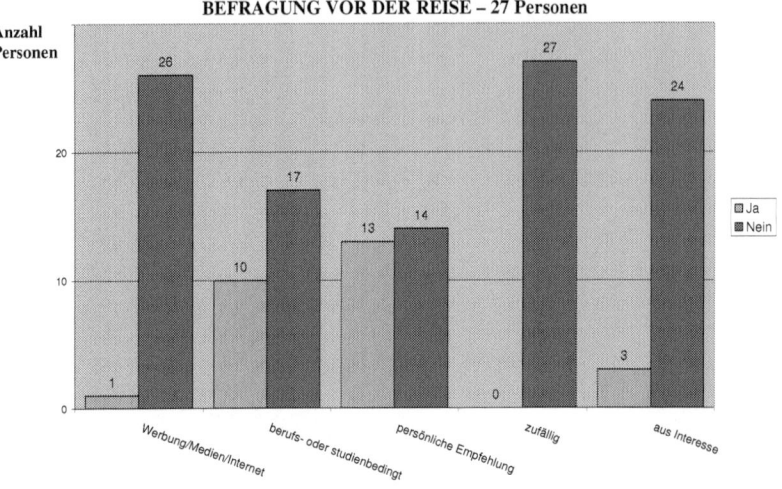

Abb. 7:   Ergebnisse der Befragung Costa Rica vor der Reise: Idee für die Reise

Quelle: Eigene Erhebung und Auswertung

48,1 % wurde die Reise von Freunden, Bekannten oder Verwandten empfohlen,
11,1 % errangen die Aufmerksamkeit durch simples Interesse und kein
Reiseteilnehmer stieß zufällig auf diese Art der Reise.
Andere sonstige Gründe wurden kaum angegeben, lediglich eine Person meinte, sie sei
bereits das vierte Mal am Weg nach Costa Rica, und eine Person wurde auf die Reise
durch ein Angebot der Allgemeinen Pensionsversicherungsanstalt aufmerksam. Dies
lässt darauf schließen, dass „Excursiones naturales" versucht, ihr Angebot auch
öffentlich bekannt zu machen.

10.6 Entscheidung für Costa Rica

Hier gab es die Möglichkeit „Persönlicher Besitz eines Stücks Regenwald", „Interesse an der Natur von Costa Rica", „Interesse an der Bevölkerung und der Kultur Costa Ricas", „Interesse an den Produkten Costa Ricas", „Persönliche Empfehlung durch Freunde/Bekannte/Verwandte" oder sonstige Gründe anzugeben, wobei einige Befragte auch mehrere Aussagen angekreuzt haben.
Nur 11,1 % der 27 Befragten besitzen ein Stück vom Regenwald und sind deshalb auf diese Art der Reise gekommen, wohingegen 81,5 % Interesse an der Natur von Costa Rica haben, aber sich nur 29,6 % für die Bevölkerung und Kultur Costa Ricas interessieren und deshalb diese Reise geplant hatten.

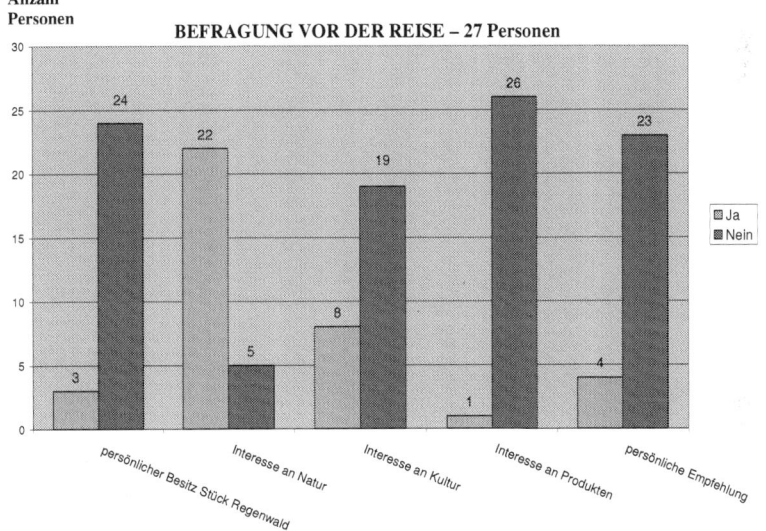

Abb. 8: **Ergebnisse der Befragung vor der Reise: Entscheidung für Costa Rica**

Quelle: Eigene Erhebung und Auswertung

An den Produkten Costa Ricas sind lediglich 3,7 % interessiert und aufgrund der Empfehlung durch Freunde, Bekannte oder Verwandte sind 14,8 % nach Costa Rica mitgefahren. Auch hier hat wiederum lediglich eine Person einen sonstigen hauptsächlichen Reisegrund angegeben, dieser war „ich möchte meinen Apothekerkollegen Arzneipflanzen zeigen".

10.7 Erwartungen an das Urlaubsland

10.71 Erwartungen Transport

Hier und bei den folgenden Fragen konnten die Befragten zwischen sechs verschiedenen Antworten unterscheiden, wobei auch Mehrfachankreuzungen möglich waren und es wiederum einen Punkt „Sonstiges" gab. Hier ging es vorrangig darum, zu erforschen, inwiefern sich die Reiseteilnehmer über die Infrastruktur oder Verkehrslage im Urlaubsland informiert haben und ob ihnen der Reisekomfort im Urlaubsland sehr wichtig oder weniger wichtig (bis hin zu „abenteuersuchend") ist. Die Antwortmöglichkeiten waren „schnell, bequem wie zu Hause", „etwas unbequemer, z.B. kurze Fahrten mit Geländewagen", „langsamer und unbequemer, längere Fahrten mit Geländewagen", „Fahrten mit Geländewagen und Booten", „Fahrten mit Geländewagen, Booten und Fortbewegung auf Tieren, kurze Strecken zu Fuß" und „Fortbewegung wie die Einheimischen, auch öffentliche Autobusse, längere Strecken zu Fuß, auf Tieren, in Booten".
Dabei wurden folgende Antworthäufigkeiten festgestellt.

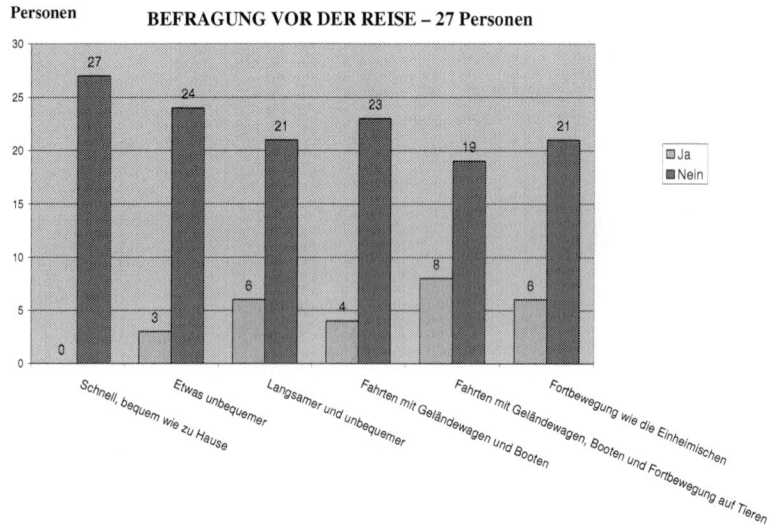

Abb. 9: Ergebnisse der Befragung Costa Rica vor der Reise: Erwartungen Transport

Quelle: Eigene Erhebung und Auswertung

126

10.72 Erwartungen Unterkunft

„4 oder 5-Sterne Hotels nach westlichem Standard" und „3-Stern-Hotels nach westlichem Standard von landesfremden Besitzern geführt (Hotelketten)" werden von keinem der 27 Befragten erwartet. Die Mehrheit, 20 Personen, 74,1 %, erwarten sich „landestypische Hotels mit Dusche/WC im Zimmer, von lokalen Besitzern geführt". Danach folgt die Erwartung sechs „"Öko-Pension" am Rande von Nationalparks, außerhalb von Orten" mit 18,5 % oder 5 Personen.

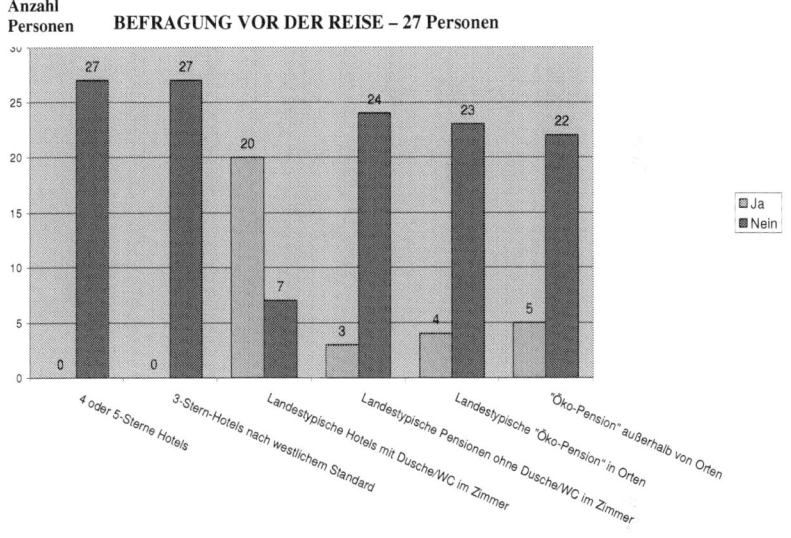

Abb. 10: Ergebnisse der Befragung Costa Rica vor der Reise: Erwartungen Unterkunft

Quelle: Eigene Erhebung und Auswertung

10.73 Erwartungen Verpflegung

Hier erwarten sich lediglich 2 Befragte (7,4 %) „abwechselnd gewohnte Speisen/Getränke und landestypische Speisen/Getränke" zu konsumieren. Die ersten beiden vorgegebenen Erwartungen entsprechen keinem der befragten Reiseteilnehmer. Auch „Essen und Trinken ausschließlich wie die Einheimischen" will keiner der Befragten. Der Großteil, 55,6 % oder 15 Personen, wollen „mehrheitlich landestypische Speisen/Getränke" konsumieren. Dies zeigt auch die Grafik.

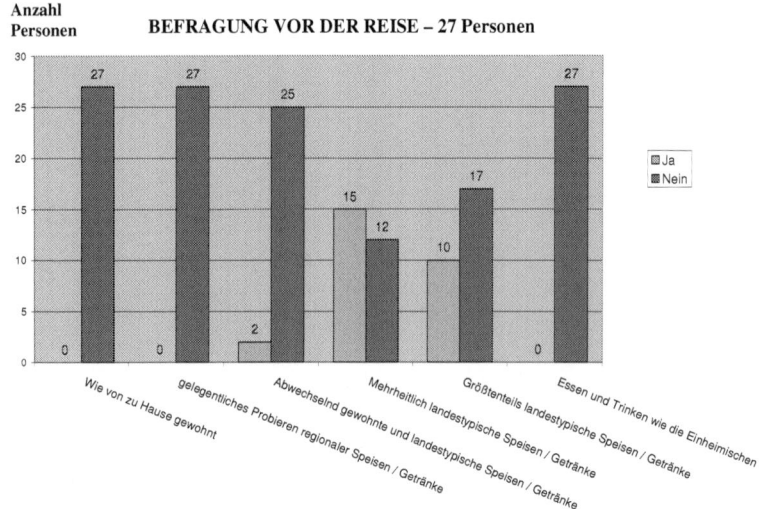

Abb. 11: Ergebnisse der Befragung Costa Rica vor der Reise: Erwartungen Verpflegung

Quelle: Eigene Erhebung und Auswertung

10.74 Erwartungen Urlaubserlebnis

„Viel Entspannung mit viel Freizeit und Freiraum, Ausrasten am Pool/Strand" oder
„größtenteils eigenständiges Bewegen in der Natur, 1 bis 2 mal pro Aufenthalt
unbegleitete Natur - Ausflüge ohne Fachinformationen" erwartete sich niemand. Die
Mehrheit der Befragten (51,9 % oder 14 Personen) erwartet sich „täglich geführte
Fachexkursionen mit Fachvorträgen und unfangreicher Fachinformation". Dazu
folgende Grafik.

**Anzahl
Personen**   **BEFRAGUNG VOR DER REISE – 27 Personen**

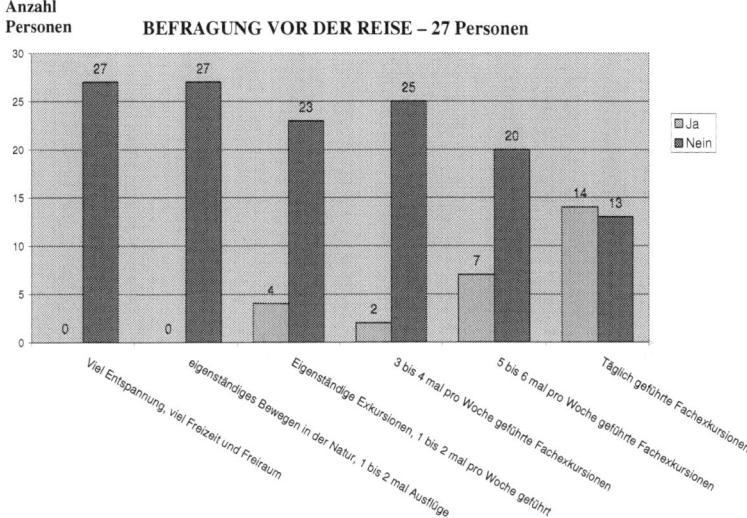

Abb. 12: Ergebnisse der Befragung Costa Rica vor der Reise: Erwartungen Urlaubserlebnis

Quelle: Eigene Erhebung und Auswertung

10.75 Erwartungen Fachinformationen durch die Reiseleitung

Alle Befragten erwarten sich mindestens „gelegentliche Informationen zu Natur, Land und Leuten". Regelmäßige Informationen zu Natur, Land und Leuten" erwarten sich nur 2 Personen (7,4 %). Ein Drittel (33,3 %) erwartet sich „wissenschaftliche Informationen, die vor allem den Bereich Biologie betreffen" und fast ein Drittel (31,1 %) hat sich „wissenschaftliche Informationen zu allen naturwissenschaftlichen Fragen (Biologie, Geologie, Geographie) wie auch zu Ethnologie, Volkswirtschaft, Politik" erwartet. Sonstige Erwartungen betreffen pharmazeutische Themen, wie Inhaltsstoffe, psychoaktive Stoffe, „Drogeninhaltsstoffe" oder Ethnobotanik.

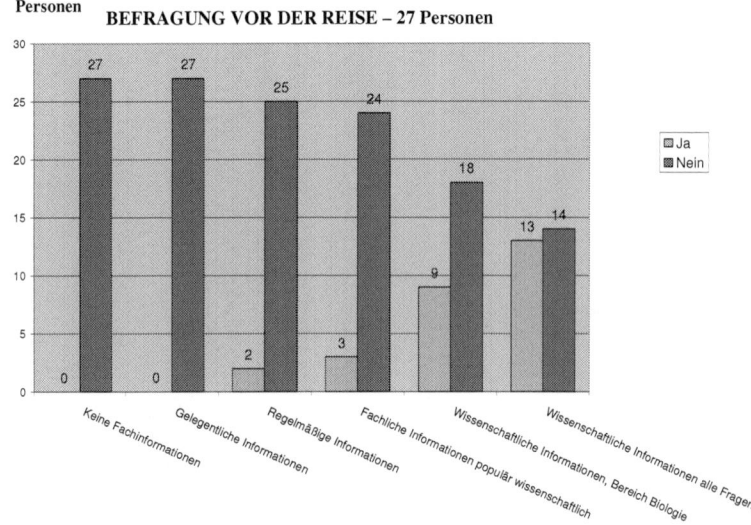

Abb. 13: Ergebnisse der Befragung Costa Rica vor der Reise: Erwartungen Fachinformation

Quelle: Eigene Erhebung und Auswertung

10.76 Erwartungen Kontakt zu Einheimischen

Alle 27 Befragten, die den Fragebogen vor der Reise nach Costa Rica ausgefüllt haben, erwarten sich mindestens Kontakt zu Einheimischen im Hotel oder Restaurant. 40,7 % oder 11 Personen erwarten sich „teilweiser Kontakt, z.B. bei gelegentlichen Einkäufen in lokalen, von Einheimischen geführten Betrieben". Dies zeigt die Grafik.

Anzahl
Personen   **BEFRAGUNG VOR DER REISE – 27 Personen**

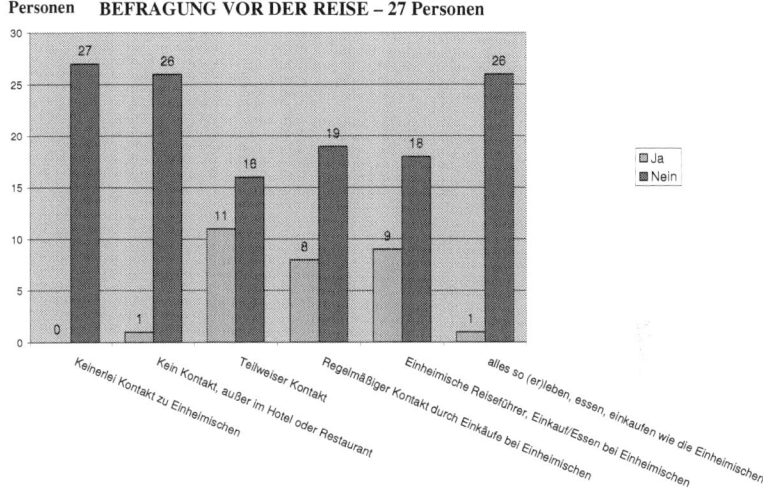

Abb. 14: Ergebnisse der Befragung Costa Rica vor der Reise: Erwartungen Kontakt

Quelle: Eigene Erhebung und Auswertung

„Während der gesamten Reise alles so (er)leben, essen, einkaufen wie die Einheimischen" will lediglich eine Person (3,7 %).

10.8 Informationsversorgung Reiseleitung

Fehlende Informationen bemängelte eine Person, nämlich dass keine Informationen in Bezug auf die optimale Kleidung gegeben wurden. Die restlichen Personen waren mit den Informationen von Seiten der Reiseleitung zufrieden und fühlten sich ausreichend informiert.

10.9 Umweltschutz

74,1 % (20 der 27 Befragten) sind aktiv am Umweltschutz beteiligt, dennoch war Umweltschutz nur für 29,6 % (8 der insgesamt 27 Personen) ein Grund zur Teilnahme an der Reise. Auch Umweltschutz und Naturschutz wird vom Großteil der Befragten als das gleiche betrachtet (24 Personen, 88,9 %).

10.10   Nachhaltigkeit

Zum Thema Nachhaltigkeit fiel den Befragten folgendes ein, es folgen wörtliche Zitate
aus den Fragebögen:
Nachhaltigkeit bedeutet für mich (die Befragten, Anm. der Verf.):

- dass der Naturschutz für den Menschen lebbar ist und keine Nachteile für ihn
  bedeutet
- dass es durch Naturschutz die Arten weiterhin gibt oder dauerhafter Natur- und
  Umweltschutz
- dass unsere Kinder auch noch unbeschädigte Natur vorfinden oder vorsichtiger
  Umgang mit der Natur in Hinblick auf nachfolgende Generationen oder so auf
  Erde leben, dass kommende Generationen auch noch unseren Planeten in seiner
  Pracht erleben können (wiederaufforsten von Wäldern, Klimaschutz,...) oder
  Natur zu nützen, aber auch zu schützen, damit nachfolgende Generationen auch
  noch etwas davon haben
- die möglichst geringe Störung des ökologischen Gleichgewichts oder Nutzung
  der Natur durch die Menschen, ohne sie dabei zu zerstören oder ökonomischer
  Umgang mit Ressourcen
- erst denken dann kaufen
- Hilfestellung für die Bevölkerung, Vermittlung der Kultur Costa Ricas in
  meiner Heimat, Arbeiten mit Kindern in meiner Heimat (Projekt Regenwald)
- im täglichen Leben so viel wie möglich davon umsetzen
- in die Zukunft gedacht, Verantwortung für die nächste Generation
- intakte Umgebung, nicht einzelne Bäume schützen, die Bevölkerung muss auch
  den Sinn darin sehen
- keine Zerstörung von Ressourcen, Gewinn für Menschen, die dort leben und
  wiederum für Natur sorgen oder schonender Umgang mit den Ressourcen,
  Wiederverwendbarkeit der Ressourcen und Vorsorge für Zukunft
- längerfristige Erfolge der jetzigen Handlung
- ständige Überprüfung der bestehenden Gesetze, strenge Kontrollen um die
  Naturgüter zu erhalten

Dabei zeigt sich, dass nur 8 von 27 Personen (9 %) nichts mit dem Begriff
Nachhaltigkeit anfangen konnten.

10.11   Autobesitz

Die folgenden drei Fragen des Fragebogens wurden bewusst im Anschluss an die
Frage der Nachhaltigkeit und vor der nächsten Frage gestellt, um den Befragten
(un)bewusst auf die Auswirkungen seiner Handlungen hinzuweisen. Dabei sollte vom
Nachdenken über Nachhaltigkeit auf die persönliche Nutzung des Autos und deren
Umweltproblematik hin zu den folgenden sensiblen Aussagen geführt werden. Die
Ergebnisse dieser drei Fragen sind dabei für den Umfang dieser Arbeit nicht so

wichtig, dennoch seien sie an dieser Stelle ergänzend erwähnt. Auffällig ist, dass die Mehrheit der Personen (17 Befragte oder 63 %) ein Auto besitzt, dieses aber laut Fragebogen nicht als Transportmittel zur Arbeit oder zum Einkaufen verwendet. Hier kann vermutlich darauf geschlossen werden, dass die Befragten sehr wohl diese angestrebte unbewusste Umweltsensibilisierung mitbekommen haben und deshalb angaben, sie würden nie mit dem Auto in die Arbeit fahren (15 Befragte oder 55,6 %) oder nie mit dem Auto einkaufen fahren (8 Personen, 29,6 %).

10.12   Aussagenbewertung

Die folgenden Aussagen wurden sowohl vor der Reise als auch nach der Reise abgefragt, ebenso bei der Marokkoreise und beim Schüleraustausch, um die Befragten auch hier wieder etwas zu sensibilisieren, außerdem um das generelle Einkaufsverhalten oder den persönlichen Bezug zur Nachhaltigkeit und Fairness gegenüber Entwicklungsländern abzufragen und genauso um Vergleiche der angekreuzten Aussagen von vor der Reise und nachher anzustellen. Angestrebt wurde hier außerdem, dass die Befragten selbst beim Ausfüllen des „Fragebogens danach" bemerken, dass ihnen diese Fragen teils schon mal gestellt wurden und somit eventuell ihre Konsum- und Verhaltensweisen überdenken. Die Ergebnisse beider Befragungswellen sind hier zur besseren Ansicht jeweils gleich in einer Grafik dargestellt.

10.121   Einkaufen muss schnell gehen

Der Hauptteil der Befragten stimmte dieser Aussage vor der Reise teils/teils zu (44,4 %, 12 Personen). Auch die Grafik zeigt eine regelmäßige Verteilung in Richtung neutraler Haltung der Befragten.

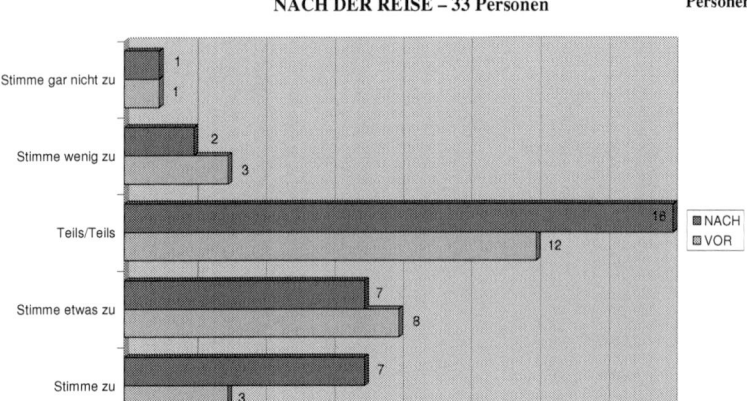

VOR DER REISE – 27 Personen   **Anzahl**
NACH DER REISE – 33 Personen   **Personen**

Abb. 15: Ergebnisse der Befragung Costa Rica vor und nach der Reise: Aussage „einkaufen muss schnell gehen"

Quelle: Eigene Erhebung und Auswertung

Die Meinung geht bei der Befragung nach der Reise eher in Richtung neutraler oder teils/teils-Meinung (48,5 % oder 16 Personen der 33 Befragten), wie die Grafik zeigt.

10.122   Preis von Anschaffungen nicht so wichtig

Auch die zweite Aussage wurde vor der Reise mit hauptsächlich neutraler Meinung beurteilt.

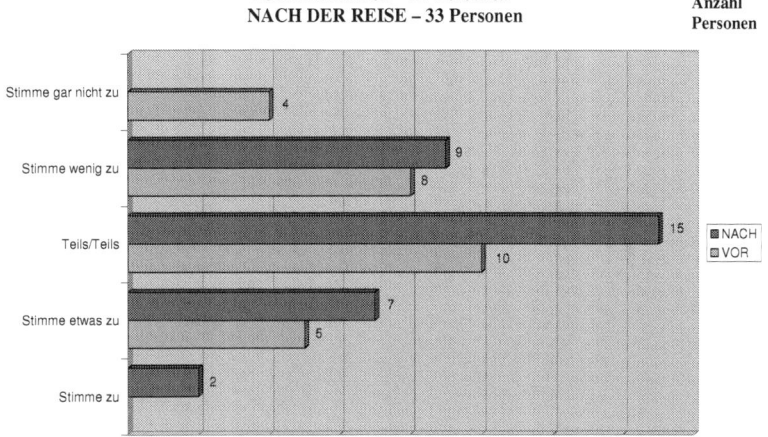

Nach der Reise stimmten die Befragten der Aussage eher wenig zu bzw. herrscht auch hier wiederum neutrale Meinung (15 Personen, 45,5 %).

10.123   Ökologisch einwandfreie Produkte werden prinzipiell bevorzugt

Ähnlich sieht das Bild vor der Reise zu dieser Aussage aus.

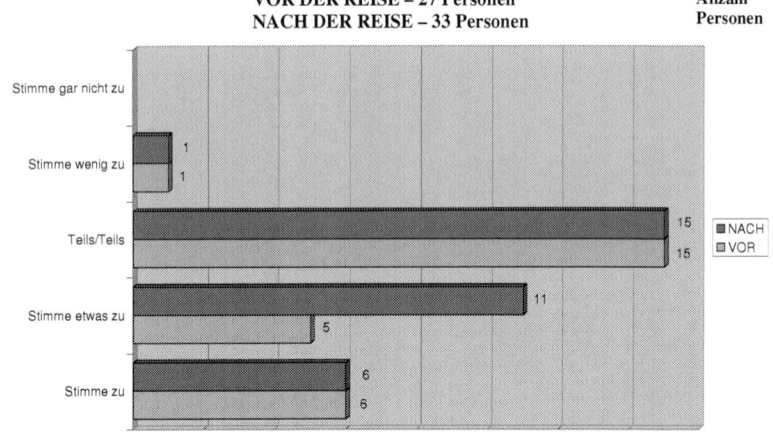

Abb. 17: Ergebnisse der Befragung Costa Rica vor und nach der Reise: Aussage „bevorzuge ökologisch einwandfreie Produkte"

Quelle: Eigene Erhebung und Auswertung

Wie es von Reisenden, die in Costa Rica eine alternative Urlaubsreise erlebten, zu erwarten ist, stimmten die Befragten dieser Aussage nach der Reise zu oder gaben eine neutrale (45,5 %, 15 Personen) Antwort ab. Der Grund wird darin gesehen, dass einem Reisenden, der sich das „Ökotourismus-Paradeland" Costa Rica als Reiseziel aussucht, Begriffe wie Fair Trade oder ökologisch einwandfreie oder angebaute Produkte keine Fremdwörter sein werden und er – zumindest ansatzweise – versucht, diese Produkte auch zu kaufen.

10.124   Bevorzugung von Fair Trade Produkten

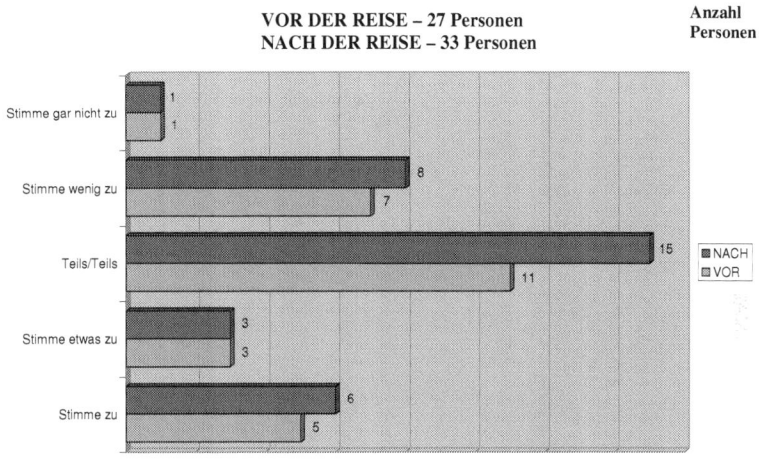

VOR DER REISE – 27 Personen
NACH DER REISE – 33 Personen

Anzahl
Personen

Abb. 18: Ergebnisse der Befragung Costa Rica vor und nach der Reise: Aussage „achte beim Einkauf auf Fair Trade Produkte"

Quelle: Eigene Erhebung und Auswertung

Dieser Aspekt zeigt im vorhinein ein neutrales Ergebnis mit einem hohen Anteil an „teils/teils"-Antworten mit über 40 %.

Fair Trade Produkte werden im Vergleich zu ökologisch einwandfreien Produkten wohl eher nicht gekauft, da 24,2 % dieser Aussage nach der Reise wenig zustimmen, wobei wiederum die neutrale Meinung überwiegt mit 45,5 % und 15 Personen.

10.125   Kaufe prinzipiell im Supermarkt

Hier zeigt sich bereits ein etwas anderes Bild, da der Großteil der 27 Personen, nämlich 10, im Supermarkt einkauft und deshalb dieser Aussage zustimmen.

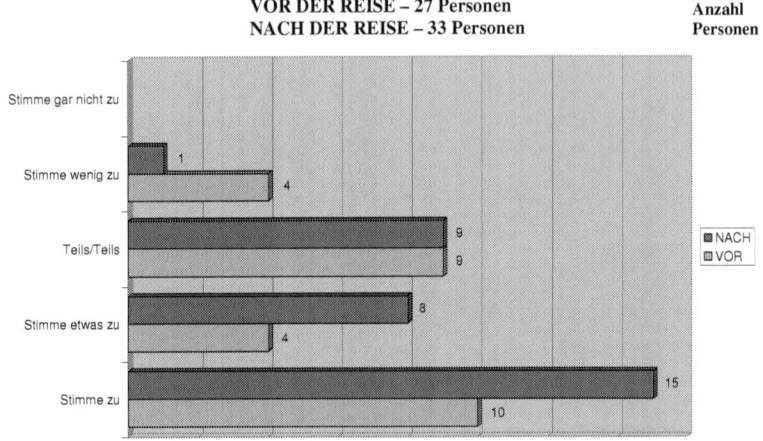

Abb. 19: Ergebnisse der Befragung Costa Rica vor und nach der Reise: Aussage „kaufe im Supermarkt"

Quelle: Eigene Erhebung und Auswertung

Wie schon vor der Reise geben die Befragten nach ihrem Urlaub an, sie kaufen vorrangig im Supermarkt ein, 15 Personen oder 45,5 % stimmen dieser Aussage sehr zu, 24,2 % stimmen etwas zu (8 Personen).

10.126   Kaufe prinzipiell in speziellen Läden

Vergleicht man die vorige Aussage mit dieser, so erhält man noch eine zusätzliche Bestätigung, da die Personen, die im Supermarkt einkaufen, nicht in speziellen Läden kaufen, weshalb sie diese Aussage mit wenig oder gar keiner Zustimmung bewerten. Allerdings sollte man bedenken, dass dieses Kaufverhalten stark von der Verfügbarkeit dieser speziellen Läden abhängig ist.

VOR DER REISE – 27 Personen   **Anzahl**
NACH DER REISE – 33 Personen   **Personen**

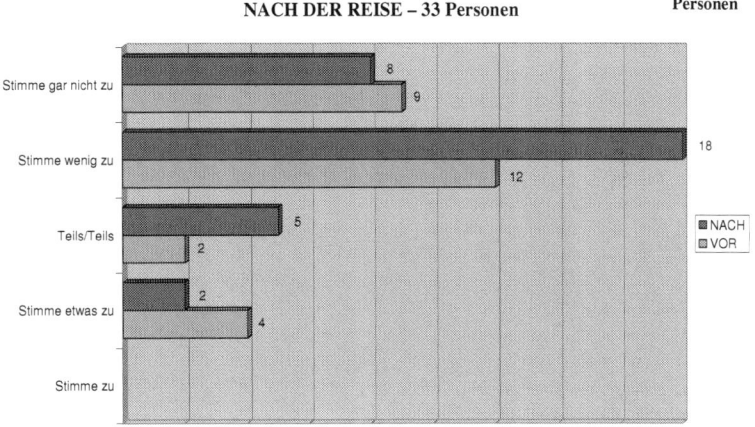

Abb. 20: Ergebnisse der Befragung Costa Rica vor und nach der Reise: Aussage „kaufe in speziellen Läden"

Quelle: Eigene Erhebung und Auswertung

Nach der Reise geben die Befragten an, sie kaufen eher nicht (54,5 % stimmen wenig zu, 24,2 % stimmen gar nicht zu) in speziellen Läden oder geben eine neutrale Position ab.

10.127   Kontrollfrage: Preis spielt große Rolle

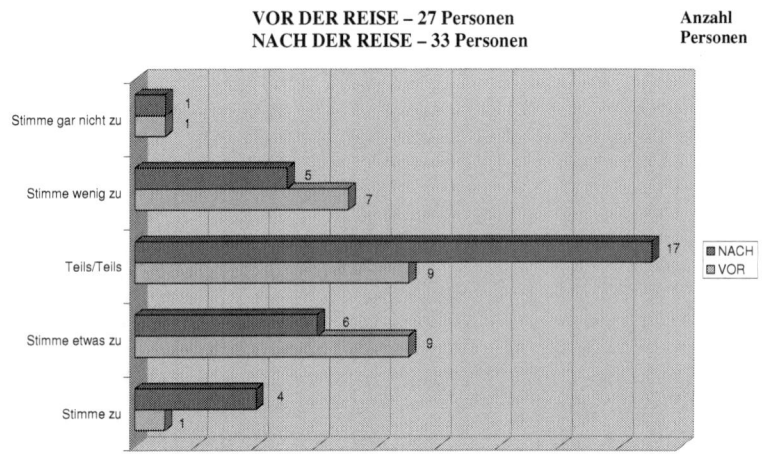

VOR DER REISE – 27 Personen
NACH DER REISE – 33 Personen

Anzahl
Personen

Abb. 21: Ergebnisse der Befragung Costa Rica vor und nach der Reise: Aussage „Preis spielt große Rolle"

Quelle: Eigene Erhebung und Auswertung

Wie die Grafik zeigt, wird beim Einkauf sehr wohl auf den Preis geachtet, da die Mehrheit etwas zustimmt oder eher eine neutrale Stellung einnimmt. Dies zeigt auch die Dominanz des Preises als Kaufargument in einer sensiblen Käufergruppe.

10.128   Kaufe prinzipiell auf Märkten

VOR DER REISE – 27 Personen
NACH DER REISE – 33 Personen

Anzahl
Personen

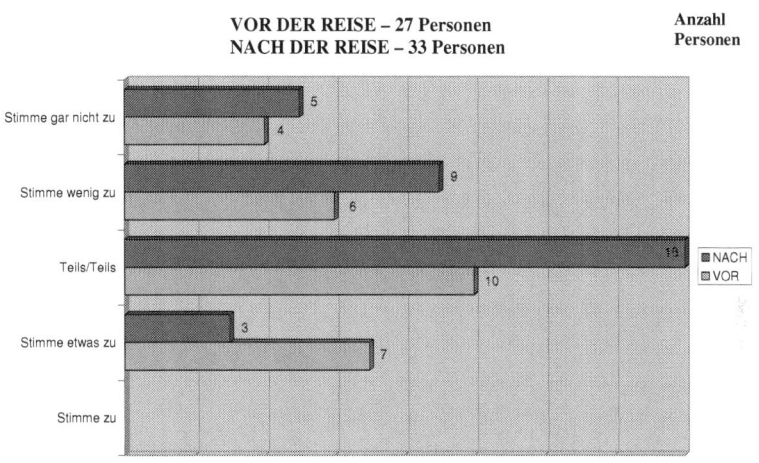

Abb. 22: Ergebnisse der Befragung Costa Rica vor und nach der Reise: Aussage „vorrangig
kaufe ich auf Märkten"

Quelle: Eigene Erhebung und Auswertung

Die Befragten vor der Reise kaufen auch auf Märkten ein, wobei hier aber festzuhalten
bleibt, dass dies – womöglich deshalb, weil die Aussage mit „ich kaufe im
Supermarkt" bereits etwas weiter zurückliegt – nicht mit der Supermarkt-Aussage
konform geht. Die Bewertung dieser Aussage nach der Reise zeigt großteils eine
neutrale Meinung mit 48,5 % und 16 Personen. Danach sinkt die Meinung eher in
Richtung „stimme nicht zu" ab (stimme wenig zu 27,3 %,
stimme gar nicht zu 15,2 %).

10.129   Egal woher Lebensmittel, Hauptsache Preis stimmt

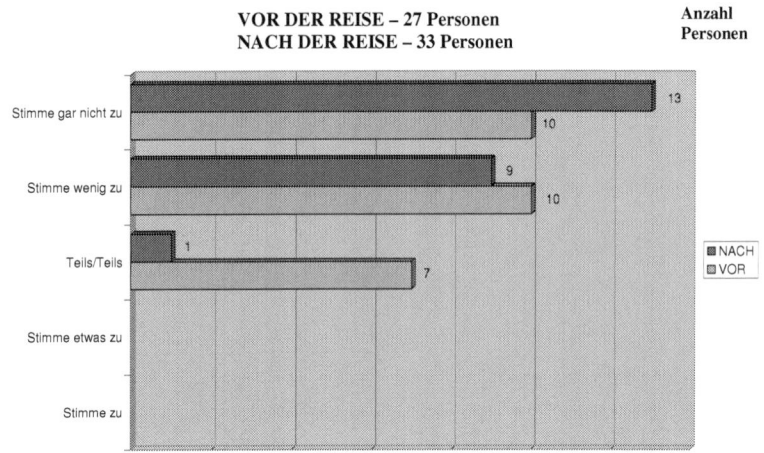

VOR DER REISE – 27 Personen
NACH DER REISE – 33 Personen

Anzahl
Personen

Abb. 23: Ergebnisse der Befragung Costa Rica vor und nach der Reise: Aussage „egal, woher die Lebensmittel kommen"

Quelle: Eigene Erhebung und Auswertung

Hier sind sich die Befragten ziemlich uneinig, die Herkunft der Lebensmittel interessiert einerseits sehr wohl, andrerseits ist den Befragten die Herkunft nicht so wichtig.
Der Preis ist nicht vorrangiges Kaufmotiv, da 13 Personen oder 39,4 % dieser Aussage nach der Reise gar nicht zustimmen und 27,3 % wenig zustimmen.

10.1210   Urlaub ist Zeit, in der ich Alltag vergessen will

VOR DER REISE – 27 Personen   **Anzahl**
NACH DER REISE – 33 Personen   **Personen**

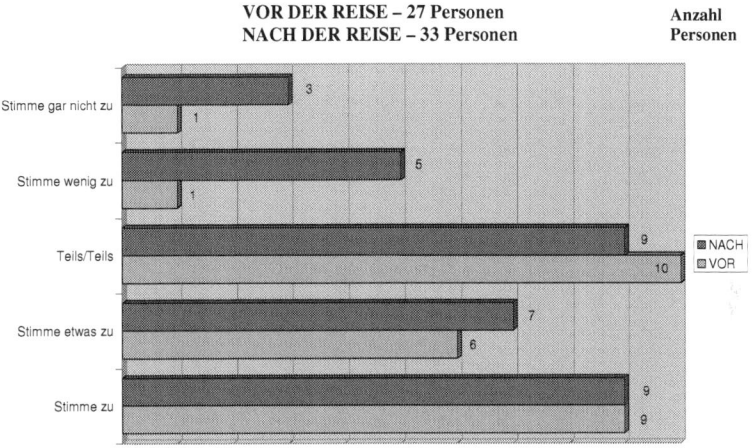

Abb. 24: Ergebnisse der Befragung Costa Rica vor und nach der Reise: Aussage „im Urlaub Alltag vergessen"

Quelle: Eigene Erhebung und Auswertung

Auch hier sind sich die Befragten relativ einig, im Urlaub will man den Alltag vergessen. Dazu sei sofort auf die nächste Aussage verwiesen. Auch nach der Reise sind sich die Teilnehmer immer noch relativ einig, dass sie im Urlaub den Alltag vergessen wollen. Genauso werden die Belastungen für die Umwelt während dem Urlaub akzeptiert.

10.1211   Urlaubsreise ist mit Belastungen für Umwelt verbunden

VOR DER REISE – 27 Personen   Anzahl
NACH DER REISE – 33 Personen   Personen

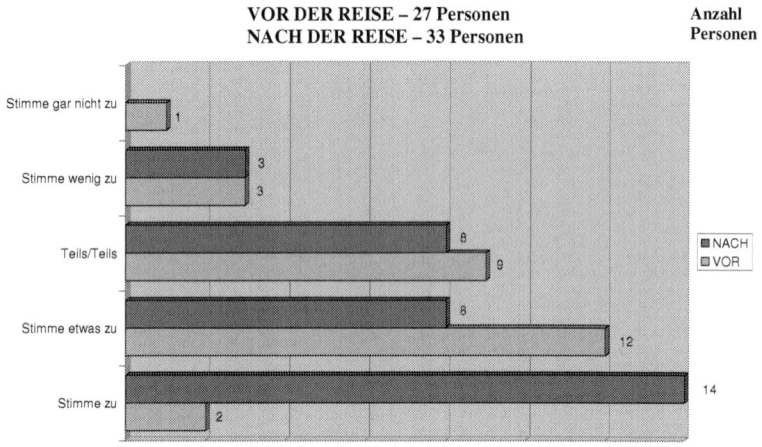

Abb. 25: Ergebnisse der Befragung Costa Rica vor und nach der Reise: Aussage „akzeptiere Umweltbelastungen während Urlaub"

Quelle: Eigene Erhebung und Auswertung

Auch die Auswirkungen des eigenen Urlaubs auf die regionale Umwelt ist den Touristen großteils bewusst, dennoch – so kann man annehmen – steht der Urlaubsgenuss und das Erholen im Vordergrund.

10.1212   Durch Reise kann ich aktiven Natur/Umweltschutz betreiben

VOR DER REISE – 27 Personen   Anzahl
NACH DER REISE – 33 Personen   Personen

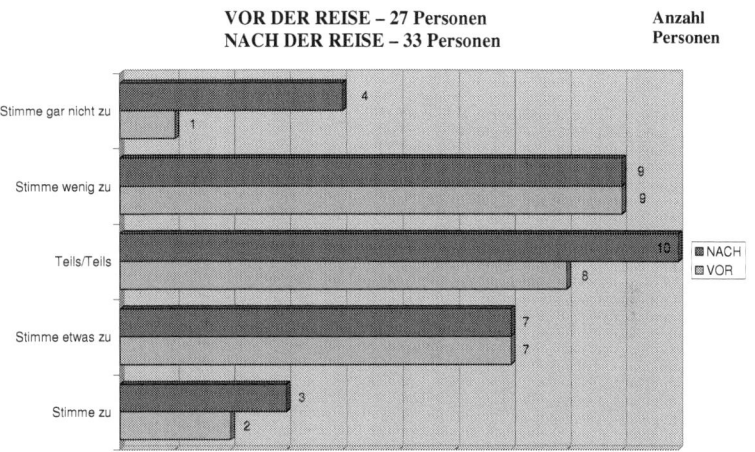

Abb. 26: Ergebnisse der Befragung Costa Rica vor und nach der Reise: Aussage „durch Reise aktiver Umweltschutz"

Quelle: Eigene Erhebung und Auswertung

In Anbetracht der beiden vorherigen Abbildungen kann dies bestätigt werden, denn wer sich bewusst ist, dass er durch seine Urlaubsreise die Umwelt belastet, aber dennoch den Urlaub genießen will, wird wohl kaum aktiven Umweltschutz im Urlaub betreiben.

Daran, durch die Reise aktiven Naturschutz betreiben zu können, glauben die Reiseteilnehmer nach der Reise wohl eher nicht, weil 27,3 % oder 9 Personen eher wenig zustimmen, der Hauptteil nimmt eine neutrale Position ein (30,3 % oder 10 Personen).

10.1213   Im Urlaub kann ich heimische Kultur kennen und respektieren lernen

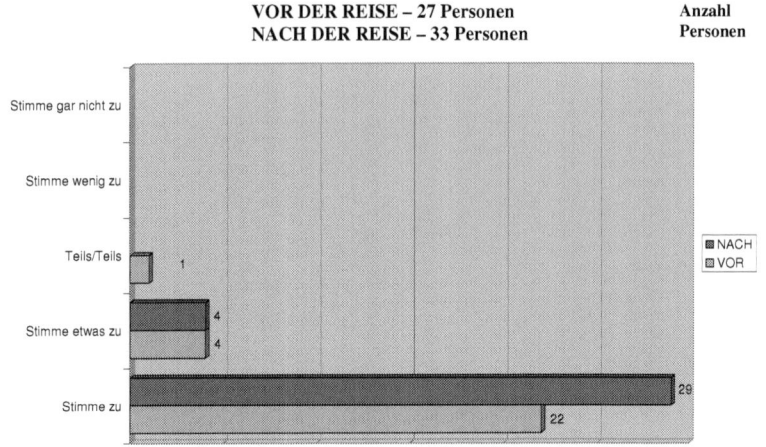

Abb. 27: Ergebnisse der Befragung Costa Rica vor und nach der Reise: Aussage „heimische Kultur kennen lernen"

Quelle: Eigene Erhebung und Auswertung

Alle 33 Personen nach der Reise stimmen zu (87,9 %, 29 Personen, stimmen zu, 12,1 %, 4 Personen, stimmen etwas zu), dass sie die heimische Kultur des Gastlandes kennen lernen und respektieren wollen.

10.1214   Im Urlaubsland bin ich nur Gast und verhalte mich angepasst

VOR DER REISE – 27 Personen   Anzahl
NACH DER REISE – 33 Personen   Personen

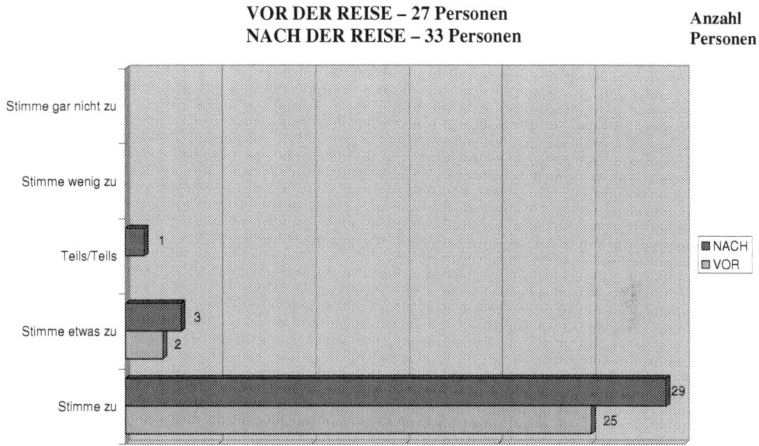

Abb. 28: Ergebnisse der Befragung Costa Rica vor und nach der Reise: Aussage „bin nur Urlaubsgast"

Quelle: Eigene Erhebung und Auswertung

Auch die Situation, dass man nur Gast ist und die heimische Kultur und Bevölkerung nicht belasten oder ausbeuten sollte, ist allen Reisenden bereits vor der Reise bewusst. Auch dies spricht dafür, dass die Reiseteilnehmer alternative Reisende sind, weil sie die lokale Kultur und Natur so wenig wie möglich beeinträchtigen wollen. Nach der Reise stimmten 87,9 % oder 29 Personen dieser Aussage zu.

10.1215   Ich probiere möglichst viele neue lokale Produkte im Urlaub

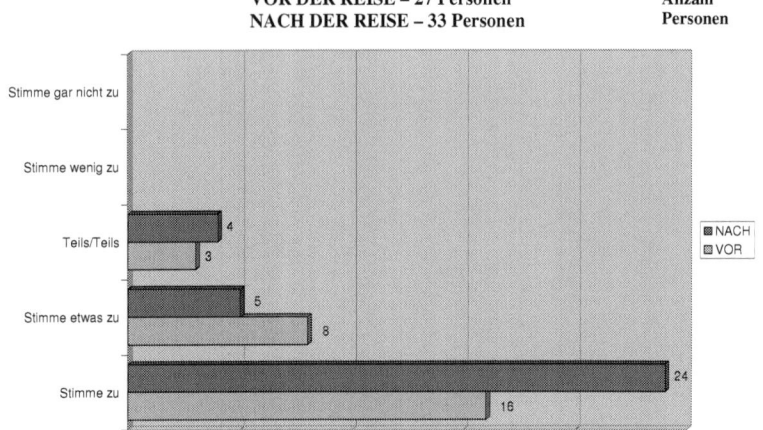

VOR DER REISE – 27 Personen   Anzahl
NACH DER REISE – 33 Personen   Personen

Abb. 29: Ergebnisse der Befragung Costa Rica vor und nach der Reise: Aussage „probiere
viele neue Produkte"

Quelle: Eigene Erhebung und Auswertung

Generell werden viele neue Produkte ausprobiert (59,3 % stimmen zu), obwohl sich
diese Auswertung nicht mit den Erwartungen in Bezug auf die Versorgung im
Urlaubsland deckt. Nach der Reise stimmten 72,7 % oder 24 Personen dieser Aussage
zu.

Generell zeigt sich, die Reisenden sind sich sehr wohl über die Auswirkungen ihres
Tuns bewusst, sie wollen die lokale Kultur und Natur auch nicht oder so gut wie nicht
belasten, dennoch wollen sie derartige Reisen unternehmen. Auch will man
„alternativ" leben, also neue Produkte oder Speisen des Urlaubslandes ausprobieren,
aber die allgemeine Versorgung oder Verpflegung von Seiten der Reiseleitung sollte
dann doch „normal" und so wie von zu Hause gewohnt sein.

10.13   Zusammenfassende Ergebnisse der Marokko-Befragung

Die sechs Marokkoreisenden wurden hauptsächlich durch Freunde, Bekannte oder
Verwandte auf die Reise aufmerksam. Dabei sind das Interesse an der Natur und
Kultur Marokkos vorrangig, wohingegen das Interesse an den Produkten Marokkos

nicht vorhanden ist. Das Interesse wurde auch nicht durch Freunde, Bekannte oder Verwandte geweckt, obwohl diese die Reise empfohlen haben.

Erwartungen in Bezug auf den Transport sind vorrangig (zu 50 %, also die Meinung von drei Reisenden), dass man sich in Marokko mit Geländewagen, mit Booten, auf Tieren oder kurze Strecken zu Fuß fortbewegt. Ansonsten erwartet man sich, dass der Transport der Route angepasst erfolgt oder dass man sich vorwiegend im Bus aufhält. In Bezug auf die Unterkunft erwarten sich die Reisenden hauptsächlich landestypische Hotels mit Dusche/WC im Zimmer und von lokalen Besitzern geführt. Eine Person erwartete sich eine sorgfältig ausgewählte Unterkunft in Bezug auf Lage, Ambiente und Verpflegung. Hierbei kann bereits ein erster wesentlicher Unterschied zwischen den verschiedenen Reisegruppen festgestellt werden: während den Reisenden nach Costa Rica die Unterkunft eher nicht so wichtig ist, sie dafür viel lernen wollen und die heimische Kultur oder die Einheimischen unterstützen wollen, erwarten sich die Reisenden nach Marokko doch eher höhere Standards in Bezug auf die Unterkunft oder in Bezug auf das allgemeine Urlaubserlebnis.

Die Verpflegung sollte mehrheitlich landestypische Speisen/Getränke beinhalten, dies erwarten sich vier Personen (66,7 %). Täglich geführte Fachexkursionen mit Fachvorträgen und umfangreicher Fachinformation erwarten sich alle sechs Reiseteilnehmer, genauso wie wissenschaftliche Informationen zu allen naturwissenschaftlichen Fragen (4 Personen, 57,1 %).

Vier Personen wünschen sich Kontakt zur einheimischen Bevölkerung insofern, dass sie sich einheimische Reiseführer erwarten, bei Einheimischen essen und einkaufen wollen. Dies sind 66,7 %. Auf die Reise nach Marokko haben sich die Reiseteilnehmer in Bezug auf die Gesundheitsvorsorge nicht so intensiv vorbereitet wie jene Reisende, die nach Costa Rica reisten. Dabei hat man sich nur insofern vorbereitet, dass man die Empfehlungen des Reiseveranstalters befolgte, sich etwas selbst informierte und körperlich mäßig bis regelmäßig trainierte. Zwei Personen hätten sich zusätzlich eine etwas fundiertere Ausführung des Reiseprogramms in schriftlicher Form erwartet.
Das Empfinden des Preis-Leistungs-Verhältnisses wurde bei Marokko-Reisenden etwas negativer bewertet als bei Costa Rica-Reisenden, dennoch sind die Touristen mit dem Preis zufrieden oder finden ihn angemessen.

Dass Naturschutz auch gleichzeitig Umweltschutz ist, finden alle sechs Reiseteilnehmer. Naturschutz war aber für keinen der Teilnehmer ein Grund für die Teilnahme, die Reisenden sind auch bis auf einen Teilnehmer nicht aktiv am Umweltschutz beteiligt.
Folgende Aussagen wurden in Bezug auf die Assoziationen mit dem Begriff Nachhaltigkeit von den Marokko-Reisenden genannt. Es folgen wörtliche Zitate aus den Fragebögen:

Nachhaltigkeit bedeutet für mich (die Befragten, Anm. der Verf.):

* bewusster Umgang mit Ressourcen
* den Umweltbedingungen und sozialen Grundvoraussetzungen angepasste wirtschaftliche Entwicklung
* Eindruck, der eine Reaktion bewirkt in Richtung Umwelt(Natur)schutz
* Landschaft und Kultur erhalten
* ökosoziale Marktwirtschaft
* Ressourcen so nutzen, dass auch künftige Generationen berücksichtigt werden

Alle Reiseteilnehmer besitzen ein Auto, fahren damit auch meistens zur Arbeit oder teilweise auch zum Einkaufen. Diesen Teilnehmern scheint der Zusammenhang zwischen Nachhaltigkeit und der Belastung der Umwelt durch ein Auto weniger bewusst zu sein oder eher gleichgültig zu sein als den Reisenden nach Costa Rica.

Das Einkaufen muss bei den Marokko-Reisenden schnell gehen, der Preis ist ihnen dabei nicht so wichtig. Allerdings muss der Preis sehr wohl im Verhältnis zur Fairness und Verträglichkeit eines Produktes stehen. Fair Trade oder ökologisch einwandfreie Produkte sind den Reisenden ein Anliegen, die sie auch vorrangig im Supermarkt einkaufen, auf Märkten wird eher nicht eingekauft.

Auch die Marokko-Reisenden wollen während dem Urlaub den Alltag vergessen, ihnen ist teils auch bewusst, dass sie damit aber die Natur und lokale Bevölkerung belasten.

Aktiven Natur- und Umweltschutz wollen die Reisenden während der Reise nicht betreiben, aber die heimische Kultur oder die Einheimischen wollen sie sehr wohl kennen lernen und respektieren. Ebenso sind sie sich darüber bewusst, dass sie im Urlaubsland nur Gast sind und sich auch dementsprechend angepasst verhalten. Dazu gehört aber auch, dass man neue lokale Produkte ausprobiert (50 % stimmen zu, 50 % teils/teils).

10.14   Sonstige Fragen des Fragebogens „Costa Rica nachher"

Insgesamt füllten 33 Personen den „Fragebogen danach" aus, dies sind also mehr Personen als jene, die ihn vor der Reise ausfüllten (27 Personen).

10.141   Reise insgesamt gefallen

Alle Reiseteilnehmer waren von der Reise begeistert und fanden die Reise zumindest „ganz okay".

10.142   Preis-/Leistungsverhältnis im Nachhinein

Auch das Preis-/Leistungsverhältnis wird als angenehm empfunden, wobei der Großteil der 33 Befragten (48,5 % oder 16 Personen) mit dem bezahlten Preis völlig zufrieden ist. Am anderen Ende finden 6 Personen oder 18,2 % den Preis als angemessen.

10.143   Bereit gewesen, mehr zu bezahlen

Eine Person enthielt sich ihrer Meinung, der Rest wäre eher nicht bereit gewesen, für das Erlebte mehr zu bezahlen (23 Personen oder 71,9 %).

10.144   Erwartungen erfüllt – Zufriedenheit mit den in Costa Rica gemachten Erfahrungen

72,7 % oder 24 Personen der insgesamt 33 Befragten sind mit der Erfüllung ihrer Erwartungen in Bezug auf das Urlaubserlebnis insgesamt sehr zufrieden.
Auch die Erwartungen in Bezug auf den Transport in Costa Rica wurden für 78,8 % oder 26 Personen von insgesamt 33 als erfüllt eingeschätzt.
Die Unterkunft wurde bereits weniger intensiv bewertet, hier war der Großteil der Befragten nur „gut" mit der Unterkunft zufrieden, 60,6 % oder 20 Personen, was aber immer noch als positive Bewertung angesehen werden kann. Bis auf eine Person fanden alle die Verpflegung in Costa Rica sehr gut
Kontakt zu Einheimischen wurde bei dieser Reise in Anbetracht der eigenen Erwartungen einerseits befriedigend wahrgenommen, 36,4 % (12 von 33 Befragten), andererseits aber als sehr gut eingeschätzt (33,3 %, 11 der 33 Befragten).
Die Fachinformation von Seiten der Reiseleitung hat alle Teilnehmer zufrieden gestellt, mit 84,8 % oder 28 der 33 Teilnehmer, die sehr zufrieden sind, und 15,2 % (5 der 33 Befragten), die sie als gut bewerteten. Dieses Ergebnis spricht für die Qualität der Reiseleitung.

10.145   Infrastruktur im Urlaubsland mit Stand der Entwicklung vergleichbar

Die Mehrheit der Befragten (71 %, 23 der insgesamt 33 befragten Personen) ist der Meinung, dass Costa Rica mit seiner Infrastruktur nicht mit jener der westlichen industrialisierten Länder vergleichbar ist.

10.146   Natur/Umweltschutz anderen Stellenwert bekommen und Naturschutz besser zuhause umsetzbar

Hier geht die Meinung zu gleichen Teilen in zwei unterschiedliche Richtungen. Während 50 % der Reiseteilnehmer (16 Personen) meinen, sie haben den Umweltschutz nach ihrer Reise besser verstanden, denken die anderen 50 % (16 Personen), dass ihnen diese Reise nicht Neues in Bezug auf Umweltschutz beigebracht hat.

Die Mehrheit der 33 Personen (17 Personen, 51,5 %) denkt, sie könne den Natur- oder Regenwaldschutz nach der Reise zu Hause besser umsetzen.

10.147   Nachhaltigkeit nach dieser Reise

Im Vergleich zum Fragebogen, der vor der Reise ausgeteilt wurde, wurde hier keine offene Frage gestellt, bei der die Befragten auflisten konnten, was ihnen dazu einfällt, sondern es wurden verschiedene Antworten vorgegeben, die die Befragten für sich selbst als gültig oder ungültig erachten konnten. Dabei waren auch Mehrfachantworten möglich.

Großteils ist Nachhaltigkeit kein Schutz des Regenwaldes, dies sagen 25 Personen oder 80,6 %. Auch die Lebensweisen der einheimischen Urbevölkerung werden dadurch auch kaum geschützt, dies antworteten 21 Personen oder 67,7 % der 33 Befragten. Wohl eher geht es den Teilnehmern bei Nachhaltigkeit um den Erhalt der Artenvielfalt, dies bejahten 20 Personen oder 64,5 % der Befragten. Indigenes Wissen wird hingegen durch Nachhaltigkeit kaum bewahrt, dies verneinten 26 Personen oder 83,9 % der Befragten, genauso wie die Förderung der indigenen Bevölkerung, die von 24 Personen oder 77,4 % der 33 Befragten verneint wurde.

10.148   Aussagenbewertung im Nachhinein

Die Ergebnisse zu den meisten abgefragten Items wurden bereits weiter vorne präsentiert. Zusätzlich zu den bereits abgefragten Items wurden einige mehr zusätzlich abgefragt, die sich zum Teil auf Umweltschutz, Bevölkerungsunterstützung oder Nachhaltigkeit beziehen.

10.1481   Verstehe Zusammenhänge und Auswirkungen meiner alltäglichen Handlungen

Aufgrund der geringen aussagekräftigen Antworten der Befragten trifft diese Aussage auf die Reisenden wohl eher nicht zu, da sie sehr gleichmäßig über alle Antwortkategorien bewertet wurde, deshalb können daraus keine Schlüsse gezogen werden, außer dass eventuell zu wenig Informationen diesbezüglich von Seiten der Reiseleitung übermittelt wurden oder man kann annehmen, dass die Reiseteilnehmer zu sehr in „Urlaubsstimmung" verfielen, was durchaus verständlich erscheint, sodass ihre Aufnahmekapazität in Bezug auf neue Informationen oder Lehrreiches begrenzt war oder im Unterbewusstsein herabgesetzt wurde.

10.1482   Habe während der Reise viel gelernt, offener gegenüber exotischen Speisen/Getränken bzw. Produkten

Alle Teilnehmer haben während der Reise etwas gelernt, stimmen also zu (87,5 %, 28 Personen) oder stimmen etwas zu (12,5 % oder 4 Personen). Auch die Offenheit für neue Produkte ist etwas gestiegen, dabei stimmen 48,4 % oder 15 Personen zu, 22,6 % oder 7 Personen vertreten eine neutrale Meinung.

10.1483   Zu entsprechenden Anlässen Produkte aus dem Urlaubsland herzuschenken, um die indigene Kultur des Urlaubslandes zu unterstützen

Zwei Drittel aller Reiseteilnehmer können sich vorstellen, lokale und indigene Produkte einzukaufen (62,5 % oder 15 von 33 Personen stimmen zu).

10.1484   Natur und die indigene Völker müssen mehr geschützt werden

Auch hier sind sich die Befragten einig, 78,1 % oder 25 Personen stimmen zu, 15,6 % oder 5 Personen stimmen etwas zu.

10.15   Fragen des Fragebogens „Marokko nachher"

Auch hier sei nur ergänzend und überblicksartig auf die Fragen des Marokkofragebogens, der nach der Reise abgefragt wurde, eingegangen. Insgesamt wurden vier Fragebögen nach der Marokko-Reise retourniert.

10.151   Zusammenfassende Ergebnisse der Marokko-Befragung

Allen vier Personen hat die Reise entweder sehr gut oder gut (1 Person) gefallen, eine von vier Personen fand den Preis zu teuer für die Reise, eine Person nahm eine neutrale Position ein. Kein Reiseteilnehmer wäre hingegen bereit gewesen, für die Reise mehr zu bezahlen.

Die Zufriedenheit in Bezug auf das generelle Urlaubserlebnis wurde gut oder positiv bewertet, den Transport fanden drei Personen gut, eine eher befriedigend, zwei Personen gingen mit ihrer Meinung in Bezug auf die Zufriedenheit mit der Unterkunft in die negative Bewertung, fanden sie also nur genügend zufrieden stellend. Die Verpflegung wurde aber als ausreichend zufrieden stellend bewertet. Der Kontakt zu Einheimischen war ebenfalls für 66,7 % befriedigend, die Gesundheitsvorsorge war für alle vier Teilnehmer ausreichend, genauso wie die Fachinformationen von Seiten der Reiseleitung.

Auch die Infrastruktur sei nicht mit „unserer westlichen" vergleichbar, meinen drei von vier Personen.

Naturschutz hat nach der Reise für drei Personen einen höheren Stellenwert bekommen, dennoch glauben alle vier Personen, man könne Naturschutz zu Hause deswegen nicht besser umsetzen.
Nachhaltigkeit bedeutet für 50 % der vier Teilnehmer, die indigene Bevölkerung zu fördern. Außerdem wurde genannt, dass es keinen entwürdigenden Umgang mit Einheimischen geben sollte und die „Müllentsorgung ernsthaft betrieben werden" sollte.
Von der Welt Marokkos will man im Heimatland den Tee beibehalten und weiter konsumieren, Kleidungsstücke oder Safran will man im Heimatland kaufen und die heimische Geologie will man intensiver betrachten.

Drei von vier Reiseteilnehmern werden die Reise aktiv weiterempfehlen.

In Bezug auf die Bewertung der gestellten Aussagen gab es interessante Ergebnisse insofern, dass man ökologisch einwandfreie Produkte kaufen will, auch wenn diese teurer sind, weil der Preis beim Einkaufen eher unwichtig ist (teils/teils-Meinung). In speziellen Läden oder auf Märkten wird nicht gekauft, auch im Supermarkt kauft nur eine von vier Personen regelmäßig ihre Lebensmittel ein. Die restlichen drei Befragten nahmen eine neutrale Meinung ein.
Im Urlaub will man den Alltag vergessen, die Befragten sind sich auch bewusst, dass sie durch ihre Reise die Natur und lokale Bevölkerung belasten. Die lokale Bevölkerung will man im Urlaub nur zu 50 % kennen lernen, lokale Produkte wollen alle vier im Urlaub ausprobieren, obwohl sie diese im Heimatland nur zu 50 % weiter konsumieren wollen oder kaufen wollen, um die indigenen Völker zu unterstützen. Dies geht nicht konform mit der Meinung aller, dass die lokale Bevölkerung geschützt und unterstützt werden muss. Auch der Glaube, durch die Reise könne man nun aktiven Naturschutz betreiben, herrscht hier nicht vor. Das Bewusstsein, nur Gast im Urlaubsland zu sein und sich auch dementsprechend angepasst zu verhalten, ist bei allen vier Teilnehmern vorhanden.
Der Wert des heimischen Standards wird nach der Reise von allen geschätzt, gelernt haben auch alle etwas durch diese Reise.

10.16   Fragen des Fragebogens „Schüleraustausch Costa Rica"

Da auch dieser Fragebogen nur ergänzend durchgeführt wurde, seien auch hier nur die wesentlichsten Ergebnisse dargestellt. Insgesamt nahmen 19 Reisende an der Befragung teil, davon waren 17 Schüler und eine Lehrkraft. Die Lehrer haben dabei die Reise und deren Ablauf geplant, wobei die Schüler nur mäßig Vorschläge machen konnten, wie das Programm aussehen soll. Gebucht wurde der Flug über „Waschbär-Reisen", der Rest ergab sich aus den Schulkontakten. Gewohnt haben die Reiseteilnehmer im Hotel, im Zelt beim Campen, aber auch bei Einheimischen, d. h. bei den Gastfamilien.

10.161   Zusammenfassende Ergebnisse der Costa Rica-Schülerbefragung

Die Lehrperson ist auf diese Art der Reise aus Interesse gestoßen, vorrangig sind dabei das Interesse an der Natur und Kultur Costa Ricas. Die Erwartung der Lehrkraft in Bezug auf den Transport war „langsamer, etwas unbequemer, längere Fahrten mit Geländewagen", in Bezug auf die Unterkunft „landestypische Hotels mit Dusche/WC im Zimmer, von lokalen Besitzern geführt", in Bezug auf die Verpflegung „größtenteils landestypische Speisen/Getränke", in Bezug auf das allgemeine Urlaubserlebnis „eigenständige Exkursionen, 1 bis 2 mal pro Woche geführte Ausflüge mit Fachinformationen" und in Bezug auf den Kontakt zu Einheimischen „während der gesamten Reise alles so erleben, essen, einkaufen wie die Einheimischen". Dabei wurden die Erwartungen an das Urlaubserlebnis allgemein sehr gut erfüllt, genauso wie der Kontakt zu Einheimischen, die Gesundheitsvorsorge und die Verpflegung.

Die Lehrkraft erachtet die Infrastruktur in Costa Rica mit jener in unseren Industrieländern vergleichbar, die Schüler sehen dies eher umgekehrt. Maßnahmen in Bezug auf die Gesundheitsvorsorge wurden insofern getroffen, als dass man sich selbst impfen ließ, eigenständig recherchierte und sich vorbereitete und sich auch mit Medikamenten versorgt hat. Die Schüler im Vergleich dazu haben größtenteils nur die Informationen der Reiseleiter – also der Lehrkräfte – verfolgt und vereinzelt konditionell trainiert (40 % oder 6 Schüler). 26,7 % oder 4 Schüler haben sich genauso vorbereitet wie die Lehrkraft, mit eigenen Impfungen und selbständiger Informationssammlung.

Der Lehrkraft hat die Reise sehr gut gefallen und sie war mit dem bezahlten Preis vollauf zufrieden, wäre aber nicht bereit gewesen, dafür mehr zu zahlen. Deshalb wird die Reise auch aktiv weiterempfohlen. Auch den Schülern hat die Reise insgesamt sehr gut gefallen. Umweltschutz ist der Lehrkraft ein Anliegen, bedeutet für sie gleichzeitig auch Naturschutz, sie hat aber den Umweltschutz nach der Reise nicht anders bewertet, weshalb dieser auch zu Hause nur mäßig umsetzbar ist. Nachhaltigkeit bedeutet für die Lehrkraft Schutz der Lebensweisen der einheimischen Urbevölkerung und Erhalt der Artenvielfalt.

Die Lehrkraft will schnell einkaufen, achtet auf den Preis, aber auch auf Fair Trade Produkte, sie kauft vorrangig im Supermarkt, nicht in speziellen Läden und teils/teils auf Märkten. Die Lehrkraft will im Urlaub den Alltag nicht vergessen oder ausspannen, weshalb sie auch Belastungen der Natur oder einheimischen Bevölkerung nicht akzeptieren kann. Sie ist sich außerdem bewusst, dass sie im Heimatland nur Gast ist, will aber die lokale Bevölkerung kennen lernen und probiert auch viele neue Produkte aus. Die indigene Bevölkerung muss geschützt und bewahrt werden, dies ist der Lehrkraft ebenfalls bewusst, weshalb sie auch manchmal indigene Produkte kaufen will und nun auch offener gegenüber neuen exotischen Produkten ist. Dennoch wurden keine Angaben darüber gemacht, dass die Lehrperson Produkte oder Speisen und

Getränke entdeckt hat, die sie nun auch in Österreich weiter konsumieren will. Sie schätzt nun auch den Wert „unserer" Welt und versteht auch die Zusammenhänge und Auswirkungen des eigenen Handelns besser, weshalb sie auch während der Reise viel gelernt hat.

Die Erwartungen der Schüler in Bezug auf den Transport im Urlaubsland überwiegen bei der Aussage „langsamer und unbequemer, längere Fahrten mit dem Geländewagen", in Bezug auf die Unterkunft „landestypische Hotels mit Dusche/WC im Zimmer, von lokalen Besitzern geführt", andere diesbezügliche Erwartungen waren, in einer Finca, im Zelt oder bei Gastfamilien zu wohnen. Hauptsächliche Erwartungen in Bezug auf die Verpflegung waren „größtenteils landestypische Speisen/Getränke", aber auch „Essen und Trinken ausschließlich wie die Einheimischen". Erwartungen in Bezug auf das Urlaubserlebnis betreffen vor allem „eigenständige Exkursionen, 1 bis 2 mal pro Woche geführte Ausflüge mit Fachinformation" und in Bezug auf den Kontakt mit Einheimischen „einheimische Reiseführer im Reiseland zu haben" und „während der gesamten Reise alles so erleben, essen, einkaufen wie die Einheimischen". Ansonsten haben sich die Schüler erwartet, dass es keine Urlaubsreise an sich wird und große Gastfreundschaft herrscht.

Die Erwartungen an das generelle Urlaubserlebnis wurden am ehesten „sehr gut" befriedigt, ebenso wie jene der Unterkunft, Verpflegung, Kontakt zu Einheimischen und der Gesundheitsvorsorge.

Umweltschutz finden die Schüler wichtig, er bedeutet für sie auch Naturschutz und sie sind der Meinung, er habe nach der Reise einen höheren Stellenwert für sie bekommen. Die Schüler haben viele Speisen/Getränke kennen gelernt und wollen diese auch zu Hause weiter konsumieren (Reis mit Bohnen, einheimisches Bier, Früchte oder Fruchtsäfte), genauso wie Produkte (vor allem Schmuck oder Hängematten) oder Naturbezogenes (Natur beobachten, Wald entdecken).

Auch die Schüler kaufen vorrangig im Supermarkt, die spezifischen Fragen Fair Trade oder ökologisch einwandfreie Produkte betreffend werden an dieser Stelle nicht erwähnt, da anzunehmen ist, dass die Schüler nicht selbst einkaufen gehen. Im Urlaub wollen die Schüler ihren Alltag vergessen, damit werden die Belastungen der Umwelt auch großteils akzeptiert. Im Urlaubsland fühlen sie sich nur als Gast, wollen aber die heimische Kultur und Bevölkerung kennen lernen und akzeptieren. Auch viele neue Produkte werden ausprobiert und man hat während der Reise viel gelernt. Den Wert des Lebens und Wohnens in Österreich schätzen die Schüler nun mehr. Die indigene Bevölkerung muss geschützt werden und die Schüler versuchen auch, indigene Produkte in Österreich zu kaufen.

Insgesamt waren 10 weibliche und 8 männliche Schüler in Costa Rica. Der Beruf des Vaters und der Mutter wurde abgefragt, um festzustellen, ob die Reisegruppe homogen in dem Sinn ist, dass sich nur wohlhabende und beruflich höher stehende Familien diese Art der Reise leisten. Allerdings konnte ein solcher Zusammenhang nicht bestätigt werden, weshalb hier auch nicht näher darauf eingegangen wird.

Der Wohnort und die Anzahl der Personen im Haushalt wurden sowohl bei der Lehrkraft als auch bei den Schülern nur ergänzend abgefragt und seien hier nicht näher erwähnt.

11. ZUSAMMENFASSUNG

In Bezug auf die Gestaltung von Tourismusleistungen stellt ein gesundes, regional vernetztes Wirtschaftssystem die Grundvoraussetzung einer nachhaltigen Entwicklung dar. Es sollte darauf geachtet werden, dass die touristische Entwicklung auf die Erhaltung der ökonomischen Ressourcen und gleichzeitig auf die besonderen Merkmale einer bestimmten Region oder eines Gebietes Rücksicht nimmt. Um Probleme im sozio-kulturellen Bereich zu lösen oder zu vermeiden, bedarf es der Sensibilisierung der Bevölkerung und deren Aus- und Weiterbildung genauso wie der Bildung aller Tourismusmitarbeiter. Die Touristen sollten vor und während der Reise für das Gebiet sensibilisiert werden, wobei den Herkunftsländern der Reisenden eine besondere Verantwortung zukommt.[576]

Ziel einer aktiven Partizipation der lokalen Bevölkerung soll sein, die Entscheidungsfreiheit zu stärken und ihnen einen direkten oder indirekten Profit aus dem Tourismus zu sichern.[577]

Ökotourismus wurde lange für nicht überall möglich gehalten, weil man ihn vorerst mit unberührter Natur und geschützter Flora und Fauna verband. Aber auch in kleinen Naturräumen oder sogar künstlichen Ferienregionen kann ein naturbezogenes Angebot mit Bildungsanspruch geschaffen werden. Deshalb gibt es auch heute noch ein großes ungenutztes Potential vieler Einrichtungen, ihre Attraktivität durch kreative, umweltorientierte Neuerungen im Bereich Ökotourismus zu erhöhen.[578]

Die Literatur bietet nur wenige Befunde einer Ethik im Tourismus, das Schlagwort Nachhaltigkeit hat sich dahingegen stark durchgesetzt.[579]

Soziale Verantwortung sollte in jedem zukünftigen Leitbild eines Tourismusprojektes oder -unternehmens fest verankert sein und bedeutet: den Ressourcenverbrauch reduzieren, die Erfordernisse des natürlichen Ökosystems zu berücksichtigen oder vermehrt auf die Bedürfnisse und Eigenheiten der einheimischen Bevölkerung einzugehen.[580]

Die Zukunft des Tourismus als Wirtschaftsfaktor einer Region hängt von der Bewahrung der natürlichen Qualitäten, einer ressourcenschonenden Entwicklung im Rahmen der Leistungsfähigkeit des Naturhaushaltes und der Sicherung der eigenständigen baulichen wie landschaftlichen Identitäten der Tourismusorte als wesentliche Standortfaktoren ab.[581]

---

[576] PREDOTA, D.: Tourismusentwicklung in Madagaskar: Auf dem Weg zur Nachhaltigkeit, Diplomarbeit der Wirtschaftsuniversität Wien, Wien 2001, S. 113

[577] PREDOTA, D.: Tourismusentwicklung in Madagaskar: Auf dem Weg zur Nachhaltigkeit, Diplomarbeit der Wirtschaftsuniversität Wien, Wien 2001, S. 113 ff

[578] VIEGAS, A.: Ökodestinationen, Wien 1998, S. 14

[579] FENNELL, D. A.: Ecotourism – an introduction, London 1999, S. 254 f

[580] HOPFENBECK, W., ZIMMER, P.: Umweltorientiertes Tourismusmanagement, Landsberg/Lech 1993, S. 156

[581] AMMER, U., u.a.: Freizeit, Tourismus und Umwelt, Bonn 1998, S. 134 f

Insgesamt ließ sich erkennen, dass alternative Reisegruppen, wie sie der Befragung zugrunde lagen, sehr wohl über die Auswirkungen einer Reise Bescheid wissen, doch von einem tatsächlichen Bewusstsein kann noch nicht ausgegangen werden. Hier herrscht vielmehr noch ein "Wunschdenken" in dem Sinne: "Ich versuche ja, die Umwelt und deren Ressourcen zu schonen, aber....", oder "ja, ich reise im Reiseland Costa Rica nur mit Gruppen in öffentlichen Verkehrsmitteln, aber ich fliege mit dem Flugzeug schon zu weit entfernten Erdteilen", oder "ja, ich kaufe natürlich biologisch einwandfreie Produkte der Einheimischen im Urlaubsland, aber zu Hause fahre ich mit dem Auto zum nächsten Supermarkt" (Aussagen sind beispielhafte Aussagen der Fragebögen, Anm. der Verf.).
Die Erwartungen von Alternativreisenden sind durchaus als hoch einzustufen, was auch darauf hinweist, dass diese Reisegruppe heute nicht mehr als der durchschnittliche Rucksacktourist gilt, der wenig Ansprüche an Unterkunft oder Transportmöglichkeiten im Urlaubsland stellte. Ein Grund dafür auch die gestiegene Einkommensklasse der heutigen typischen „Alternativreisenden" sein.
Auch der Aspekt der Umweltbildung wird von den Reiseteilnehmern hoch bewertet, da sich alle über das Reiseland, deren Kultur und Natur bereits vor Reiseantritt erkundigt haben.
Festzuhalten bleibt hier noch, dass es viele verschiedene Formen von Alternativreiseangeboten rund um den Globus gibt, die auch von dementsprechend vielen verschiedenen alternativen Reisenden in Anspruch genommen werden. Aus diesem Grund muss immer zwischen diesen Gruppen differenziert werden, was sich in der vorliegenden Studie beispielsweise in der persönlichen Bewertung von Nachhaltigkeit bei Costa Rica Reisenden einerseits und bei Marokko Reisenden andererseits zeigte: hier war die Qualität der gelieferten Aussagen bei den Costa Rica-Reisenden deutlich höher als bei jenen der Marokko-Reisenden.

Tatsächliche Verhaltens- oder Einstellungsänderungen konnten anhand der hier durchgeführten Befragung nicht nachgewiesen werden, aber vielleicht wurde ein entscheidender Denkanstoß bei den Reiseteilnehmern gegeben, um in Zukunft das eigene Kaufverhalten und Urlaubsverhalten „umwelt-effizienter", sowohl ökologisch als auch kulturell, zu überdenken und gegebenenfalls zu optimieren.

Zur Erforschung eventueller Verhaltensänderungen von Reiseteilnehmern an Alternativreisen sind weiterführende Untersuchungen unbedingt erforderlich, da die vorliegende Untersuchung aufgrund der geringen Stichprobengröße nicht als repräsentativ anzusehen ist. Zum anderen wurde die vorliegende Arbeit lediglich für einen Reiseveranstalter durchgeführt.

12. LITERATURVERZEICHNIS

12.1 Bücher und Studien

AMMER, U., u.a.: Freizeit, Tourismus und Umwelt, Bonn 1998

ARBEITSGRUPPE ÖKOTOURISMUS: Ökotourismus als Instrument des Naturschutzes? Möglichkeiten zur Erhöhung der Attraktivität von Naturschutzvorhaben, Forschungsberichte des Bundesministeriums für wirtschaftliche Zusammenarbeit und Entwicklung, Köln 1995

BACHLEITNER, R., PENZ, O.: Massentourismus und sozialer Wandel – Tourismuseffekte und Tourismusfolgen in Alpenregionen, Wien 2000

BÄNSCH, A.: Käuferverhalten, München/Wien 1993

BECKER, C., JOB, H., WITZEL, A.: Tourismus und nachhaltige Entwicklung, Grundlage und praktische Ansätze für den mitteleuropäischen Raum, Darmstadt 1996

BUHALIS, D.: E-Tourism, Harlow 2003

BUWAL (Bundesamt für Umwelt, Wald- und Forstwirtschaft) (Hrsg.): Methodik für Ökobilanzen, Schriftenreihe Umwelt Nr. 33, Bern 1990

DIEKMANN, A., FRANZEN, A. (Hrsg.): Kooperatives Umwelthandeln: Modelle, Erfahrungen, Maßnahmen, Zürich 1995

DRÖGE, R.: Werthaltungen und ökologierelevantes Kaufverhalten, Wiesbaden 1997

ELLENBERG, L.: Ökotourismus: Reisen zwischen Ökonomie und Ökologie, Berlin 1997

ENGEL, J. F., BLACKWELL, R. D., KOLLAT, D. T.: Consumer Behaviour, Ohio 2001

FENNELL, D. A.: Ecotourism – an introduction, London 1999

FREYER, W.: Tourismus, München/Wien 2001

FRICKE, A.: Das Kaufverhalten bei Öko-Produkten: Eine Längsschnittanalyse unter besonderer Berücksichtigung des Kohortenkonzepts, Europäische Hochschulschriften, Frankfurt am Main 1996

FRISCH, M.: Fragebogen, Frankfurt am Main 1992

GARTNER, W.: Tourism Development: Principles, Processes, and Policies, New York 1996

GERHARDTER, G., GRUBER, M.: Regionalförderung als Lernprozess: Evaluierung der Förderungen des Bundeskanzleramtes für eigenständige Regionalentwicklung, Schriften zur Regionalpolitik und Raumordnung, Nr. 32, Bundeskanzleramt Wien, Wien 2001

GUNN, C. A.: Tourism Planning, New York 1988

HERKER, A.: Eine Erklärung des umweltbewussten Konsumentenverhaltens, eine internationale Studie, Europäische Hochschulschriften, Wien 1993

HOPFENBECK, W., ZIMMER, P.: Umweltorientiertes Tourismusmanagement: Strategien, Checklisten, Fallstudien, Landsberg/Lech 1993

HUNTER, C., GREEN, H.: Tourism and the environment – a sustainable relationship?, London 1995

KAHLENBORN, W., KRAACK, M., CARIUS, A.: Tourismus- und Umweltpolitik – ein politisches Spannungsfeld, Berlin 1999

KASPAR, C.. Die Tourismuslehre im Grundriss, St. Gallner Beiträge zum Tourismus und zur Verkehrswirtschaft, Reihe Tourismus 4, Band 4, Bern/Stuttgart 1991

KIRCHHOFF, S., KUHNT, S., LIPP, P., SCHLAWIN, S.: Der Fragebogen – Datenbasis, Konstruktion und Auswertung, Opladen 2003

KIRCHHOFF, S., KUHNT, S., LIPP, P., SCHLAWIN, S.: Machen wir doch einen Fragebogen, Lehrtexte Soziologie, Opladen 2000

KLAGES, H.: Wertorientierungen im Wandel. Rückblick, Gegenwartsanalyse, Prognose, Frankfurt am Main 1984

KLAUSEGGER, C.: Entscheidungsverhalten von Konsumenten beim Kauf biologischer Nahrungsmittel, Forschungsergebnisse der Wirtschaftsuniversität Wien, Wien 1995

KMIECIAK, P.: Wertstrukturen und Wertwandel in der Bundesrepublik Deutschland – Grundlage einer interdisziplinären empirischen Wertforschung mit einer Sekundäranalyse von Umfragedaten, Göttingen 1976

KOHL, M.: Qualität im Tourismus. Was macht Hotels und Restaurants (besonders) erfolgreich?, Wien 1998

KRIPPENDORF, J.: Die Ferienmenschen: für ein neues Verständnis von Freizeit und Reisen, Zürich 1984

KRIPPENDORF, J.: Die Landschaftsfresser, Bern 1975

KROEBER-RIEL, W.: Konsumentenverhalten, München 1990

MOSE, I. (Hrsg.): Sanfter Tourismus konkret – zu einem neuen Verhältnis von
Fremdenverkehr, Umwelt und Region, Bibliotheks- und Informationssystem der
Universität Oldenburg, Oldenburg 1992

MUELLER, E., THOMAS, A.: Einführung in die Sozialpsychologie, Zürich 1976

MÜLLER, P.: Sanfter Tourismus und Regionalpolitik – auf steinigem Weg zu neuen
Prioritäten, Schriftenreihe des Club NÖ, Band 4, Wien 1985

MUMMENDEY, H. D.: Die Fragebogen-Methode – Grundlagen und Anwendung in
Persönlichkeits-, Einstellungs- und Selbstkonzeptforschung, Bern 1995

NETTEKOVEN, L.: Massentourismus in Tunesien, Soziologische Untersuchungen an
Touristen aus hoch industrialisierten Gesellschaften, Starnberg 1972

REITH, W. J., DÖRR, H.: „Sanfter Tourismus" – Impuls für die regionale
Entwicklung? Institut für Raumplanung und Agrarische Operationen an der
Universität für Bodenkultur Wien, Wien 1985

ROTH, P.: Touristik-Marketing: das Marketing der Tourismus- Organisationen,
Verkehrsträger, Reiseveranstalter und Reisebüros, München 1992

RUDOLPH, H.: Tourismus – Betriebswirtschaftslehre, München/Wien 2002

RUDOLPH, W.: Die amerikanische „Cultural Anthropology" und das Wertproblem,
Berlin 1959

SCHÜRMANN, P.: Werte und Konsumverhalten – Eine empirische Untersuchung
zum Einfluss von Werthaltungen auf das Konsumentenverhalten,
München 1988

SEMLER, G.: Die Lust an der Angst. Warum Menschen sich freiwillig extremen
Risiken aussetzen, München 1997

SMERAL, E., u.a.: Zukunftstrends im internationalen Tourismus – Die Freizeit- und
Informationsgesellschaft an der Schwelle des 21. Jahrhunderts,
Wirtschaftsforschungsinstitut Wien, Wien 1998

SPREITZHOFER, G.: Tourismus 3. Welt – Brennpunkt Südostasien, Europäische
Hochschulschriften, Wien 1995

STATISIK AUSTRIA: Tourismus in Zahlen, Österreich 2004/2005, Wien 2005

STECK, B.: Tourismus in der technischen Zusammenarbeit, Deutsche Gesellschaft für technische Zusammenarbeit (GTZ), Eschborn 1998

SWARBROOKE, J.: Sustainable Tourism Management, Wallingford 2002

SWOBODA, H.: Tourismus, Landschaft, Umwelt, Wien 1995

TRIANDIS, H. C.: Einstellungen und Einstellungsänderungen, Basel 1975

VIEGAS, A.: Ökodestinationen, Wien 1998

VOGEL, G. (Hrsg.): Handbuch zur umweltschonenden Beschaffung in Österreich, im Auftrag der Stadt Wien und des Bundesministeriums für Land- und Forstwirtschaft, Umwelt und Wasserwirtschaft Wien, Wien 1992

VOGEL, G.: Müll - vermeiden, Broschüre der Arbeiterkammer und der MA 48, Wien 1990

WINDHORST, K.-G.: Wertewandel und Konsumentenverhalten - Ein Beitrag zur empirischen Analyse der Konsumrelevanz individueller Wertvorstellungen in der Bundesrepublik Deutschland, Münster 1985

WWF-UK, World wide fund for Nature (Hrsg.): Beyond the green horizon, discussion paper on Principles for Sustainable Development, London 1982

12.2 Hochschulschriften

AUGUSTIN, H. S.: Tourismussektor und Tourismus in Südostasien, Diplomarbeit der Wirtschaftsuniversität Wien, Wien 2004

BRANDNER, G.: Tourismus am Wörthersee unter besonderer Berücksichtigung von Tourismus- und Umweltmanagement, Diplomarbeit der Wirtschaftsuniversität Wien, Wien 1994

BREUER, E.: Fremdenverkehr und Umweltzerstörung: Eine Analyse der Interdependenzen zwischen Fremdenverkehr und seiner ökologischen Umwelt, Diplomarbeit der Wirtschaftsuniversität Wien, Wien 1991

BRUNNAUER, T.: Aufschwung und Aufwertung des Tourismus im Post-Apartheid Südafrika, Diplomarbeit der Wirtschaftsuniversität Wien, Wien 1999

CIESLAR, C.: Eine Analyse der Methoden zum Umweltmanagement in der Tourismusbranche, Diplomarbeit der Wirtschaftsuniversität Wien, Wien 1996

DAROCZI, G.: Der Einkaufstourismus der Ungarn in Österreich, Diplomarbeit der Wirtschaftsuniversität Wien, Wien 1991

DEMETER, T.: Einkaufstourismus in Österreich, Diplomarbeit der
Wirtschaftuniversität Wien, Wien 1989

DRASKOVIC, G.: Tourismus – kritische Betrachtung aus der sozio-ökologischen
Perspektive, Diplomarbeit der Wirtschaftsuniversität Wien, Wien 2004

DRESS, G.: Wirtschafts- und sozialgeographische Aspekte des Tourismus in
Entwicklungsländern, dargestellt am Beispiel der Insel Bali in Indonesien,
Dissertation der Universität München, München 1977

FISCHER, F.: Das Einkaufsverhalten der US-Amerikaner in Wien, Diplomarbeit der
Wirtschaftsuniversität Wien, Wien 1996

GEISHÜTTNER, K-H.: Tourismus und Umweltethik – die ökologische
Herausforderung aus wirtschaftlicher und ethischer Sicht, Diplomarbeit der
Wirtschaftsuniversität Wien, Wien 1997

GOTTHART, J.: Fluglinien als Partner des Fremdenverkehrs – dargestellt an der
Kooperation der Austrian Airlines mit österreichischen
Fremdenverkehrsbetrieben und -organisationen, Diplomarbeit der
Wirtschaftsuniversität Wien, Wien 1990

GRETZEL, U. G.: Der Informationsbedarf von Tourismusmanagern – Eine TourMIS
Benutzerbefragung, Diplomarbeit der Wirtschaftsuniversität Wien, Wien 1998

HADL, B.: Analyse der Nutzung von Actiontourismus-Angeboten in Österreich
gezeigt am Beispiel von Best Trip, Diplomarbeit der Wirtschaftsuniversität
Wien, Wien 2005

HELD, U.: Tourismus in Thailand, Diplomarbeit der Wirtschaftsuniversität Wien,
Wien 1998

HERZOG, T.: Tourismus in Bali – eine wirtschaftsgeographische Analyse der
unterschiedlichen Gäste-Verhaltensweisen und der Auswirkungen des
Individual- und Pauschaltourismus, Diplomarbeit der Wirtschaftsuniversität
Wien, Wien 1999

HÖLLERSBERGER, S.: Nachhaltiger Tourismus als Entwicklungsstrategie unter
besonderer Berücksichtigung von „Pro-Poor Tourism", Diplomarbeit der
Wirtschaftsuniversität Wien, Wien 2003

HÖRL, E.: Das Einkaufsverhalten der japanischen Touristen in der Stadt Salzburg,
Diplomarbeit der Wirtschaftsuniversität Wien, Wien 1996

HÜBLER, E.: Tourism in New Zealand and the active role played by the New Zealand
Tourism Board, Diplomarbeit der Wirtschaftsuniversität Wien, Wien 1994

KAPLAN, P.: Eine Untersuchung über die kulturell bedingten Unterschiede im
    Einkaufsverhalten der Touristen aus Nordamerika, Südostasien und den GUS-
    Ländern in Wien, Diplomarbeit der Wirtschaftsuniversität Wien, Wien 1996

KATSCHNIG, I-H.: Die Auswirkungen des Nationalparks Nockberge auf die
    Entwicklung des Sanften Tourismus in dieser Region, Diplomarbeit der
    Wirtschaftsuniversität Wien, Wien 1999

KMENTA, M.: Kritische Analyse der touristischen Nutzung kanadischer
    Nationalparks, Diplomarbeit der Wirtschaftsuniversität Wien, Wien 1997

KÖGLER, S.: Einkaufsverhalten von japanischen und amerikanischen Touristen in
    Wien, Diplomarbeit der Wirtschaftsuniversität Wien, Wien 1996

MAGRITSCH, P.: Öko-Auditing, Diplomarbeit der Technischen Universität Wien,
    Wien 1995

MAYRHOFER, M.: Sozio-kulturelle Aspekte des Tourismus in der Dritten Welt: eine
    empirische Fallstudie in Goa, Indien, Diplomarbeit der Universität Wien,
    Wien 1992

MAYRHOFER, M.: UrlauberInnen am Urlaubsort in einem Land der sogenannten
    Dritten Welt: Verhalten und Handeln, Wahrnehmungs- und Deutungsmuster,
    subjektives Urlaubserleben. Eine empirische Studie in Goa, Indien,
    Dissertation der Universität Wien, Wien 2004

MORITZ, V. M.: Tourismus in Papua-Neuguinea – Entwicklung, Ausbildung,
    Nachhaltigkeit, Diplomarbeit der Wirtschaftsuniversität Wien, Wien 2000

NEUBERGER, R. F.: Einkaufstourismus in Wien – Reise- und Einkaufsverhalten der
    Flugtouristen aus Nordamerika, Südostasien und der GUS im Wiener
    Städtetourismus, Diplomarbeit der Wirtschaftsuniversität Wien, Wien 1996

NGUYEN, Y-D.: Die Problematik des Tourismus in Entwicklungsländern am Beispiel
    Vietnam, Diplomarbeit der Wirtschaftsuniversität Wien, Wien 1995

NITTMANN, I. M.: Das Einkaufsverhalten der englischsprachigen Touristen in Wien,
    Diplomarbeit der Wirtschaftsuniversität Wien, Wien 1994

PLANK, U.: Erlebnistourismus in Österreich – Konzepte und Erfolgskriterien für
    Hotels und Resorts in landschaftlich wenig attraktiven Regionen,
    Diplomarbeit der Wirtschaftsuniversität Wien, Wien 2003

PREDOTA, D.: Tourismusentwicklung in Madagaskar: Auf dem Weg zur
    Nachhaltigkeit, Diplomarbeit der Wirtschaftsuniversität Wien, Wien 2001

REINTHALER, H.: Die verschiedenen Entwicklungsstadien des Fremdenverkehrs auf den griechischen Inseln dargestellt am Beispiel der Kykladen, Diplomarbeit der Wirtschaftsuniversität Wien, Wien 1988

ROSEGGER, A.: Einzugsbereiche und Käuferverhalten der österreichischen Bevölkerung in Ungarn, Diplomarbeit der Wirtschaftsuniversität Wien, Wien 1990

ROTPART, M.: Vom Alternativtourismus zum Hybridtourismus – der postalternative Wandel im Individualtourismus und die Macht der Reisehandbücher im Dritte-Welt-Tourismus am Fallbeispiel der Philippinen, Dissertation der Kepler Universität Linz, Linz 1995

SCHMALL, S.: Das Ökotourismusprogramm der Organización de pueblos indígenas de Pastaza (OPIP) im Amazonastiefland Ecuadors, Dissertation der Humboldt-Universität Berlin, Berlin 1998

TEUFEL, G.: Das Ökohotel – ein Franchisingkonzept für einen umweltverträglichen Tourismus am Beispiel der Beherbergungsbetriebe, Diplomarbeit der Wirtschaftsuniversität Wien, Wien 1992

WALLY, S.: Naturschutz und Fremdenverkehr, Diplomarbeit der Wirtschaftsuniversität Wien, Wien 2001

WEINSCHENK, M.: Nutzen und Wert des Tourismus für Entwicklungsländer, Dissertation der Wirtschaftsuniversität Wien, Wien 1980

WENZEL, J.: Interdependenzen Verkehr – Fremdenverkehr, Diplomarbeit der Wirtschaftsuniversität Wien, Wien 1979

WIMMER, A.: Die Einstellungen der Bewohner gegenüber dem Tourismus – dargestellt am Beispiel der Tourismusgemeinde Bad Hall, Diplomarbeit der Wirtschaftsuniversität Wien, Wien 1993

12.3 Skripten

DETTMER, H.: Tourismustypen, WiSo- Lehr- und Handbücher, Wien 2000

RILL, H. P.: Skriptum Umweltrecht, Management Book Service Wien, Wien 2003

VOGEL, G.: Sustainable Development, Facultas Wien, Wien 2004

12.4 Beiträge in Sammelwerken und Zeitschriften

ALLPORT, G. W., VERNON, P. E.: A Test of Personal Values, in: Journal of
Abnormal and Social Psychology, Lancaster 1931, Vol. 26, S. 231-248

BAIDAL, J.: Regional development policies: an assessment of their evolution and
effects on Spanish tourism, in: Tourism Management,
Guildford, (2003)24(6), S. 655-663

BAUM, T.: The Development and Implementation of tourism policies, in: Tourism
Management, Guildford, (1994)15(3), S. 185-192

BECKER, C.: Umweltschonender Tourismus: Eine Entwicklungsperspektive für den
ländlichen Raum, in: MOLL, P. (Hrsg.): Material zur Angewandten
Geographie, Band 24, Bonn 1995, S. 77-84

BEHM, H. U.: Umweltschonender Tourismus: Eine Entwicklungsperspektive für den
ländlichen Raum, in: MOLL, P. (Hrsg.): Material zur Angewandten
Geographie, Band 24, Bonn 1995, S. 173-178

BEIRMAN, D.: Managing the recovery and restoration of destinations in crisis, in:
BEIRMAN, D. (Hrsg.): Restoring tourism destinations in crisis,
Wallingford 2003, S. 18-39

BENDELL, F.: Which tourism rules; Green Standards and GATS, in: Annals of
Tourism Research, Oxford, (2004)31 (1), S. 139-156

BENTHIEN, B.: Umweltschonender Tourismus: Eine Entwicklungsperspektive für
den ländlichen Raum, in: MOLL, P. (Hrsg.): Material zur Angewandten
Geographie, Band 24, Bonn 1995, S. 105-115

COCCOSSIS, H., PARPAIRIS, A.: Assessing the interaction between heritage,
environment and tourism: Mykonos, in: COCCOSSIS, H., NIJKAMP, P.:
Sustainable Tourism Development, Gateshead 1995, S. 107-125

CONNER, F.: What is Green Globe?, in: Cornell Hotel and Restaurant Administration
Quarterly, Ithaca NY, Februar 1995, Volume 36, Number 1, S. 15

CON-SENG, O.: Contrasting strategies: tourism in Denmark and Singapore,
Lehrveranstaltungsunterlagen des VK 6 SBWL Tourismus und
Freizeitmarketing, in: Annals of Tourism Research,
Oxford, Vol. 29 9(3), July 2002, S. 689-706

DE LACY, T., BOYD, M.: An Australian research partnership between industry,
universities and government: The CRC, Lehrveranstaltungsunterlagen des VK
6 SBWL Tourismus und Freizeitmarketing, in: BRAMWELL, B.: Tourism
Collaboration and Partnerships: Politics, Practice and Sustainability,
Channel View Publications, North Somerset UK 2000, S. 117-128

DREWS, A.: (Öko-)Tourismus: Instrument für eine nachhaltige Entwicklung? –
Tourismus und Entwicklungszusammenarbeit, in: RAUSCHELBACH, B.
(Hrsg.): Deutsche Gesellschaft für technische Zusammenarbeit (GTZ),
Heidelberg 1998, S. 83-88

FEIGE, M.: Umweltschonender Tourismus: Eine Entwicklungsperspektive für den
ländlichen Raum, in: MOLL, P. (Hrsg.): Material zur Angewandten
Geographie, Band 24, Bonn 1995, S. 131-140

FAYED, F.: Globalization of economic activity: issues for tourism,
Lehrveranstaltungsunterlagen des VK 6 SBWL Tourismus und
Freizeitmarketing, in: Tourism Economics, (2002)8(2), S. 207-230

FAYED, H., WESTLAKE, J.: Globalization of air transport: the challenge of GATS,
Lehrveranstaltungsunterlagen des VK 6 SBWL Tourismus und
Freizeitmarketing, in: Tourism Economics (2002)8(4), S. 431-455

FAYOS-SOLA, E.: Tourism Policy: a midsummer night`s dream,
Lehrveranstaltungsunterlagen des VK 6 SBWL Tourismus und
Freizeitmarketing, in: Tourism Management,
Letchworth, (1996)17(6), S. 405-412

GERSTER, G.: Umweltschonender Tourismus: Eine Entwicklungsperspektive für den
ländlichen Raum, in: MOLL, P. (Hrsg.): Material zur Angewandten
Geographie, Band 24, Bonn 1995, S. 49-53

HAART, N., STEINECKE, A.: Umweltschonender Tourismus: Eine
Entwicklungsperspektive für den ländlichen Raum, in: MOLL, P. (Hrsg.):
Material zur Angewandten Geographie, Band 24, Bonn 1995, S. 17-23

HAHNE, U.: Umweltschonender Tourismus: Eine Entwicklungsperspektive für den
ländlichen Raum, in: MOLL, P. (Hrsg.): Material zur Angewandten
Geographie, Band 24, Bonn 1995, S. 33-40

JASCH, C.: Ökobilanzierung im Tourismus, in: PILLMANN, W., WOLZT, A.
(Hrsg.): Umweltschutz im Tourismus - vom Umdenken zum Umsetzen:
Envirotour Vienna, Wien 1993, S. 43-59

KASPAREK, M.: (Öko-)Tourismus: Instrument für eine nachhaltige Entwicklung? –
Tourismus und Entwicklungszusammenarbeit, in: RAUSCHELBACH, B.
(Hrsg.): Deutsche Gesellschaft für technische Zusammenarbeit (GTZ),
Heidelberg 1998, S. 65-76

KESSLER, A.: Eigene Beobachtung mittels quantitativer Sozialforschung, in: RÖSSL,
D. (Hrsg.): Die Diplomarbeit in der Betriebswirtschaftslehre: ein Leitfaden,
Facultas Wien, Wien 2005, S. 181-201

KLUCKHOHN, C.: Values and Value-Orientation in the Theory of Action – An
Exploration in Definition and Classification, in: PARSONS, T., SHILS, E. A.:
Towards a general Theory of Action, Cambridge 1962, S. 388-433

KREIB, Y.: (Öko-)Tourismus: Instrument für eine nachhaltige Entwicklung? –
Tourismus und Entwicklungszusammenarbeit, in: RAUSCHELBACH, B.
(Hrsg.): Deutsche Gesellschaft für technische Zusammenarbeit (GTZ),
Heidelberg 1998, S. 89-94

KRONBICHLER, A.: Umweltschonender Tourismus: Eine Entwicklungsperspektive
für den ländlichen Raum, in: MOLL, P. (Hrsg.): Material zur Angewandten
Geographie, Band 24, Bonn 1995, S. 165-171

KRÜGER, R.: Umweltschonender Tourismus: Eine Entwicklungsperspektive für den
ländlichen Raum, in: MOLL, P. (Hrsg.): Material zur Angewandten
Geographie, Band 24, Bonn 1995, S. 117-127

LINDBERG, K.: Mixing environment, economics and tourism, in: The Adventure
Travel Society, Seattle 1991, S. 3

MARCH, R., WOODSIDE, A. G.: Testing theory of planned versus realized tourism
behaviour, in: Annals of Tourism Research,
Oxford, Vol. 32, (2005)4, S. 905-924

MUHANNA, E.: Sustainable Tourism Development and environmental management
for developing countries, in: Problems and Perspectives in Management,
Sumy, Volume 4, (2006)2, S. 14-30

MÜLLER, B.: (Öko-)Tourismus: Instrument für eine nachhaltige Entwicklung? –
Tourismus und Entwicklungszusammenarbeit, in: RAUSCHELBACH, B.
(Hrsg.): Deutsche Gesellschaft für technische Zusammenarbeit (GTZ),
Heidelberg 1998, S. 29-46

MÜLLER, R.: Die Ökogürtellinie darf nicht unterschritten werden, in: Reisen &
Umwelt, das Informationsmagazin von SSR-Reisen, Zürich 1995, S. 12-13

NERDINGER, F. W.: Stabilität, Zentralität und Verhaltensrelevanz von Werten, in:
Problem und Entscheidung, München, (1984)26, S. 86-110

NEUMANN-OPITZ, P.: Umweltschutz am Flughafen Frankfurt, in: PILLMANN, W.,
PREDL, S. (Hrsg.): Strategies for reducing the environmental impact of
tourism, Wien 1992, S. 138-147

NIJKAMP, P., VERDONKSCHOT, S.: Sustainable tourism development: A case
study of Lesbos, in: COCCOSSIS, H., NIJKAMP, P.: Sustainable Tourism
Development, Gateshead 1995, S. 127-140

OECD Policy Brief: Sustainable development: critical issues, September 2001
Paris, S. 1-8

OERTER, R.: Entwicklung der Motivation und Handlungssteuerung, in: OERTER, R.,
MONTADA, L.: Entwicklungspsychologie, Baltimore 1987, S. 567-632

PALMER, R.: Tourism and environment taxes: the Balearic ecotax, in: Tourism
Management, Guildford, (2003)24(6), S. 665-674

PETRTÝL, M.: Phare for the environment, in: Czech Ecology, Prag, (2005)1, S. 9

RITCHIE, R., RITCHIE, J. R.: A framework for an industry supported destination marketing information system, in: Tourism Management, Guildford, (2002)23, S. 439-454

ROENICK, C.: EDV-Unterstützung für Öko-Controlling und Ökobilanzierung, in: Neue Wege im Umweltmanagement, Umweltsymposium der Süddeutschen Zeitung, Tagungsbericht, Garmisch-Patenkirchen 1992, S. 3

ROGERS, D.: Travel firms unite for sustainability, in: Marketing, London, 06.11.2003, S. 4

SCHARPF, H.: Freizeit, Tourismus und Umwelt, in: AMMER, U., u.a.: Freizeit, Tourismus und Umwelt, Bonn 1998, S. 9-42

SCHARPF, H.: Umweltschonender Tourismus: Eine Entwicklungsperspektive für den ländlichen Raum, in: MOLL, P. (Hrsg.): Material zur Angewandten Geographie, Band 24, Bonn 1995, S. 67-75

SIX, B.: Das Konzept der Einstellung und seine Relevanz für die Vorhersage des Verhaltens, in: PETERMANN, F. (Hrsg.): Einstellungsmessung – Einstellungsforschung, Göttingen 1980, S. 55-84

SMITH, S.: A vision for the Canadian tourism industry, in: Tourism Management, Guildford, (2003)24(2), S. 123-133

SWARBROOKE, J.: Tourist Destination, in: SWARBROOKE, J.: Sustainable Tourism Management, Wallingford 2002, S. 255-268

TEMPEL, K. G.: (Öko-)Tourismus: Instrument für eine nachhaltige Entwicklung? – Tourismus und Entwicklungszusammenarbeit, in: RAUSCHELBACH, B. (Hrsg.): Deutsche Gesellschaft für technische Zusammenarbeit (GTZ), Heidelberg 1998, S. 77-82

THE VICIOUS CIRCLE of tourism development in heritage cities, Lehrveranstaltungsunterlagen des VK 6 SBWL Tourismus und Freizeitmarketing, in: Annals of tourism research, Oxford, (2002)29(1), S. 165-182

TOTH, R.: Exploring the concepts underlying certification, Lehrveranstaltungsunterlagen des VK 6 SBWL Tourismus und Freizeitmarketing, in: HONEY, M.: Ecotourism and Certification: Setting standards in practice, Washington D.C. 2002, S. 73-101

TRÜMPER, T.: Die touristische Entwicklung der Risiko- und Abenteuersportarten, in: DREYER, A., KRÜGER, A.: Sporttourismus. Management und Marketing Handbuch, Teil B II, München/Wien 1995, S. 203-235

TTG, Travel Trade Gazette, U.K. and Ireland: Travel Foundation Projects, in: Tonbridge, (2004)20, S. 23-29

WACHOWIAK, H.: Umweltschonender Tourismus: Eine Entwicklungsperspektive
    für den ländlichen Raum, in: MOLL, P. (Hrsg.): Material zur Angewandten
    Geographie, Band 24, Bonn 1995, S. 93-103

WÖBER, K.: Information Supply in Tourism Management by Marketing Decision
    Support Systems, in: Tourism Management,
    Guildford, (2003)24(3), S. 241-255

WOLTERS, J.: (Öko-)Tourismus: Instrument für eine nachhaltige Entwicklung? –
    Tourismus und Entwicklungszusammenarbeit, in: RAUSCHELBACH, B.
    (Hrsg.): Deutsche Gesellschaft für technische Zusammenarbeit (GTZ),
    Heidelberg 1998, S. 19-24

ZINN, K. G.: Wie umweltverträglich sind unsere Bedürfnisse, in: DAECKE, S. M.
    (Hrsg.): Ökonomie contra Ökologie? Wirtschaftsethische Beiträge zu
    Umweltfragen, Stuttgart 1995, S. 31-62

12.5 Gesetze, Verordnungen, Normen, Nachschlagewerke

BROSIUS, F.: Spss 8: professionelle Statistik unter Windows, Bonn 1998

DORSCH, F.: Psychologisches Wörterbuch, Toronto 1987

Gablers Wirtschaftslexikon, herausgegeben von SELLIEN, R., SELLIEN, H.,
    Wiesbaden 1971

STANDARD-LEXIKON für MARKETING, herausgegeben von KOSCHNIK, W. S.,
    München 1987

12.6 Gespräche

HUBER, W., wissenschaftlicher Mitarbeiter am Institut für Botanik an der Universität
    Wien, 10.08.2005

12.7 Internet

12.71 Internetportale

BFirst Travel: http://www.bfirsttravel.com/about.cfm, vom 16.12.2006

Costa Rica Mundial: www.costaricamundial.com, vom 04.07.2006

Das österreichische Umweltzeichen: http://www.umweltzeichen.at, vom 15.12.2006

IIASA (International Institute for applied systems analysis), www.iiasa.ac.at, vom 10.9.2007

Lonely Planet: www.lonelyplanet.com, vom 03.07.2006

OECD, www.oecd.org, vom 10.9.2007

STATISTIK AUSTRIA, www.statistik.at, vom 10.9.2007

Sympathiemagazine: www.sympathiemagazine.de, vom 02.07.2006

TourismWatch: http://www.tourism-watch.de/dt/24dt/24.adressbuch/index.html, vom 16.12.2006

Wikipedia Enzyklopädie, www.wikipedia.org, vom 10.9.2007

http://de.wikipedia.org/wiki/Costa_Rica, vom 18.12.2006

www.best.org.bz, vom 04.07.2006

www.ecology.at, vom 01.07.2006

www.naturreisen.at, vom 01.07.2006

www.panda.org, vom 03.07.2006

www.pfbelize.org, vom 04.07.2006

www.respect.at, vom 02.07.2006

www.responsibletravel.com, vom 03.07.2006

www.unu.uk, vom 01.07.2006

12.72 Internetquellen

AGORA: GÜNTHER, W., WINKLER, K., ZAHL, B.: Network Sustainable Tourism Development in the Baltic Sea Region: Sustainability Check: Testing sustainability in tourism projects: State of the Art, Kiel 2005: http://www.agora-tourism.com/downloads/Agora_Sustainability_Check_state_of_the_art_working_paper.pdf, vom 15.12.2006

Anonymous: Adventure abounds from the Amazon to Antarctica, in: Traveltrade, 22.02.2006, S. 21, http://findarticles.com/p/articles/mi_hb5051/is_200602/ai_n18344542, vom 09.09.2007

Anonymous: Development Climate, in: Organisation for Economic Cooperation and
    Development, Paris, November 2004, No. 245, S. 31,
    http://www.oecdobserver.org/news/fullstory.php/aid/1418/Development_clim
    ate_.html, vom 09.09.2007

Anonymous: Good Service, in: Organisation for Economic Cooperation and
    Development, Paris, November 2005, No. 252/253, S. 33,
    http://www.oecdobserver.org/news/fullstory.php/aid/1836/
    Good_service.html, vom 09.09.2007

Anonymous: Unhappy holidays, in: Organisation for Economic Cooperation and
    Development, Paris, May 2003, No. 237, S. 18,
    http://www.oecdobserver.org/news/fullstory.php/aid/990/Unhappy_
    holidays.html, vom 09.09.2007

BENSON, A., CLIFTON, J.: Assessing tourism`s impacts using local communities`
    attitudes toward the environment, auf www.witpress.com, vom 03.07.2006

Brockhaus - Die Enzyklopädie: in 30 Bänden, Leipzig, Mannheim 2001:
    http://lexika.tanto.de/artikel.php?TANTO_SID=6afbec6cd8f1295ea52b843d7
    aa4e5ba&TANTO_KID=wu_wien&TANTO_AGR=41197&shortname=b24&
    artikel_id=1027802, vom 31.12.2006

BROOKFIELD, H., BYRON, Y.: South-East Asia`s Environment Future: the search
    for sustainability, United Nations University Press, Tokyo 1993:
    http://www.unu.edu/unupress/unupbooks/80815e/
    80815E00.htm, vom 15.12.2006

CORDES, R., SCHOLZ, F.: Bedouins, Wealth and Change: a study of rural
    development in the Unites Arab Emirates and the Sultanate of Oman,
    www.unu.uk, vom 04.07.2006

CORDIS Datenbank, European Communities: Reiseverhalten der Österreicher
    europaweit 2005: http://cordis.europa.eu/fetch?CALLER=
    PUBL_LIB_FP6&ACTION=D&DOC=34&CAT=PUBL&QUERY=
    1167554739608&RCN=200518161, vom 01.07.2006

CORDIS Datenbank, European Communities, Suchbegriff INTERREG:
    http://cordis.europa.eu/search/index.cfm?fuseaction
    =search.simple, vom 20.12.2006

CORDIS Datenbank, Informationen zu Forschungs- und Entwicklungsprogrammen
    der EU, European Commission, Community Research: Energy, Environment
    and Sustainable Development, TONY MAY, 1999:
    http://cordis.europa.eu/eesd/src/mtr_cities.htm, vom 14.12.2006

Corporate Social Leadership-REPORT des WTTC (World Travel & Tourism
    Council): http://www.wttc.org/publications/pdf/
    CSLREPORT.pdf, vom 24.12.2006

CST: Certification for sustainable tourism: www.turismo-
    sostenible.co.cr/EN/home.shtml, vom 04.07.2006

EURLEX: Richtlinie 90/314/EC des Rates über Pauschalreisen (90/314/EC), erlassen
    am 13.06.1990: http://eur-lex.europa.eu/LexUriServ/LexUriServ.do?
    uri=CELEX:31990L0314:DE:HTML, vom 18.12.2006

European Communites: Community Research: The path to sustainability, 2002,
    S. 1-17: ftp://ftp.cordis.europa.eu/pub/eesd/docs/env_midterm
    _review.pdf, vom 31.12.2006

EUROSTAT, über Statistik Austria, Statistisches Jahrbuch 2006:
    http://www.statistik.at/jahrbuch_2006/pdf/K53.pdf, vom 24.12.2006

FLECKENSTEIN, M. P., HUEBSCH, P.: Ethics in tourism – reality or hallucination,
    in: Journal of Business Ethics, Dordrecht, Volume 19, No. 1, März 1999, S.
    137-142, http://www.ingentaconnect.com/content/klu/busi/1999/
    00000019/00000001/00185967;jsessionid=
    32f3bc7ne4n5.alice, vom 09.09.2007

http://www.enterprise-impact.org.uk/word-files/
    TourismSection3-4.doc, vom 15.12.2006

JENSEN, O. B., RICHARDSON, T.: Nested Visions: new rationalities of space in
    European spatial planning, in: Regional Studies,
    Abingdon, (2001)35.8, S. 703-717, http://econpapers.repec.org/article/
    tafregstd/v_3A35_3Ay_3A2001_3Ai_3A8_3Ap_
    3A703-717.htm, vom 09.09.2007

JONES, S.: Operators urged to become eco-friendly, in: Travel Weekly, 15.03.2004,
    S. 6, www.travelbiz.com.au, vom 20.12.2006

LEXIKON der GEOGRAPHIE, Spektrum Akademischer Verlag, Heidelberg 2001
    http://lexika.tanto.de/artikel.php?TANTO_SID=6afbec6cd8f1295ea52b843d7
    aa4e5ba&TANTO_KID=wu_wien&TANTO_AGR=41197&shortname=sav_
    geogrlex&artikel_id=6865, vom 31.12.2006

LEXIKON der NACHHALTIGKEIT, Sachverständigenrat für Umweltfragen, Aachen
    2002, in: Lexikon der Nachhaltigkeit:
    http://www.nachhaltigkeit.info/artikel/sru2002_951.htm, vom 15.12.2006

MANDZIUK, G. W.: Ecotourism: a marriage of conservation und capitalism, in: Plan Canada – Canadian Institute of Planners (Hrsg.), Toronto 1995, S. 29-32, http://www.multilingual-matters.net/cit/005/0319/ cit0050319.pdf vom 10.09.2007

ÖSTERREICH WERBUNG: Reise- und Freizeitverhalten der Österreicher, Schwerpunkt Inlandsreisen 2002-2003, September 2004: http://www.austriatourism.com/scms/media.php/8998/2003E_Reise%20und% 20Freizeitverhalten%20der%20%D6sterreicher_%D6W.pdf, vom 24.12.2006

Reisen mit Respekt – ein Travelguide von Respect Austria (Institut für Integrativen Tourismus und Entwicklung) in Kooperation mit Österreichische Entwicklungszusammenarbeit (ÖEZA): http://www.respect.at/content.php? id=212&m_id=6&ch_id=73, vom 02.07.2006

Reisepavillon: www.reisepavillon-online.de, vom 16.12.2006

Respect: Fair handeln: http://www.respect.at/content.php?id= 143&m_id=7&ch_id=141, vom 24.12.2006

Responsible Travel: http://www.responsibletravel.com/Copy/ Copy101763.htm, vom 16.12.2006

Statistisches Jahrbuch 2006: http://www.statistik.at/jahrbuch_2006/ pdf/K28.pdf, vom 24.12.2006

Studiosus Reisen: http://www.studiosus.de/unternehmen/qualitaet /nachhaltiges_reisen/index.php, vom 16.12.2006

The International Ecotourism Society: http://www.ecotourism.org/webmodules/webarticlesnet/templates/eco_templat e_news.aspx?articleid=12&zoneid=25, vom 17.12.2006

The UNESCO Courier: GUTTMAN, C.: Towards an ethics of tourism, Paris, Juli/August 1999, S. 56, http://unesdoc.unesco.org/images/0011/001165/ 116578e.pdf#116602, vom 09.09.2007

Tourismusstatistik April 2006, Wintersaison 2005/2006, Jänner bis April 2006, Schnellbericht 3.1, Wien 2006, http://www.statistik.gv.at/web_de/ presse/pressemitteilungen_vorjahr/5/011858?year=2006 &month=5, vom 09.09.2007

Traveltrade: www.travelbiz.com.au, vom 03.07.2006

Tropenstation La Gamba: http://www.lagamba.at/researchdb/pagede/ index.php, vom 03.07.2006

Tucan Travel: http://www.tucantravel.com/information/Why+
Tucan+Travel/All+about+us/2/147, vom 16.12.2006

UN-WTO: World Tourism Barometer, Excerpt, Volume 4, No. 2, Juni 2006:
http://www.world-tourism.org/facts/eng/pdf/barometer/
WTOBarom06_2_en.pdf, vom 24.12.2006

VDA – Verband der Automobilindustrie Deutschland: http://www.vda.de/
de/service/jahresbericht/auto2005/verkehr/v_2.html, vom 15.12.2006

WCED (World Commission on Environment and Development): Our common future,
Brundtland report, http://en.wikisource.org/wiki/Brundtland
_Report, vom 09.09.2007

WICKENHAGEN, A., PONTIERI, A., HEILIG, G.: Innovative Rural Development
Initiatives, Case Study 2: Viljandimaa, IIASA (International Institute for
Applied Systems Analysis) Wien, Wien 11.03.2002:
http://www.iiasa.ac.at/Research/ERD/net/pdf/
CaseStudies/vil_7.pdf, vom 18.12.2006

WICKENHAGEN, A., PONTIERI, A., HEILIG, G.: Innovative Rural Development
Initiatives, Case Study 3: SPANC, IIASA (International Institute for Applied
Systems Analysis) Wien, Wien 11.03.2002:
http://www.iiasa.ac.at/Research/ERD/net/pdf/
CaseStudies/sunfl-7.pdf, vom 18.12.2006

WICKENHAGEN, A., PONTIERI, A., HEILIG, G.: Innovative Rural Development
Initiatives, Case Study 3: SPANC, IIASA (International Institute for Applied
Systems Analysis) Wien, Wien 11.03.2002:
http://www.iiasa.ac.at/Research/ERD/net/pdf/
CaseStudies/Spanc_8.pdf, vom 18.12.2006

WTO, Global Code of Ethics: http://www.unwto.org/code_
ethics/pdf/languages/Codigo%20Etico%20Ing.pdf, vom 30.06.2006

WWF: http://www.panda.org/how_you_can_help/at_home/travel/
index.cfm, vom 03.07.2006

WWF-UK (Hrsg.): Beyond the green horizon: principles for sustainable development,
London 1992:
http://www.mekonginfo.org/mrc_en/doclib.nsf/0/9F4FE60439B89107472569
2800148D16/$FILE/FULLTEXT.html, vom 25.12.2006

WWF-UK: WWF Tourism Background Paper, in: WWF International, Juni 2001:
    http://www.wwf.org.uk/filelibrary/pdf/wwf_tourism_
    backgrounder_2001.pdf, vom 15.12.2006

www.american.edu/TED/campfire.htm, vom 04.07.2006

12.8 Sonstige Quellen

APEC (Asia Pacific Economic Cooperation): A Tourism Training Manual for Tourism
    Administrators in the Asia-Pacific Region, Lehrveranstaltungsunterlagen des
    VK 6 SBWL Tourismus und Freizeitmarketing, Volume I, Singapore 1996

LAIMER, P., SMERAL, E.: Presseinformation: Ein Tourismus-Satellitenkonto für
    Österreich, Methodik, Ergebnisse und Prognosen für die Jahre 2000-2006,
    Dezember 2005, Wirtschaftsforschungsinstitut Wien, Wien 2005

SADIK, N.: Rethinking Development: the strategic role of population issues, a
    presentation made at the United Nations University Tokyo, 8.11.1993

SHELDON, P. J., KNOX, J. M., LOWRY, K.: Sustainability in Mass tourism
    destinations: the case of Hawaii, Lehrveranstaltungsunterlagen des VK 6
    SBWL Tourismus und Freizeitmarketing, in: Review at Tourism review of
    AIEST, St. Gallen 2004, S. 3-4

ANHANG

Begleitbrief und Fragebogen vor der Reise nach Costa Rica

Institut für Technologie und nachhaltiges Produktmanagement

Department of Technology and Sustainable Product Management
Vienna University of Economics and Business Administration

o. Univ.Prof. Dr. Gerhard Vogel

An die Reisenden des Veranstalters
Excursiones Naturales nach Costa Rica   Wien, Dezember 2005

Sehr geehrte Damen und Herren,

Sie befinden sich am Weg zu Ihrem Reiseziel Costa Rica. Sie haben sich aus bestimmten Gründen für diese Art der Reise entschieden und verbinden diese Reise vermutlich mit bestimmten Erwartungen.

Im Rahmen eines Forschungsprojekts zum Thema Nachhaltigkeit im Tourismus, das in Kooperation von Universität Wien (Dr. Werner Huber, Dr. Anton Weissenhofer), Wirtschaftsuniversität Wien (Ing. Mag. Michael Pieber, Diplomandin Jutta Wiener) und Excursiones Naturales durchgeführt wird, soll erhoben werden, aus welchen Gründen und mit welchen Erwartungen und Einstellungen Sie die vor Ihnen liegende Reise unternehmen werden.

Wir haben Sie als Zielgruppe für dieses Forschungsprojekt ausgewählt, weil Sie durch Ihre Reise einen Bezug zum Thema „Nachhaltigkeit im Tourismus" herstellen werden können. Wir ersuchen Sie daher um Ihre Mithilfe durch Beantwortung des beiliegenden Fragebogens. Dies wird etwa 15 Minuten in Anspruch nehmen. Bitte beantworten Sie alle nachfolgenden Fragen der Reihe nach möglichst spontan und füllen Sie alle Fragen aus. Bitte beachten Sie, dass es keine falschen Antworten gibt. Wir versichern Ihnen, dass Ihre Angaben komplett vertraulich behandelt werden und ausschließlich im Rahmen dieses Forschungsprojekts verarbeitet werden.

Wenn Sie Rückfragen zu diesem Forschungsprojekt bzw. Interesse an den Ergebnissen dieses Forschungsprojekts haben, ersuchen wir Sie, sich mit uns per e-mail unter michael.pieber@wu-wien.ac.at in Verbindung zu setzen.

Abschließend danken wir Ihnen sehr herzlich für Ihre Mitarbeit an diesem Forschungsprojekt.

Ing. Mag. Michael Pieber   Dr. Werner Huber
   Jutta Wiener   Dr. Anton Weissenhofer

Augasse 2-6
A-1090 Wien
Austria

Telefon: +43/1/313.36/4806 • Telefax: +43/1/313.36/706
Web: itnp.wu-wien.ac.at • E-Mail: gvogel@wu-wien.ac.at

Bitte kreuzen Sie Zutreffendes einfach direkt an:

Fragenbereich 1 von 4: Allgemeines und Erwartungen an die Reise

1 Wie sind Sie auf diese Art der Reise gekommen?

Werbung / Medien / Internet	Berufs- oder Studienbedingt	Persönliche Empfehlung durch Freunde / Bekannte / Verwandte	Zufällig	aus Interesse

Aus sonstigen Gründen, nämlich...

2 Warum haben Sie sich dafür entschieden, genau dorthin zu reisen und nicht wo anders hin?

Persönlicher Besitz eines Stücks Regenwald	Interesse an der Natur von Costa Rica	Interesse an der Bevölkerung und der Kultur Costa Ricas	Interesse an den Produkten Costa Ricas	Persönliche Empfehlung durch Freunde / Bekannte / Verwandte

Aus sonstigen Gründen, nämlich...

3 Welche Erwartungen haben Sie in Bezug auf den Transport in Ihrem Urlaubsland?

Schnell, bequem wie zu Hause	Etwas unbequemer, z.B. kurze Fahrten mit Geländewagen	Langsamer und unbequemer, längere Fahrten mit Geländewagen	Fahrten mit Geländewagen und Booten	Fahrten mit Geländewagen, Booten und Fortbewegung auf Tieren, kurze Strecken zu Fuß
Fortbewegung wie die Einheimischen, auch öffentliche Autobusse, längere Strecken zu Fuß, auf Tieren, in Booten				

Sonstige Erwartungen, nämlich...

4 Welche Erwartungen haben Sie in Bezug auf die Unterkunft im Urlaubsland?

4 oder 5-Sterne Hotels nach westlichem Standard	3-Stern-Hotels nach westlichem Standard, von landesfremden Besitzern geführt (Hotelketten)	Landestypische Hotels mit Dusche/WC im Zimmer, von lokalen Besitzern geführt	Landestypische Pensionen ohne Dusche/WC im Zimmer, von lokalen Besitzern geführt	Landestypische umweltfreundlich und nach fairen sozialen Kriterien geführte „Öko-Pension" in Orten
"Öko-Pension" am Rande von Nationalparks, außerhalb von Orten				

Sonstige Erwartungen, nämlich...

5 Welche Erwartungen haben Sie in Bezug auf die Verpflegung (Essen/Trinken) im Urlaubsland?

Wie von zu Hause gewohnt, angepasst an westliche Touristen	Wie von zu Hause gewohnt, aber mit gelegentlichem Probieren regionaler Speisen / Getränke	Abwechselnd gewohnte Speisen / Getränke und landestypische Speisen / Getränke	Mehrheitlich landestypische Speisen / Getränke	Größtenteils landestypische Speisen / Getränke
Essen und Trinken ausschließlich wie die Einheimischen				

Sonstige Erwartungen, nämlich...

6 Welche Erwartungen haben Sie in Bezug auf das Urlaubserlebnis?

Viel Entspannung mit viel Freizeit und Freiraum, Ausrasten am Pool/Strand	Größtenteils eigenständiges Bewegen in der Natur, 1 bis 2 mal pro Aufenthalt unbegleitete Natur - Ausflüge ohne Fach-informationen	Eigenständige Exkursionen, 1 bis 2 mal pro Woche geführte Ausflüge mit Fach-informationen	3 bis 4 mal pro Woche geführte Fachexkursionen mit Fachvorträgen und Informationen	5 bis 6 mal pro Woche geführte Fachexkursionen mit Fachvorträgen und Informationen
Täglich geführte Fachexkursionen mit Fachvorträgen und unfangreicher Fachinformation				

Sonstige Erwartungen, nämlich...

7 Welche Erwartungen haben Sie in Bezug auf die Fachinformationen durch die Reiseleitung?

Keine Fach-informationen erwartet	Gelegentliche Informationen zu Natur, Land und Leuten erwartet	Regelmäßige Informationen zu Natur, Land und Leuten erwartet	Fachliche Informationen auf populär wissen-schaftlichem Niveau erwartet	Wissen-schaftliche Informationen erwartet, die vor allem den Bereich Biologie betreffen
Wissen-schaftliche Informationen zu allen natur-wissen-schaftlichen Fragen (Biologie, Geologie, Geographie) wie auch zu Ethnologie, Volkswirtschaft, Politik erwartet				

Sonstige Erwartungen, nämlich...

8 Welche Erwartungen haben Sie in Bezug auf den Kontakt zu Einheimischen?

	Keinerlei Kontakt zu Einheimischen	Kein Kontakt, außer im Hotel oder Restaurant zu den Angestellten	Teilweiser Kontakt, z.B. bei gelegentlichen Einkäufen in lokalen, von Einheimischen geführten Betrieben	Regelmäßiger Kontakt durch laufende Einkäufe bei Einheimischen	Einheimische Reiseführer im Urlaubsland, Einkauf bei Einheimischen, Essen bei Einheimischen
Während der gesamten Reise alles so (er)leben, essen, einkaufen wie die Einheimischen					

Sonstige Erwartungen, nämlich…

9 Gibt es darüber noch weitere Bereiche, die Ihnen wichtig sind und an die Sie bestimmte Erwartungen stellen?

Ja, nämlich…

Nein

Fragenbereich 2 von 4: Vor der Abreise

10 Welche Maßnahmen haben Sie in Bezug auf Ihre Gesundheitsvorsorge und der Einholung von gesundheitlichen Informationen getroffen?

	Keinerlei Vorbereitungen vor der Reise, keine Impfungen, weil medizinischer Standard im Urlaubsland wie in Österreich, keine besondere konditionelle Vorbereitung
	Vorbereitung nur im Ausmaß der gesundheitlichen Informationen, die der Reiseveranstalter mitteilte, konditionelle Vorbereitung durch vereinzelte, leichte Maßnahmen
	Vorbereitung durch gesundheitliche Infos vom Reiseveranstalter und eigenständige Recherche in geringem Umfang, konditionelle Vorbereitung durch regelmäßige, leichte Maßnahmen
	Gesundheitliche Infos vom Reiseveranstalter und intensive eigenständige Recherche, konditionelle Vorbereitung durch regelmäßiges körperliches Training
	Einige Impfungen durchgeführt, intensive Vorbereitungen und Recherche über das Land und dessen gesundheitliche Risiken, einige eigene Medikamente mitgenommen
	Sämtliche empfohlenen Impfungen durchgeführt, intensive Vorbereitungen und Recherche über das Land und dessen gesundheitliche Risiken, zahlreiche eigene Medikamente mitgenommen konditionelle Vorbereitung durch umfangreiches auf die Bedingungen im Reiseland abgezieltes körperliches Training

11 Wurden Sie Ihrer Meinung nach von Seiten des Reiseveranstalters ausreichend über den Ablauf der Reise informiert?

Ja

Nein, mir fehlen noch Informationen über…

12 Vorne weggefragt, wie empfinden Sie das Preis-Leistungs-Verhältnis Ihrer Reise?

Sehr gut, bin völlig zufrieden mit dem bezahlten Preis	Gut, ich bin mit dem Preis im wesentlichen zufrieden	Der Preis ist angemessen	Ich finde den Preis etwas zu teuer	Schlecht, ich finde den Preis zu teuer

Fragenbereich 3 von 4: Fragen zu Ihrer Einstellung zum Umwelt- und Naturschutz

13 Ist Ihnen Umweltschutz ein Anliegen?

Ja, ich bin aktiv am Umweltschutz beteiligt	Ja, Umweltschutz finde ich wichtig	Nein, Umweltschutz beschäftigt mich nicht

14 Umweltschutz bedeutet gleichzeitig auch Naturschutz.

Stimme zu	Stimme etwas zu	Teils/Teils	Stimme wenig zu	Stimme gar nicht zu

15 War der Naturschutz ein Grund für Ihre Teilnahme an der Reise?

Ja	Nein

16 Naturschutz wird oft in Verbindung gebracht mit dem Schlagwort Nachhaltigkeit. Können Sie persönlich etwas mit diesem Begriff anfangen?

Ja, Nachhaltigkeit bedeutet für mich…

Nein

17 Besitzen Sie ein eigenes Auto?

Ja	Nein

18 Falls ja, fahren Sie mit dem Auto zur Arbeit / zur Stätte Ihrer Ausbildung?

Nie	Sehr selten	Gelegentlich	Öfters	Immer

19 Falls ja, fahren Sie mit dem Auto zum Einkaufen?

Nie	Sehr selten	Gelegentlich	Öfters	Immer

20 Wie bewerten Sie folgende Aussagen?

201 Einkaufen muss für mich schnell gehen.

Stimme zu	Stimme etwas zu	Teils/Teils	Stimme wenig zu	Stimme gar nicht zu

202 Der Preis ist mir beim Einkaufen eigentlich nicht so wichtig.

Stimme zu	Stimme etwas zu	Teils/Teils	Stimme wenig zu	Stimme gar nicht zu

203 Ich bevorzuge beim Einkauf ökologisch einwandfreie Produkte, auch wenn diese teurer sind.

Stimme zu	Stimme etwas zu	Teils/Teils	Stimme wenig zu	Stimme gar nicht zu

204 Ich achte beim Einkauf auf Fair Trade Produkte.

Stimme zu	Stimme etwas zu	Teils/Teils	Stimme wenig zu	Stimme gar nicht zu

205 Vorrangig kaufe ich meine Lebensmittel im Supermarkt ein.

Stimme zu	Stimme etwas zu	Teils/Teils	Stimme wenig zu	Stimme gar nicht zu

206 Ich kaufe meine Lebensmittel vorrangig in speziellen Läden (Welt-Laden, Süd-Amerika-Shop, …)

Stimme zu	Stimme etwas zu	Teils/Teils	Stimme wenig zu	Stimme gar nicht zu

207 Der Preis spielt bei meinen Lebensmitteleinkäufen eine große Rolle.

Stimme zu	Stimme etwas zu	Teils/Teils	Stimme wenig zu	Stimme gar nicht zu

208 Ich kaufe meine Lebensmittel vorrangig auf Märkten.

Stimme zu	Stimme etwas zu	Teils/Teils	Stimme wenig zu	Stimme gar nicht zu

209 Mir ist egal woher die Lebensmittel kommen, Hauptsache der Preis stimmt.

Stimme zu	Stimme etwas zu	Teils/Teils	Stimme wenig zu	Stimme gar nicht zu

2010 Der Urlaub ist für mich die Zeit, in der ich meinen Alltag vergessen will.

Stimme zu	Stimme etwas zu	Teils/Teils	Stimme wenig zu	Stimme gar nicht zu

2011 Ich nehme in Kauf, dass meine Urlaubsreise mit Belastungen für die Umwelt verbunden ist (insbesondere bei Transporten).

Stimme zu	Stimme etwas zu	Teils/Teils	Stimme wenig zu	Stimme gar nicht zu

2012 Durch die Teilnahme an dieser Reise kann ich aktiven Natur/Umweltschutz betreiben.

Stimme zu	Stimme etwas zu	Teils/Teils	Stimme wenig zu	Stimme gar nicht zu

2013 Im Urlaub versuche ich, die dort heimische Kultur kennenzulernen und zu respektieren

Stimme zu	Stimme etwas zu	Teils/Teils	Stimme wenig zu	Stimme gar nicht zu

2014 Ich bin mir bewusst, dass ich im Urlaubsland nur Gast bin und verhalte mich auch dementsprechend angepasst

Stimme zu	Stimme etwas zu	Teils/Teils	Stimme wenig zu	Stimme gar nicht zu

2015 Ich besitze bereits ein Stück Regenwald der Österreicher in Costa Rica und will nun meinen Wald aktiv besichtigen.

Stimme zu	Stimme etwas zu	Teils/Teils	Stimme wenig zu	Stimme gar nicht zu
Ich besitze kein Stück vom Regenwald der Österreicher				

2016 Im Urlaub probiere ich viele neue lokale Produkte aus, seien es Speisen, Getränke, Bekleidung, Schmuck etc.

Stimme zu	Stimme etwas zu	Teils/Teils	Stimme wenig zu	Stimme gar nicht zu

Fragenbereich 4 von 4:
Wir ersuchen Sie um einige soziodemographischen Angaben zu Ihrer Person.

21 Ihr Geschlecht | Weiblich | Männlich |

22 Ihr Alter - bitte Ihr Geburtsjahr eintragen

23 Ihre höchste abgeschlossene Ausbildung

- Pflichtschule
- Lehrabschluß
- Meisterprüfung
- AHS-Matura
- BHS-Matura (HAK; HTL, HBLA, etc.)
- Universitäts-Lehrgang
- Diplom einer FH, Fachrichtung
- Diplom einer Universität, Fachrichtung
- Doktorat einer Universität, Fachrichtung
- Derzeit noch in Ausbildung, nämlich
- Sonstige Ausbildung, nämlich

24 Sie sind derzeit

- voll berufstätig
- Teilzeit beschäftigt
- geringfügig beschäftigt
- erstmals arbeitsuchend
- arbeitslos
- in Karenz oder Mutterschutz
- Präsenzdiener
- Schüler, Student
- Hausfrau, Hausmann
- in Pension
- anderer Lebensunterhalt

25 Falls berufstätig: Wie ist Ihre berufliche Stellung?

- Lehrling
- Arbeiter/in
- Angestellte/r
- Vertragsbedienstete/r
- Beamte/r
- Werkvertragsnehmer/in, freie/r Mitarbeiter/in
- Freie Berufe (Arzt, Steuerberater, etc.)
- Landwirt
- Selbständig

26 Wie hoch ist Ihr monatliches Nettoeinkommen?

- unter 1.000 €
- 1.000 - 1.500 €
- 1.500 - 2.000 €
- 2.000 - 2.500 €
- 2.500 € - 3.000 €
- über 3.000 €

27 Sie wohnen derzeit in....(Bitte um Postleitzahl und Ort)

28 Wieviele Personen leben in Ihrem Haushalt?

- Nur ich allein
- 2 Personen
- 3 Personen
- 4 Personen
- 5 Personen
- Mehr als 5 Personen

Wir danken sehr herzlich für Ihre Mitarbeit.
Ihre Daten werden selbstverständlich vollkommen vertraulich behandelt und ausschließlich
im Rahmen dieses Forschungsprojekts verarbeitet.

Begleitbrief und Fragebogen vor der Reise nach Marokko

Institut für Technologie und nachhaltiges
Produktmanagement

Department of Technology and Sustainable Product Management
Vienna University of Economics and Business Administration

o. Univ.Prof. Dr. Gerhard Vogel

An die Reisenden nach Marokko   Wien, März 2006

Sehr geehrte Damen und Herren,

Sie befinden sich am Weg zu Ihrem Reiseziel Marokko. Sie haben sich aus bestimmten Gründen für diese Art der Reise entschieden und verbinden diese Reise vermutlich mit bestimmten Erwartungen.

Im Rahmen eines Forschungsprojekts zum Thema Nachhaltigkeit im Tourismus, das in Kooperation von Universität Wien (Dr. Werner Huber, Dr. Anton Weissenhofer), Wirtschaftsuniversität Wien (Ing. Mag. Michael Pieber, Diplomandin Jutta Wiener) und Excursiones Naturales durchgeführt wird, soll erhoben werden, aus welchen Gründen und mit welchen Erwartungen und Einstellungen Sie die vor Ihnen liegende Reise unternehmen werden.

Wir haben Sie als Zielgruppe für dieses Forschungsprojekt ausgewählt, weil Sie durch Ihre Reise einen Bezug zum Thema „Nachhaltigkeit im Tourismus" herstellen werden können. Wir ersuchen Sie daher um Ihre Mithilfe durch Beantwortung des beiliegenden Fragebogens. Dies wird etwa 15 Minuten in Anspruch nehmen. Bitte beantworten Sie alle nachfolgenden Fragen der Reihe nach möglichst spontan und füllen Sie alle Fragen aus. Bitte beachten Sie, dass es keine falschen Antworten gibt. Wir versichern Ihnen, dass Ihre Angaben komplett vertraulich behandelt werden und ausschließlich im Rahmen dieses Forschungsprojekts verarbeitet werden.

Wenn Sie Rückfragen zu diesem Forschungsprojekt bzw. Interesse an den Ergebnissen dieses Forschungsprojekts haben, ersuchen wir Sie, sich mit uns per e-mail unter michael.pieber@wu-wien.ac.at in Verbindung zu setzen.

Abschließend danken wir Ihnen sehr herzlich für Ihre Mitarbeit an diesem Forschungsprojekt.

Ing. Mag. Michael Pieber   Dr. Werner Huber
  Jutta Wiener   Dr. Anton Weissenhofer

Augasse 2–6
A-1090 Wien
Austria

Telefon: +43/1/313 36/4806 • Telefax: +43/1/313 36/706
Web: itnp.wu-wien.ac.at • E-Mail: gvogel@wu-wien.ac.at

Bitte kreuzen Sie Zutreffendes einfach direkt an:

Fragenbereich 1 von 4: Allgemeines und Erwartungen an die Reise

1 Wie sind Sie auf diese Art der Reise gekommen?

Werbung / Medien / Internet	Berufs- oder Studienbedingt	Persönliche Empfehlung durch Freunde / Bekannte / Verwandte	Zufällig	aus Interesse

Aus sonstigen Gründen, nämlich...

2 Warum haben Sie sich dafür entschieden, genau dorthin zu reisen und nicht wo anders hin?

Persönlicher Besitz eines Stücks Regenwald	Interesse an der Natur von Marokko	Interesse an der Bevölkerung und der Kultur Marokkos	Interesse an den Produkten Marokkos	Persönliche Empfehlung durch Freunde / Bekannte / Verwandte

Aus sonstigen Gründen, nämlich...

3 Welche Erwartungen haben Sie in Bezug auf den Transport in Ihrem Urlaubsland?

Schnell, bequem wie zu Hause	Etwas unbequemer, z.B. kurze Fahrten mit Geländewagen	Langsamer und unbequemer, längere Fahrten mit Geländewagen	Fahrten mit Geländewagen und Booten	Fahrten mit Geländewagen, Booten und Fortbewegung auf Tieren, kurze Strecken zu Fuß	Fortbewegung wie die Einheimischen, auch öffentliche Autobusse, längere Strecken zu Fuß, auf Tieren, in Booten

Sonstige Erwartungen, nämlich...

4 Welche Erwartungen haben Sie in Bezug auf die Unterkunft im Urlaubsland?

4 oder 5-Sterne Hotels nach westlichem Standard	3-Stern-Hotels nach westlichem Standard, von landesfremden Besitzern geführt (Hotelketten)	Landestypische Hotels mit Dusche/WC im Zimmer, von lokalen Besitzern geführt	Landestypische Pensionen ohne Dusche/WC im Zimmer, von lokalen Besitzern geführt	Landestypische umweltfreundlich und nach fairen sozialen Kriterien geführte „Öko-Pension" in Orten	"Öko-Pension" am Rande von Nationalparks, außerhalb von Orten

Sonstige Erwartungen, nämlich...

5 Welche Erwartungen haben Sie in Bezug auf die Verpflegung (Essen/Trinken) im Urlaubsland?

Wie von zu Hause gewohnt, angepasst an westliche Touristen	Wie von zu Hause gewohnt, aber mit gelegentlichem Probieren regionaler Speisen / Getränke	Abwechselnd gewohnte Speisen / Getränke und landestypische Speisen / Getränke	Mehrheitlich landestypische Speisen / Getränke	Größtenteils landestypische Speisen / Getränke	Essen und Trinken ausschließlich wie die Einheimischen

Sonstige Erwartungen, nämlich...

6 Welche Erwartungen haben Sie in Bezug auf das Urlaubserlebnis?

Viel Entspannung mit viel Freizeit und Freiraum, Ausrasten am Pool/Strand	Größtenteils eigenständiges Bewegen in der Natur, 1 bis 2 mal pro Aufenthalt unbegleitete Natur - Ausflüge ohne Fachinformationen	Eigenständige Exkursionen, 1 bis 2 mal pro Woche geführte Ausflüge mit Fachinformationen	3 bis 4 mal pro Woche geführte Fachexkursionen mit Fachvorträgen und Informationen	5 bis 6 mal pro Woche geführte Fachexkursionen mit Fachvorträgen und Informationen	Täglich geführte Fachexkursionen mit Fachvorträgen und unfangreicher Fachinformation

Sonstige Erwartungen, nämlich...

7 Welche Erwartungen haben Sie in Bezug auf die Fachinformationen durch die Reiseleitung?

Keine Fachinformationen erwartet	Gelegentliche Informationen zu Natur, Land und Leuten erwartet	Regelmäßige Informationen zu Natur, Land und Leuten erwartet	Fachliche Informationen auf populär wissenschaftlichem Niveau erwartet	Wissenschaftliche Informationen erwartet, die vor allem den Bereich Biologie betreffen	Wissen-schaftliche Informationen zu allen natur-wissenschaftlichen Fragen (Biologie, Geologie, Geographie) wie auch zu Ethnologie, Volkswirtschaft, Politik erwartet

Sonstige Erwartungen, nämlich...

8 Welche Erwartungen haben Sie in Bezug auf den Kontakt zu Einheimischen?

Keinerlei Kontakt zu Einheimischen	Kein Kontakt, außer im Hotel oder Restaurant zu den Angestellten	Teilweiser Kontakt, z.B. bei gelegentlichen Einkäufen in lokalen, von Einheimischen geführten Betrieben	Regelmäßiger Kontakt durch laufende Einkäufe bei Einheimischen	Einheimische Reiseführer im Urlaubsland, Einkauf bei Einheimischen, Essen bei Einheimischen	Während der gesamten Reise alles so (er)leben, essen, einkaufen wie die Einheimischen

Sonstige Erwartungen, nämlich...

9 Gibt es darüber noch weitere Bereiche, die Ihnen wichtig sind und an die Sie bestimmte Erwartungen stellen?

Ja, nämlich...

Nein

Fragenbereich 2 von 4: Vor der Abreise

10 Welche Maßnahmen haben Sie in Bezug auf Ihre Gesundheitsvorsorge und der Einholung von gesundheitlichen Informationen getroffen?

	Keinerlei Vorbereitungen vor der Reise, keine Impfungen, weil medizinischer Standard im Urlaubsland wie in Österreich, keine besondere konditionelle Vorbereitung
	Vorbereitung nur im Ausmaß der gesundheitlichen Informationen, die der Reiseveranstalter mitteilte, konditionelle Vorbereitung durch vereinzelte, leichte Maßnahmen
	Vorbereitung durch gesundheitliche Infos vom Reiseveranstalter und eigenständige Recherche in geringem Umfang, konditionelle Vorbereitung durch regelmäßige, leichte Maßnahmen
	Gesundheitliche Infos vom Reiseveranstalter und intensive eigenständige Recherche, konditionelle Vorbereitung durch regelmäßiges körperliches Training
	Einige Impfungen durchgeführt, intensive Vorbereitungen und Recherche über das Land und dessen gesundheitliche Risiken, einige eigene Medikamente mitgenommen
	Sämtliche empfohlenen Impfungen durchgeführt, intensive Vorbereitungen und Recherche über das Land und dessen gesundheitliche Risiken, zahlreiche eigene Medikamente mitgenommen konditionelle Vorbereitung durch umfangreiches auf die Bedingungen im Reiseland abgezieltes körperliches Training

11 Wurden Sie Ihrer Meinung nach von Seiten des Reiseveranstalters ausreichend über den Ablauf der Reise informiert?

Ja

Nein, mir fehlen noch Informationen über…

12 Vorne weggefragt, wie empfinden Sie das Preis-Leistungs-Verhältnis Ihrer Reise?

Sehr gut, bin völlig zufrieden mit dem bezahlten Preis	Gut, ich bin mit dem Preis im wesentlichen zufrieden	Der Preis ist angemessen	Ich finde den Preis etwas zu teuer	Schlecht, ich finde den Preis zu teuer

Fragenbereich 3 von 4: Fragen zu Ihrer Einstellung zum Umwelt- und Naturschutz

13 Ist Ihnen Umweltschutz ein Anliegen?

Ja, ich bin aktiv am Umweltschutz beteiligt	Ja, Umweltschutz finde ich wichtig	Nein, Umweltschutz beschäftigt mich nicht

14 Umweltschutz bedeutet gleichzeitig auch Naturschutz.

Stimme zu	Stimme etwas zu	Teils/Teils	Stimme wenig zu	Stimme gar nicht zu

15 War der Naturschutz ein Grund für Ihre Teilnahme an der Reise?

Ja		Nein

16 Naturschutz wird oft in Verbindung gebracht mit dem Schlagwort Nachhaltigkeit.
Können Sie persönlich etwas mit diesem Begriff anfangen?

Ja, Nachhaltigkeit
  bedeutet für
  mich...

Nein

17 Besitzen Sie ein eigenes Auto?

Ja		Nein

18 Falls ja, fahren Sie mit dem Auto zur Arbeit / zur Stätte Ihrer Ausbildung?

Nie	Sehr selten	Gelegentlich	Öfters	Immer

19 Falls ja, fahren Sie mit dem Auto zum Einkaufen?

Nie	Sehr selten	Gelegentlich	Öfters	Immer

20 Wie bewerten Sie folgende Aussagen?

201 Einkaufen muss für mich schnell gehen.

Stimme zu	Stimme etwas zu	Teils/Teils	Stimme wenig zu	Stimme gar nicht zu

202 Der Preis ist mir beim Einkaufen eigentlich nicht so wichtig.

Stimme zu	Stimme etwas zu	Teils/Teils	Stimme wenig zu	Stimme gar nicht zu

203 Ich bevorzuge beim Einkauf ökologisch einwandfreie Produkte, auch wenn diese teurer sind.

Stimme zu	Stimme etwas zu	Teils/Teils	Stimme wenig zu	Stimme gar nicht zu

204 Ich achte beim Einkauf auf Fair Trade Produkte.

Stimme zu	Stimme etwas zu	Teils/Teils	Stimme wenig zu	Stimme gar nicht zu

205 Vorrangig kaufe ich meine Lebensmittel im Supermarkt ein.

Stimme zu	Stimme etwas zu	Teils/Teils	Stimme wenig zu	Stimme gar nicht zu

206 Ich kaufe meine Lebensmittel vorrangig in speziellen Läden (Welt-Laden, Süd-Amerika-Shop, ...)

Stimme zu	Stimme etwas zu	Teils/Teils	Stimme wenig zu	Stimme gar nicht zu

207 Der Preis spielt bei meinen Lebensmitteleinkäufen eine große Rolle.

Stimme zu	Stimme etwas zu	Teils/Teils	Stimme wenig zu	Stimme gar nicht zu

208 Ich kaufe meine Lebensmittel vorrangig auf Märkten.

Stimme zu	Stimme etwas zu	Teils/Teils	Stimme wenig zu	Stimme gar nicht zu

209 Mir ist egal woher die Lebensmittel kommen, Hauptsache der Preis stimmt.

Stimme zu	Stimme etwas zu	Teils/Teils	Stimme wenig zu	Stimme gar nicht zu

2010 Der Urlaub ist für mich die Zeit, in der ich meinen Alltag vergessen will.

Stimme zu	Stimme etwas zu	Teils/Teils	Stimme wenig zu	Stimme gar nicht zu

2011 Ich nehme in Kauf, dass meine Urlaubsreise mit Belastungen für die Umwelt verbunden ist (insbesondere bei Transporten).

Stimme zu	Stimme etwas zu	Teils/Teils	Stimme wenig zu	Stimme gar nicht zu

2012 Durch die Teilnahme an dieser Reise kann ich aktiven Natur/Umweltschutz betreiben.

Stimme zu	Stimme etwas zu	Teils/Teils	Stimme wenig zu	Stimme gar nicht zu

2013 Im Urlaub versuche ich, die dort heimische Kultur kennenzulernen und zu respektieren

Stimme zu	Stimme etwas zu	Teils/Teils	Stimme wenig zu	Stimme gar nicht zu

2014 Ich bin mir bewusst, dass ich im Urlaubsland nur Gast bin und verhalte mich auch dementsprechend angepasst

Stimme zu	Stimme etwas zu	Teils/Teils	Stimme wenig zu	Stimme gar nicht zu

2015 Im Urlaub probiere ich viele neue lokale Produkte aus, seien es Speisen, Getränke, Bekleidung, Schmuck etc.

Stimme zu	Stimme etwas zu	Teils/Teils	Stimme wenig zu	Stimme gar nicht zu

21 Ihr Geschlecht | Weiblich | Männlich |

22 Ihr Alter - bitte Ihr Geburtsjahr eintragen

23 Ihre höchste abgeschlossene Ausbildung

	Pflichtschule
	Lehrabschluß
	Meisterprüfung
	AHS-Matura
	BHS-Matura (HAK; HTL, HBLA, etc.)
	Universitäts-Lehrgang
	Diplom einer FH, Fachrichtung
	Diplom einer Universität, Fachrichtung
	Doktorat einer Universität, Fachrichtung
	Derzeit noch in Ausbildung, nämlich
	Sonstige Ausbildung, nämlich

24 Sie sind derzeit

	voll berufstätig
	Teilzeit beschäftigt
	geringfügig beschäftigt
	erstmals arbeitsuchend
	arbeitslos
	in Karenz oder Mutterschutz
	Präsenzdiener
	Schüler, Student
	Hausfrau, Hausmann
	in Pension
	anderer Lebensunterhalt

25 Falls berufstätig: Wie ist Ihre berufliche Stellung?

	Lehrling
	Arbeiter/in
	Angestellte/r
	Vertragsbedienstete/r
	Beamte/r
	Werkvertragsnehmer/in, freie/r Mitarbeiter/in
	Freie Berufe (Arzt, Steuerberater, etc.)
	Landwirt
	Selbständig

26 Wie hoch ist Ihr monatliches Nettoeinkommen?

	unter 1.000 €
	1.000 - 1. 500 €
	1.500 - 2.000 €
	2.000 - 2.500 €
	2.500 € - 3.000 €
	über 3.000 €

27 Sie wohnen derzeit in....(Bitte um Postleitzahl und Ort)

28 Wieviele Personen leben in Ihrem Haushalt?

	Nur ich allein
	2 Personen
	3 Personen
	4 Personen
	5 Personen
	Mehr als 5 Personen

Wir danken sehr herzlich für Ihre Mitarbeit.

Ihre Daten werden selbstverständlich vollkommen vertraulich behandelt und ausschließlich im Rahmen dieses Forschungsprojekts verarbeitet.

Begleitbrief und Fragebogen nach der Reise nach Costa Rica

Institut für Technologie und nachhaltiges
Produktmanagement

Department of Technology and Sustainable Product Management
Vienna University of Economics and Business Administration
o. Univ.-Prof. Dr. Bodo B. Schlegelmilch

An die Reisenden des Veranstalters
Excursiones Naturales nach Costa Rica   Wien, Dezember 2005

Sehr geehrte Damen und Herren,

Sie befinden sich am Weg retour von Ihrem Reiseziel Costa Rica. Sie haben auf dieser Reise
verschiedene Erfahrungen gemacht und zahlreiche Eindrücke gesammelt.

Im Rahmen eines Forschungsprojekts zum Thema Nachhaltigkeit im Tourismus, das in Kooperation
von Universität Wien (Dr. Werner Huber, Dr. Anton Weissenhofer), Wirtschaftsuniversität Wien (Ing.
Mag. Michael Pieber, Diplomandin Jutta Wiener) und Excursiones Naturales durchgeführt wird, soll
erhoben werden, welche Erfahrungen und Eindrücke Sie im Rahmen dieser Reise gemacht haben.

Wir haben Sie als Zielgruppe für dieses Forschungsprojekt ausgewählt, weil Sie durch Ihre Reise
einen Bezug zum Thema „Nachhaltigkeit im Tourismus" herstellen werden können. Wir ersuchen Sie
daher um Ihre Mithilfe durch Beantwortung des beiliegenden Fragebogens. Dies wird etwa 15 Minuten
in Anspruch nehmen. Bitte beantworten Sie alle nachfolgenden Fragen der Reihe nach möglichst
spontan und füllen Sie alle Fragen aus. Bitte beachten Sie, dass es keine falschen Antworten gibt. Wir
versichern Ihnen, dass Ihre Angaben komplett vertraulich behandelt werden und ausschließlich im
Rahmen dieses Forschungsprojekts verarbeitet werden.

Wenn Sie Rückfragen zu diesem Forschungsprojekt bzw. Interesse an den Ergebnissen dieses
Forschungsprojekts haben, ersuchen wir Sie, sich mit uns per e-mail unter
michael.pieber@wu-wien.ac.at in Verbindung zu setzen.

Abschließend danken wir Ihnen sehr herzlich für Ihre Mitarbeit an diesem Forschungsprojekt.

Ing. Mag. Michael Pieber   Dr. Werner Huber
    Jutta Wiener   Dr. Anton Weissenhofer

Augasse 2–6
A-1090 Wien
Austria

Telefon: +43/1/313 36/4806 • Telefax: +43/1/313 36/706
Web: itnp.wu-wien.ac.at • E-Mail: gvogel@wu-wien.ac.at

Bitte kreuzen Sie Zutreffendes einfach direkt an:

Fragenbereich 1 von 3: Erfahrungen von der Reise

1 Wie hat Ihnen die Reise insgesamt gefallen?

Sehr Gut	Gut	Ganz Okay	Könnte besser gewesen sein	Gar Nicht

2 Wie finden Sie das Preis-Leistungs-Verhältnis Ihrer Reise im nachhinein betrachtet?

Sehr gut, bin völlig zufrieden mit dem bezahlten Preis	Gut, ich bin mit dem Preis im wesentlichen zufrieden	Der Preis ist angemessen	Ich finde den Preis etwas zu teuer	Schlecht, ich finde den Preis zu teuer

Aus sonstigen Gründen, nämlich...

3 Wären Sie bereit gewesen, für das Erlebte, Gelernte und Erfahrene mehr zu bezahlen?

Ja		Nein

4 Wie wurden die Erfahrungen, die Sie in Bezug auf die Reise zu unterschiedlichen Bereichen hatten, erfüllt?
Bitte bewerten Sie nach dem Schulnotensystem:

41 Zufriedenheit in Bezug auf das Urlaubserlebnis generell

Sehr Gut	Gut	Befriedigend	Genügend	Nicht Genügend

42 Zufriedenheit in Bezug auf den Transport im Urlaubsland

Sehr Gut	Gut	Befriedigend	Genügend	Nicht Genügend

43 Zufriedenheit in Bezug auf die Unterkunft im Urlaubsland

Sehr Gut	Gut	Befriedigend	Genügend	Nicht Genügend

44 Zufriedenheit in Bezug auf die Verpflegung (Speisen/Getränke) im Urlaubsland

Sehr Gut	Gut	Befriedigend	Genügend	Nicht Genügend

45 Zufriedenheit in Bezug auf den Kontakt zu Einheimischen im Urlaubsland

Sehr Gut	Gut	Befriedigend	Genügend	Nicht Genügend

46 Zufriedenheit in Bezug auf die Gesundheitsvorsorge, die Sie vor der Reise getroffen haben

Sehr Gut	Gut	Befriedigend	Genügend	Nicht Genügend

47 Zufriedenheit in Bezug auf die Fachinformationen der Reiseleitung

Sehr Gut	Gut	Befriedigend	Genügend	Nicht Genügend

5 Gab es Dinge, die Sie sehr gestört haben?

Ja, nämlich...

Nein

6 War die Infrastruktur (d.h. die Wasserversorgung, Strom, Straßennetz, etc.) im Urlaubsland mit unserer Entwicklung der Infrastruktur vergleichbar?

Ja		Nein

7 Gab es besondere Speisen oder Getränke, die Sie im Urlaubsland konsumierten, um einen Bezug zur Heimat herzustellen? (Z.B. weil Ihnen das einheimische Essen zu eintönig erschien und Sie gerne zur Abwechslung ein Gericht aus der Heimat gegessen hätten?)

Ja, nämlich...

Nein

Hatten Sie die Möglichkeit, neben den geplanten Exkursionen Ausflüge oder dergleichen auf eigene
8 Faust zu unternehmen?

Ja, nämlich…

Nein, hätte aber gerne die Möglichkeit dazu gehabt.

Nein

Hat Naturschutz bzw. Umweltschutz nach Ihrer Reise und Ihren Erfahrungen einen anderen
9 Stellenwert für Sie bekommen?

Ja	Nein

Sind Sie der Meinung, dass Sie den Naturschutz, insbesondere den Schutz des Regenwaldes jetzt
10 besser zuhause umsetzen können?

Stimme zu	Stimme etwas zu	Teils/Teils	Stimme wenig zu	Stimme gar nicht zu

11 Was bedeutet Nachhaltigkeit für Sie nach dieser Reise?
Bitte kreuzen Sie die zwei für Sie wichtigsten Begriffe an.

	Schutz des Regenwaldes
	Schutz der Lebensweisen der einheimischen Urbevölkerung
	Erhalt der Artenvielfalt
	Bewahrung indigenen Wissens
	Förderung der Arbeit der indigenen Bevölkerung (z.B. ihre selbst gemachte Kleidung kaufen, deren Schmuck kaufen, Unterstützung bei diversen Projekten, …)
	Anderes, nämlich…

Gibt es bestimmte Speisen / Getränke, Produkte oder Bräuche, die Sie während der Reise
kennengelernt haben und die Sie auch gerne zuhause weiter konsumieren bzw. praktizieren
12 wollen?

121 Bei Speisen und Getränken

Ja, nämlich…

Nein

Bei Produkten, die von der indigenen Bevölkerugn hergestellt werden (ausgenommen
122 Speisen/Getränke)

Ja, nämlich…

Nein

123 Bei bewußter Beobachtung der Natur, der Pflanzen- und Tierwelt

Ja, nämlich…

Nein

124 Sonstiges, nämlich…

13 Werden Sie diese Reise aktiv weiterempfehlen?

Ja	Nein

Fragenbereich 2 von 3: Fragen zu Ihrer Einstellung zum Umwelt- und Naturschutz

14 Wie bewerten Sie folgende Aussagen?

141 Einkaufen muss für mich schnell gehen.

Stimme zu	Stimme etwas zu	Teils/Teils	Stimme wenig zu	Stimme gar nicht zu

142 Der Preis ist mir beim Einkaufen eigentlich nicht so wichtig.

Stimme zu	Stimme etwas zu	Teils/Teils	Stimme wenig zu	Stimme gar nicht zu

143 Ich bevorzuge beim Einkauf ökologisch einwandfreie Produkte, auch wenn diese teurer sind.

Stimme zu	Stimme etwas zu	Teils/Teils	Stimme wenig zu	Stimme gar nicht zu

144 Ich achte beim Einkauf auf Fair Trade Produkte.

Stimme zu	Stimme etwas zu	Teils/Teils	Stimme wenig zu	Stimme gar nicht zu

145 Vorrangig kaufe ich meine Lebensmittel im Supermarkt ein.

Stimme zu	Stimme etwas zu	Teils/Teils	Stimme wenig zu	Stimme gar nicht zu

146 Ich kaufe meine Lebensmittel vorrangig in speziellen Läden (Welt-Laden, Süd-Amerika-Shop, ...)

Stimme zu	Stimme etwas zu	Teils/Teils	Stimme wenig zu	Stimme gar nicht zu

147 Der Preis spielt bei meinen Lebensmitteleinkäufen eine große Rolle.

Stimme zu	Stimme etwas zu	Teils/Teils	Stimme wenig zu	Stimme gar nicht zu

148 Ich kaufe meine Lebensmittel vorrangig auf Märkten.

Stimme zu	Stimme etwas zu	Teils/Teils	Stimme wenig zu	Stimme gar nicht zu

149 Mir ist egal woher die Lebensmittel kommen, Hauptsache der Preis stimmt.

Stimme zu	Stimme etwas zu	Teils/Teils	Stimme wenig zu	Stimme gar nicht zu

1410 Der Urlaub ist für mich die Zeit, in der ich meinen Alltag vergessen will.

Stimme zu	Stimme etwas zu	Teils/Teils	Stimme wenig zu	Stimme gar nicht zu

1411 Ich nehme in Kauf, dass meine Urlaubsreise mit Belastungen für die Umwelt verbunden ist (insbesondere bei Transporten).

Stimme zu	Stimme etwas zu	Teils/Teils	Stimme wenig zu	Stimme gar nicht zu

1412 Durch die Teilnahme an dieser Reise kann ich aktiven Natur/Umweltschutz betreiben.

Stimme zu	Stimme etwas zu	Teils/Teils	Stimme wenig zu	Stimme gar nicht zu

1413 Im Urlaub versuche ich, die dort heimische Kultur kennenzulernen und zu respektieren

Stimme zu	Stimme etwas zu	Teils/Teils	Stimme wenig zu	Stimme gar nicht zu

1414 Ich bin mir bewusst, dass ich im Urlaubsland nur Gast bin und verhalte mich auch dementsprechend angepasst

Stimme zu	Stimme etwas zu	Teils/Teils	Stimme wenig zu	Stimme gar nicht zu

1415 Im Urlaub probiere ich viele neue lokale Produkte aus, seien es Speisen, Getränke, Bekleidung, Schmuck etc.

Stimme zu	Stimme etwas zu	Teils/Teils	Stimme wenig zu	Stimme gar nicht zu

1416 Nach dieser Reise schätze ich den Wert des Lebens und Wohnens in Österreich (Umgang mit der Natur und Umwelt, soziale Sicherheit) besser.

Stimme zu	Stimme etwas zu	Teils/Teils	Stimme wenig zu	Stimme gar nicht zu

1417 Ich verstehe die Zusammenhänge und Auswirkungen meiner alltäglichen Handlungen in Bezug auf den Regenwald jetzt besser.

Stimme zu	Stimme etwas zu	Teils/Teils	Stimme wenig zu	Stimme gar nicht zu

1418 Ich habe während der Reise viel gelernt

Stimme zu	Stimme etwas zu	Teils/Teils	Stimme wenig zu	Stimme gar nicht zu

1419 Ich bin nach dieser Reise offener gegenüber exotischen Speisen / Getränken bzw. Produkten

Stimme zu	Stimme etwas zu	Teils/Teils	Stimme wenig zu	Stimme gar nicht zu

1420 Ich kann mir vorstellen, zu entsprechenden Anlässen Produkte aus dem Urlaubsland zu

Stimme zu	Stimme etwas zu	Teils/Teils	Stimme wenig zu	Stimme gar nicht zu

1421 Die Natur und die indigenen Völker müssen mehr geschützt werden.

Stimme zu	Stimme etwas zu	Teils/Teils	Stimme wenig zu	Stimme gar nicht zu

Fragenbereich 3 von 3:
Wir ersuchen Sie um einige soziodemographischen Angaben zu Ihrer Person.

15 Ihr Geschlecht | Weiblich | Männlich |

16 Ihr Alter - bitte Ihr Geburtsjahr eintragen

17 Ihre höchste abgeschlossene Ausbildung

- Pflichtschule
- Lehrabschluß
- Meisterprüfung
- AHS-Matura
- BHS-Matura (HAK; HTL, HBLA, etc.)
- Universitäts-Lehrgang
- Diplom einer FH, Fachrichtung
- Diplom einer Universität, Fachrichtung
- Doktorat einer Universität, Fachrichtung
- Derzeit noch in Ausbildung, nämlich
- Sonstige Ausbildung, nämlich

18 Sie sind derzeit

- voll berufstätig
- Teilzeit beschäftigt
- geringfügig beschäftigt
- erstmals arbeitsuchend
- arbeitslos
- in Karenz oder Mutterschutz
- Präsenzdiener
- Schüler, Student
- Hausfrau, Hausmann
- in Pension
- anderer Lebensunterhalt

19 Falls berufstätig: Wie ist Ihre berufliche Stellung?

- Lehrling
- Arbeiter/in
- Angestellte/r
- Vertragsbedienstete/r
- Beamte/r
- Werkvertragsnehmer/in, freie/r Mitarbeiter/in
- Freie Berufe (Arzt, Steuerberater, etc.)
- Landwirt
- Selbständig

20 Wie hoch ist Ihr monatliches Nettoeinkommen?

- unter 1.000 €
- 1.000 - 1.500 €
- 1.500 - 2.000 €
- 2.000 - 2.500 €
- 2.500 € - 3.000 €
- über 3.000 €

21 Sie wohnen derzeit in....(Bitte um Postleitzahl und Ort)

22 Wieviele Personen leben in Ihrem Haushalt?

- Nur ich allein
- 2 Personen
- 3 Personen
- 4 Personen
- 5 Personen
- Mehr als 5 Personen

Wir danken sehr herzlich für Ihre Mitarbeit.
Ihre Daten werden selbstverständlich vollkommen vertraulich behandelt und ausschließlich im Rahmen dieses Forschungsprojekts verarbeitet.

Begleitbrief und Fragebogen nach der Reise nach Marokko

Institut für Technologie und nachhaltiges
Produktionsmanagement

An die Reisenden nach Marokko   Wien, März 2006

Sehr geehrte Damen und Herren,

Sie befinden sich am Weg retour von Ihrem Reiseziel Marokko. Sie haben auf dieser Reise
verschiedene Erfahrungen gemacht und zahlreiche Eindrücke gesammelt.

Im Rahmen eines Forschungsprojekts zum Thema Nachhaltigkeit im Tourismus, das in Kooperation
von Universität Wien (Dr. Werner Huber, Dr. Anton Weissenhofer), Wirtschaftsuniversität Wien (Ing.
Mag. Michael Pieber, Diplomandin Jutta Wiener) und Excursiones Naturales durchgeführt wird, soll
erhoben werden, welche Erfahrungen und Eindrücke Sie im Rahmen dieser Reise gemacht haben.

Wir haben Sie als Zielgruppe für dieses Forschungsprojekt ausgewählt, weil Sie durch Ihre Reise
einen Bezug zum Thema „Nachhaltigkeit im Tourismus" herstellen werden können. Wir ersuchen Sie
daher um Ihre Mithilfe durch Beantwortung des beiliegenden Fragebogens. Dies wird etwa 15 Minuten
in Anspruch nehmen. Bitte beantworten Sie alle nachfolgenden Fragen der Reihe nach möglichst
spontan und füllen Sie alle Fragen aus. Bitte beachten Sie, dass es keine falschen Antworten gibt. Wir
versichern Ihnen, dass Ihre Angaben komplett vertraulich behandelt werden und ausschließlich im
Rahmen dieses Forschungsprojekts verarbeitet werden.

Wenn Sie Rückfragen zu diesem Forschungsprojekt bzw. Interesse an den Ergebnissen dieses
Forschungsprojekts haben, ersuchen wir Sie, sich mit uns per e-mail unter
michael.pieber@wu-wien.ac.at in Verbindung zu setzen.

Abschließend danken wir Ihnen sehr herzlich für Ihre Mitarbeit an diesem Forschungsprojekt.

Ing. Mag. Michael Pieber   Dr. Werner Huber
    Jutta Wiener   Dr. Anton Weissenhofer

Augasse 2–6
A-1090 Wien
Austria

Telefon: +43/1/313 36/4806 • Telefax: +43/1/313 36/706
Web: http:/wu-wien.ac.at • E-Mail: gvogel@wu-wien.ac.at

Bitte kreuzen Sie Zutreffendes einfach direkt an:

Fragenbereich 1 von 3: Erfahrungen von der Reise

1 Wie hat Ihnen die Reise insgesamt gefallen?

Sehr Gut	Gut	Ganz Okay	Könnte besser gewesen sein	Gar Nicht

2 Wie finden Sie das Preis-Leistungs-Verhältnis Ihrer Reise im nachhinein betrachtet?

Sehr gut, bin völlig zufrieden mit dem bezahlten Preis	Gut, ich bin mit dem Preis im wesentlichen zufrieden	Der Preis ist angemessen	Ich finde den Preis etwas zu teuer	Schlecht, ich finde den Preis zu teuer

Aus sonstigen Gründen, nämlich...

3 Wären Sie bereit gewesen, für das Erlebte, Gelernte und Erfahrene mehr zu bezahlen?

Ja	Nein

4 Wie wurden die Erfahrungen, die Sie in Bezug auf die Reise zu unterschiedlichen Bereichen hatten, erfüllt?
Bitte bewerten Sie nach dem Schulnotensystem:

41 Zufriedenheit in Bezug auf das Urlaubserlebnis generell

Sehr Gut	Gut	Befriedigend	Genügend	Nicht Genügend

42 Zufriedenheit in Bezug auf den Transport im Urlaubsland

Sehr Gut	Gut	Befriedigend	Genügend	Nicht Genügend

43 Zufriedenheit in Bezug auf die Unterkunft im Urlaubsland

Sehr Gut	Gut	Befriedigend	Genügend	Nicht Genügend

44 Zufriedenheit in Bezug auf die Verpflegung (Speisen/Getränke) im Urlaubsland

Sehr Gut	Gut	Befriedigend	Genügend	Nicht Genügend

45 Zufriedenheit in Bezug auf den Kontakt zu Einheimischen im Urlaubsland

Sehr Gut	Gut	Befriedigend	Genügend	Nicht Genügend

46 Zufriedenheit in Bezug auf die Gesundheitsvorsorge, die Sie vor der Reise getroffen haben

Sehr Gut	Gut	Befriedigend	Genügend	Nicht Genügend

47 Zufriedenheit in Bezug auf die Fachinformationen der Reiseleitung

Sehr Gut	Gut	Befriedigend	Genügend	Nicht Genügend

5 Gab es Dinge, die Sie sehr gestört haben?

Ja, nämlich...

Nein

199

War die Infrastruktur (d.h. die Wasserversorgung, Strom, Straßennetz, etc.) im Urlaubsland mit
6 unserer Entwicklung der Infrastruktur vergleichbar?

| Ja | | Nein |

Gab es besondere Speisen oder Getränke, die Sie im Urlaubsland konsumierten, um einen Bezug
zur Heimat herzustellen? (Z.B. weil Ihnen das einheimische Essen zu eintönig erschien und Sie
7 gerne zur Abwechslung ein Gericht aus der Heimat gegessen hätten?)

Ja, nämlich...

| Nein |

Hatten Sie die Möglichkeit, neben den geplanten Exkursionen Ausflüge oder dergleichen auf eigene
8 Faust zu unternehmen?

Ja, nämlich...

Nein, hätte aber gerne die Möglichkeit dazu gehabt.

| Nein |

Hat Naturschutz bzw. Umweltschutz nach Ihrer Reise und Ihren Erfahrungen einen anderen
9 Stellenwert für Sie bekommen?

| Ja | | Nein |

10 Sind Sie der Meinung, dass Sie den Naturschutz jetzt besser zuhause umsetzen können?

Stimme zu	Stimme etwas zu	Teils/Teils	Stimme wenig zu	Stimme gar nicht zu

11 Was bedeutet Nachhaltigkeit für Sie nach dieser Reise?
Bitte kreuzen Sie die zwei für Sie wichtigsten Begriffe an.

	Schutz des Regenwaldes
	Schutz der Lebensweisen der einheimischen Urbevölkerung
	Erhalt der Artenvielfalt
	Bewahrung indigenen Wissens
	Förderung der Arbeit der indigenen Bevölkerung (z.B. ihre selbst gemachte Kleidung kaufen, deren Schmuck kaufen, Unterstützung bei diversen Projekten,
	Anderes, nämlich...

Gibt es bestimmte Speisen / Getränke, Produkte oder Bräuche, die Sie während der Reise
12 kennengelernt haben und die Sie auch gerne zuhause weiter konsumieren bzw. praktizieren

121 Bei Speisen und Getränken

Ja, nämlich...

| Nein |

Bei Produkten, die von der indigenen Bevölkerung hergestellt werden (ausgenommen
122 Speisen/Getränke)

Ja, nämlich...

| Nein |

123 Bei bewußter Beobachtung der Natur, der Pflanzen- und Tierwelt

Ja, nämlich...

Nein

124 Sonstiges, nämlich...

13 Werden Sie diese Reise aktiv weiterempfehlen?

Ja   Nein

Fragenbereich 2 von 3: Fragen zu Ihrer Einstellung zum Umwelt- und Naturschutz

14 Wie bewerten Sie folgende Aussagen?

141 Einkaufen muss für mich schnell gehen.

Stimme zu	Stimme etwas zu	Teils/Teils	Stimme wenig zu	Stimme gar nicht zu

142 Der Preis ist mir beim Einkaufen eigentlich nicht so wichtig.

Stimme zu	Stimme etwas zu	Teils/Teils	Stimme wenig zu	Stimme gar nicht zu

143 Ich bevorzuge beim Einkauf ökologisch einwandfreie Produkte, auch wenn diese teurer sind.

Stimme zu	Stimme etwas zu	Teils/Teils	Stimme wenig zu	Stimme gar nicht zu

144 Ich achte beim Einkauf auf Fair Trade Produkte.

Stimme zu	Stimme etwas zu	Teils/Teils	Stimme wenig zu	Stimme gar nicht zu

145 Vorrangig kaufe ich meine Lebensmittel im Supermarkt ein.

Stimme zu	Stimme etwas zu	Teils/Teils	Stimme wenig zu	Stimme gar nicht zu

146 Ich kaufe meine Lebensmittel vorrangig in speziellen Läden (Welt-Laden, Süd-Amerika-Shop, ...)

Stimme zu	Stimme etwas zu	Teils/Teils	Stimme wenig zu	Stimme gar nicht zu

147 Der Preis spielt bei meinen Lebensmitteleinkäufen eine große Rolle.

Stimme zu	Stimme etwas zu	Teils/Teils	Stimme wenig zu	Stimme gar nicht zu

148 Ich kaufe meine Lebensmittel vorrangig auf Märkten.

Stimme zu	Stimme etwas zu	Teils/Teils	Stimme wenig zu	Stimme gar nicht zu

149 Mir ist egal woher die Lebensmittel kommen, Hauptsache der Preis stimmt.

Stimme zu	Stimme etwas zu	Teils/Teils	Stimme wenig zu	Stimme gar nicht zu

1410 Der Urlaub ist für mich die Zeit, in der ich meinen Alltag vergessen will.

Stimme zu	Stimme etwas zu	Teils/Teils	Stimme wenig zu	Stimme gar nicht zu

Ich nehme in Kauf, dass meine Urlaubsreise mit Belastungen für die Umwelt verbunden ist
1411 (insbesondere bei Transporten).

Stimme zu	Stimme etwas zu	Teils/Teils	Stimme wenig zu	Stimme gar nicht zu

1412 Durch die Teilnahme an dieser Reise kann ich aktiven Natur/Umweltschutz betreiben.

Stimme zu	Stimme etwas zu	Teils/Teils	Stimme wenig zu	Stimme gar nicht zu

1413 Im Urlaub versuche ich, die dort heimische Kultur kennenzulernen und zu respektieren

Stimme zu	Stimme etwas zu	Teils/Teils	Stimme wenig zu	Stimme gar nicht zu

Ich bin mir bewusst, dass ich im Urlaubsland nur Gast bin und verhalte mich auch
1414 dementsprechend angepasst

Stimme zu	Stimme etwas zu	Teils/Teils	Stimme wenig zu	Stimme gar nicht zu

Im Urlaub probiere ich viele neue lokale Produkte aus, seien es Speisen, Getränke, Bekleidung,
1415 Schmuck etc.

Stimme zu	Stimme etwas zu	Teils/Teils	Stimme wenig zu	Stimme gar nicht zu

Nach dieser Reise schätze ich den Wert des Lebens und Wohnens in Österreich (Umgang mit der
1416 Natur und Umwelt, soziale Sicherheit) besser.

Stimme zu	Stimme etwas zu	Teils/Teils	Stimme wenig zu	Stimme gar nicht zu

Ich verstehe die Zusammenhänge und Auswirkungen meiner alltäglichen Handlungen in Bezug auf
1417 den Regenwald jetzt besser.

Stimme zu	Stimme etwas zu	Teils/Teils	Stimme wenig zu	Stimme gar nicht zu

1418 Ich habe während der Reise viel gelernt

Stimme zu	Stimme etwas zu	Teils/Teils	Stimme wenig zu	Stimme gar nicht zu

1419 Ich bin nach dieser Reise offener gegenüber exotischen Speisen / Getränken bzw. Produkten

Stimme zu	Stimme etwas zu	Teils/Teils	Stimme wenig zu	Stimme gar nicht zu

1420 Ich kann mir vorstellen, zu entsprechenden Anlässen Produkte aus dem Urlaubsland zu

Stimme zu	Stimme etwas zu	Teils/Teils	Stimme wenig zu	Stimme gar nicht zu

1421 Die Natur und die indigenen Völker müssen mehr geschützt werden.

Stimme zu	Stimme etwas zu	Teils/Teils	Stimme wenig zu	Stimme gar nicht zu

21 Ihr Geschlecht | Weiblich | | Männlich |

22 Ihr Alter - bitte Ihr Geburtsjahr eintragen

23 Ihre höchste abgeschlossene Ausbildung

Pflichtschule
Lehrabschluß
Meisterprüfung
AHS-Matura
BHS-Matura (HAK; HTL, HBLA, etc.)
Universitäts-Lehrgang
Diplom einer FH, Fachrichtung
Diplom einer Universität, Fachrichtung
Doktorat einer Universität, Fachrichtung
Derzeit noch in Ausbildung, nämlich
Sonstige Ausbildung, nämlich

24 Sie sind derzeit

voll berufstätig
Teilzeit beschäftigt
geringfügig beschäftigt
erstmals arbeitsuchend
arbeitslos
in Karenz oder Mutterschutz
Präsenzdiener
Schüler, Student
Hausfrau, Hausmann
in Pension
anderer Lebensunterhalt

25 Falls berufstätig: Wie ist Ihre berufliche Stellung?

Lehrling
Arbeiter/in
Angestellte/r
Vertragsbedienstete/r
Beamte/r
Werkvertragsnehmer/in, freie/r Mitarbeiter/in
Freie Berufe (Arzt, Steuerberater, etc.)
Landwirt
Selbständig

26 Wie hoch ist Ihr monatliches Nettoeinkommen?

unter 1.000 €
1.000 - 1. 500 €
1.500 - 2.000 €
2.000 - 2.500 €
2.500 € - 3.000 €
über 3.000 €

27 Sie wohnen derzeit in....(Bitte um Postleitzahl und Ort)

28 Wieviele Personen leben in Ihrem Haushalt?

Nur ich allein
2 Personen
3 Personen
4 Personen
5 Personen
Mehr als 5 Personen

Wir danken sehr herzlich für Ihre Mitarbeit.
Ihre Daten werden selbstverständlich vollkommen vertraulich behandelt und ausschließlich
im Rahmen dieses Forschungsprojekts verarbeitet.

Begleitbrief und Fragebogen des Schüleraustauschprogramms nach Costa Rica – Lehrer

Institut für Technologie und nachhaltiges Produktmanagement
Department of Technology and Sustainable Product Management
Vienna University of Economics and Business Administration

o. Univ.Prof. Dr. Gerhard Vogel

An die Reisenden des Schüleraustausches
nach Costa Rica 2004   Wien, Dezember 2005

Sehr geehrte Lehrer, liebe Schüler,

Sie hatten die Möglichkeit eine Reise der etwas anderen Art zu Ihrem Reiseziel Costa Rica mitzumachen. Sie haben sich aus bestimmten Gründen für diese Art der Reise entschieden und verbinden diese Reise vermutlich mit bestimmten Erwartungen. Sie haben auf dieser Reise sicherlich verschiedene Erfahrungen gemacht und zahlreiche Eindrücke gesammelt.

Im Rahmen eines Forschungsprojekts zum Thema Nachhaltigkeit im Tourismus, das in Kooperation von Universität Wien (Dr. Werner Huber, Dr. Anton Weissenhofer), Wirtschaftsuniversität Wien (Ing. Mag. Michael Pieber, Diplomandin Jutta Wiener) und Excursiones Naturales durchgeführt wird, soll erhoben werden, aus welchen Gründen und mit welchen Erwartungen und Einstellungen Sie diese Reise unternommen haben und welche Erfahrungen und Eindrücke Sie im Rahmen dieser Reise gemacht haben.

Wir haben Sie als Zielgruppe für dieses Forschungsprojekt ausgewählt, weil Sie durch Ihre Reise einen Bezug zum Thema „Nachhaltigkeit im Tourismus" herstellen werden können. Wir ersuchen Sie daher um Ihre Mithilfe durch Beantwortung des beiliegenden Fragebogens. Dies wird etwa 15 Minuten in Anspruch nehmen. Bitte beantworten Sie alle nachfolgenden Fragen der Reihe nach möglichst spontan und füllen Sie alle Fragen aus. Bitte beachten Sie, dass es keine falschen Antworten gibt. Wir versichern Ihnen, dass Ihre Angaben komplett vertraulich behandelt werden und ausschließlich im Rahmen dieses Forschungsprojekts verarbeitet werden.

Wenn Sie Rückfragen zu diesem Forschungsprojekt bzw. Interesse an den Ergebnissen dieses Forschungsprojekts haben, ersuchen wir Sie, sich mit uns per e-mail unter michael.pieber@wu-wien.ac.at in Verbindung zu setzen.

Abschließend danken wir Ihnen sehr herzlich für Ihre Mitarbeit an diesem Forschungsprojekt.

Ing. Mag. Michael Pieber   Dr. Werner Huber
   Jutta Wiener   Dr. Anton Weissenhofer

Bitte kreuzen Sie Zutreffendes einfach direkt an:

1 Wie sind Sie auf diese Art der (Schul-)Reise gekommen?

Werbung / Medien / Internet	Berufs- oder Studienbedingt	Persönliche Empfehlung durch Freunde / Bekannte / Verwandte	Zufällig	aus Interesse

Aus sonstigen Gründen, nämlich...

2 Über welches Reisebüro/welche Organisation haben Sie gebucht?

3 Warum haben Sie sich dafür entschieden, genau dorthin zu reisen und nicht wo anders hin?

Persönlicher Besitz eines Stücks Regenwald	Interesse an der Natur von Costa Rica	Interesse an der Bevölkerung und der Kultur Costa Ricas	Interesse an den Produkten Costa Ricas	Persönliche Empfehlung durch Freunde / Bekannte / Verwandte

Aus sonstigen Gründen, nämlich...

4 Konnten die Schüler in Bezug auf die Destination mitbestimmen?

ja		nein	

5 Konnten Sie persönlich den Ablauf der Reise mitgestalten?

ja		nein	

Falls ja, was konnten Sie tun/gestalten?

6 Wie viele Personen waren Sie insgesamt, die diese Reise mitmachen durften/konnten? (Bitte aufgliedern nach Lehrer und Schüler)

7 Welche Erwartungen hatten Sie in Bezug auf den Transport in Ihrem Urlaubsland?

Schnell, bequem wie zu Hause	Etwas unbequemer, z.B. kurze Fahrten mit Geländewagen	Langsamer und unbequemer, längere Fahrten mit Geländewagen	Fahrten mit Geländewagen und Booten	Fahrten mit Geländewagen, Booten und Fortbewegung auf Tieren, kurze Strecken zu Fuß
Fortbewegung wie die Einheimischen, auch öffentliche Autobusse, längere Strecken zu Fuß, auf Tieren, in Booten				

Sonstige Erwartungen, nämlich...

8 Welche Erwartungen hatten Sie in Bezug auf die Unterkunft im Urlaubsland?

4 oder 5-Sterne Hotels nach westlichem Standard	3-Stern-Hotels nach westlichem Standard, von landesfremden Besitzern geführt (Hotelketten)	Landestypische Hotels mit Dusche/WC im Zimmer, von lokalen Besitzern geführt	Landestypische Pensionen ohne Dusche/WC im Zimmer, von lokalen Besitzern geführt	Landestypische umweltfreundlich und nach fairen sozialen Kriterien geführte „Öko-Pension" in Orten
"Öko-Pension" am Rande von Nationalparks, außerhalb von Orten				
Sonstige Erwartungen, nämlich…				

9 Welche Erwartungen hatten Sie in Bezug auf die Verpflegung (Essen/Trinken) im Urlaubsland?

Wie von zu Hause gewohnt, angepasst an westliche Touristen	Wie von zu Hause gewohnt, aber mit gelegentlichem Probieren regionaler Speisen / Getränke	Abwechselnd gewohnte Speisen / Getränke und landestypische Speisen / Getränke	Mehrheitlich landestypische Speisen / Getränke	Größtenteils landestypische Speisen / Getränke
Essen und Trinken ausschließlich wie die Einheimischen				
Sonstige Erwartungen, nämlich…				

10 Welche Erwartungen hatten Sie in Bezug auf das Urlaubserlebnis?

Viel Entspannung mit viel Freizeit und Freiraum, Ausrasten am Pool/Strand	Größtenteils eigenständiges Bewegen in der Natur, 1 bis 2 mal pro Aufenthalt unbegleitete Natur - Ausflüge ohne Fach-informationen	Eigenständige Exkursionen, 1 bis 2 mal pro Woche geführte Ausflüge mit Fach-informationen	3 bis 4 mal pro Woche geführte Fachexkursionen mit Fachvorträgen und Informationen	5 bis 6 mal pro Woche geführte Fachexkursionen mit Fachvorträgen und Informationen
Täglich geführte Fachexkursionen mit Fachvorträgen und unfangreicher Fachinformation				
Sonstige Erwartungen, nämlich…				

11 Welche Erwartungen hatten Sie in Bezug auf den Kontakt zu Einheimischen?

Keinerlei Kontakt zu Einheimischen	Kein Kontakt, außer im Hotel oder Restaurant zu den Angestellten	Teilweiser Kontakt, z.B. bei gelegentlichen Einkäufen in lokalen, von Einheimischen geführten Betrieben	Regelmäßiger Kontakt durch laufende Einkäufe bei Einheimischen	Einheimische Reiseführer im Urlaubsland, Einkauf bei Einheimischen, Essen bei Einheimischen
Während der gesamten Reise alles so (er)leben, essen, einkaufen wie die Einheimischen				
Sonstige Erwartungen, nämlich…				

Gibt es darüber noch weitere Bereiche, die Ihnen wichtig sind und an die Sie bestimmte
12 Erwartungen stellten?

Ja, nämlich...

Nein

Wie wurden die Erfahrungen, die Sie in Bezug auf die Reise zu unterschiedlichen Bereichen hatten,
13 erfüllt?
Bitte bewerten Sie nach dem Schulnotensystem:

131 Zufriedenheit in Bezug auf das Urlaubserlebnis generell

Sehr Gut	Gut	Befriedigend	Genügend	Nicht Genügend

132 Zufriedenheit in Bezug auf den Transport im Urlaubsland

Sehr Gut	Gut	Befriedigend	Genügend	Nicht Genügend

133 Zufriedenheit in Bezug auf die Unterkunft im Urlaubsland

Sehr Gut	Gut	Befriedigend	Genügend	Nicht Genügend

134 Zufriedenheit in Bezug auf die Verpflegung (Speisen/Getränke) im Urlaubsland

Sehr Gut	Gut	Befriedigend	Genügend	Nicht Genügend

135 Zufriedenheit in Bezug auf den Kontakt zu Einheimischen im Urlaubsland

Sehr Gut	Gut	Befriedigend	Genügend	Nicht Genügend

136 Zufriedenheit in Bezug auf die Gesundheitsvorsorge, die Sie vor der Reise getroffen haben

Sehr Gut	Gut	Befriedigend	Genügend	Nicht Genügend

14 Wo haben Sie gewohnt?

Hotel
Motel
Camping
Herberge
Privat bei Familien

Sonstiges:

15 Gab es Dinge, die Sie sehr gestört haben?

Ja, nämlich...

Nein

War die Infrastruktur (d.h. die Wasserversorgung, Strom, Straßennetz, etc.) im Urlaubsland mit
16 unserer Entwicklung der Infrastruktur vergleichbar?

Ja	Nein

Gab es besondere Speisen oder Getränke, die Sie im Urlaubsland konsumierten, um einen Bezug
zur Heimat herzustellen? (Z.B. weil Ihnen das einheimische Essen zu eintönig erschien und Sie
17 gerne zur Abwechslung ein Gericht aus der Heimat gegessen hätten?)

Ja, nämlich...

Nein

Hatten Sie die Möglichkeit, neben den geplanten Exkursionen Ausflüge oder dergleichen auf eigene
18 Faust zu unternehmen?

Ja, nämlich...

Nein, hätte aber gerne die Möglichkeit dazu gehabt.

Nein

Welche Maßnahmen haben Sie in Bezug auf Ihre Gesundheitsvorsorge und der Einholung von
19 gesundheitlichen Informationen getroffen?

	Keinerlei Vorbereitungen vor der Reise, keine Impfungen, weil medizinischer Standard im Urlaubsland wie in Österreich, keine besondere konditionelle Vorbereitung
	Vorbereitung nur im Ausmaß der gesundheitlichen Informationen, die der Reiseveranstalter mitteilte, konditionelle Vorbereitung durch vereinzelte, leichte Maßnahmen
	Vorbereitung durch gesundheitliche Infos vom Reiseveranstalter und eigenständige Recherche in geringem Umfang, konditionelle Vorbereitung durch regelmäßige, leichte Maßnahmen
	Gesundheitliche Infos vom Reiseveranstalter und intensive eigenständige Recherche, konditionelle Vorbereitung durch regelmäßiges körperliches Training
	Einige Impfungen durchgeführt, intensive Vorbereitungen und Recherche über das Land und dessen gesundheitliche Risiken, einige eigene Medikamente mitgenommen
	Sämtliche empfohlenen Impfungen durchgeführt, intensive Vorbereitungen und Recherche über das Land und dessen gesundheitliche Risiken, zahlreiche eigene Medikamente mitgenommen konditionelle Vorbereitung durch umfangreiches auf die Bedingungen im Reiseland abgezieltes körperliches Training

20 Wie finden Sie das Preis-Leistungs-Verhältnis Ihrer Reise im nachhinein betrachtet?

Sehr gut, bin völlig zufrieden mit dem bezahlten Preis	Gut, ich bin mit dem Preis im wesentlichen zufrieden	Der Preis ist angemessen	Ich finde den Preis etwas zu teuer	Schlecht, ich finde den Preis zu teuer

Aus sonstigen Gründen, nämlich…

21 Wären Sie bereit gewesen, für das Erlebte, Gelernte und Erfahrene mehr zu bezahlen?

Ja	Nein

22 Wie hat Ihnen die Reise insgesamt gefallen?

Sehr Gut	Gut	Ganz Okay	Könnte besser gewesen sein	Gar Nicht

Fragenbereich 2 von 3: Fragen zu Ihrer Einstellung zum Umwelt- und Naturschutz

23 Ist Ihnen Umweltschutz ein Anliegen?

Ja, ich bin aktiv am Umweltschutz beteiligt	Ja, Umweltschutz finde ich wichtig	Nein, Umweltschutz beschäftigt mich nicht

24 Umweltschutz bedeutet gleichzeitig auch Naturschutz.

Stimme zu	Stimme etwas zu	Teils/Teils	Stimme wenig zu	Stimme gar nicht zu

25 War der Naturschutz ein Grund für Ihre Teilnahme an der Reise?

Ja	Nein

Hat Naturschutz bzw. Umweltschutz nach Ihrer Reise und Ihren Erfahrungen einen anderen
26 Stellenwert für Sie bekommen?

| Ja | Nein |

Sind Sie der Meinung, dass Sie den Naturschutz, insbesondere den Schutz des Regenwaldes jetzt
27 besser zuhause umsetzen können?

Stimme zu	Stimme etwas zu	Teils/Teils	Stimme wenig zu	Stimme gar nicht zu

28 Was bedeutet Nachhaltigkeit für Sie nach dieser Reise?
Bitte kreuzen Sie die zwei für Sie wichtigsten Begriffe an.

	Schutz des Regenwaldes
	Schutz der Lebensweisen der einheimischen Urbevölkerung
	Erhalt der Artenvielfalt
	Bewahrung indigenen Wissens
	Förderung der Arbeit der indigenen Bevölkerung (z.B. ihre selbst gemachte Kleidung kaufen, deren Schmuck kaufen, Unterstützung bei diversen Projekten, ...)
	Anderes, nämlich...

29 Besitzen Sie ein eigenes Auto?

| Ja | Nein |

30 Falls ja, fahren Sie mit dem Auto zur Arbeit / zur Stätte Ihrer Ausbildung?

Nie	Sehr selten	Gelegentlich	Öfters	Immer

31 Falls ja, fahren Sie mit dem Auto zum Einkaufen?

Nie	Sehr selten	Gelegentlich	Öfters	Immer

Gibt es bestimmte Speisen / Getränke, Produkte oder Bräuche, die Sie während der Reise
kennengelernt haben und die Sie auch gerne zuhause weiter konsumieren bzw. praktizieren
32 wollen?

321 Bei Speisen und Getränken

| Ja, nämlich... |

| Nein |

Bei Produkten, die von der indigenen Bevölkerugn hergestellt werden (ausgenommen
322 Speisen/Getränke)

| Ja, nämlich... |

| Nein |

323 Bei bewußter Beobachtung der Natur, der Pflanzen- und Tierwelt

| Ja, nämlich... |

| Nein |

| Sonstiges, nämlich... |

33 Werden Sie diese Reise aktiv weiterempfehlen?

| Ja | Nein |

34 Wie bewerten Sie folgende Aussagen?

341 Einkaufen muss für mich schnell gehen.

Stimme zu	Stimme etwas zu	Teils/Teils	Stimme wenig zu	Stimme gar nicht zu

342 Der Preis ist mir beim Einkaufen eigentlich nicht so wichtig.

Stimme zu	Stimme etwas zu	Teils/Teils	Stimme wenig zu	Stimme gar nicht zu

343 Ich bevorzuge beim Einkauf ökologisch einwandfreie Produkte, auch wenn diese teurer sind.

Stimme zu	Stimme etwas zu	Teils/Teils	Stimme wenig zu	Stimme gar nicht zu

344 Ich achte beim Einkauf auf Fair Trade Produkte.

Stimme zu	Stimme etwas zu	Teils/Teils	Stimme wenig zu	Stimme gar nicht zu

345 Vorrangig kaufe ich meine Lebensmittel im Supermarkt ein.

Stimme zu	Stimme etwas zu	Teils/Teils	Stimme wenig zu	Stimme gar nicht zu

346 Ich kaufe meine Lebensmittel vorrangig in speziellen Läden (Welt-Laden, Süd-Amerika-Shop, ...)

Stimme zu	Stimme etwas zu	Teils/Teils	Stimme wenig zu	Stimme gar nicht zu

347 Der Preis spielt bei meinen Lebensmitteleinkäufen eine große Rolle.

Stimme zu	Stimme etwas zu	Teils/Teils	Stimme wenig zu	Stimme gar nicht zu

348 Ich kaufe meine Lebensmittel vorrangig auf Märkten.

Stimme zu	Stimme etwas zu	Teils/Teils	Stimme wenig zu	Stimme gar nicht zu

349 Mir ist egal woher die Lebensmittel kommen, Hauptsache der Preis stimmt.

Stimme zu	Stimme etwas zu	Teils/Teils	Stimme wenig zu	Stimme gar nicht zu

3410 Der Urlaub ist für mich die Zeit, in der ich meinen Alltag vergessen will.

Stimme zu	Stimme etwas zu	Teils/Teils	Stimme wenig zu	Stimme gar nicht zu

3411 Ich nehme in Kauf, dass meine Urlaubsreise mit Belastungen für die Umwelt verbunden ist (insbesondere bei Transporten).

Stimme zu	Stimme etwas zu	Teils/Teils	Stimme wenig zu	Stimme gar nicht zu

3412 Durch die Teilnahme an dieser Reise kann ich aktiven Natur/Umweltschutz betreiben.

Stimme zu	Stimme etwas zu	Teils/Teils	Stimme wenig zu	Stimme gar nicht zu

3413 Im Urlaub versuche ich, die dort heimische Kultur kennenzulernen und zu respektieren

Stimme zu	Stimme etwas zu	Teils/Teils	Stimme wenig zu	Stimme gar nicht zu

3414 Ich bin mir bewusst, dass ich im Urlaubsland nur Gast bin und verhalte mich auch dementsprechend angepasst

Stimme zu	Stimme etwas zu	Teils/Teils	Stimme wenig zu	Stimme gar nicht zu

3415 Ich besitze bereits ein Stück Regenwald der Österreicher in Costa Rica und will nun meinen Wald aktiv besichtigen.

Stimme zu	Stimme etwas zu	Teils/Teils	Stimme wenig zu	Stimme gar nicht zu
Ich besitze kein Stück vom Regenwald der Österreicher				

3416 Im Urlaub probiere ich viele neue lokale Produkte aus, seien es Speisen, Getränke, Bekleidung, Schmuck etc.

Stimme zu	Stimme etwas zu	Teils/Teils	Stimme wenig zu	Stimme gar nicht zu

3417 Nach dieser Reise schätze ich den Wert des Lebens und Wohnens in Österreich (Umgang mit der Natur und Umwelt, soziale Sicherheit) besser.

Stimme zu	Stimme etwas zu	Teils/Teils	Stimme wenig zu	Stimme gar nicht zu

3418 Ich verstehe die Zusammenhänge und Auswirkungen meiner alltäglichen Handlungen in Bezug auf den Regenwald jetzt besser.

Stimme zu	Stimme etwas zu	Teils/Teils	Stimme wenig zu	Stimme gar nicht zu

3419 Ich habe während der Reise viel gelernt

Stimme zu	Stimme etwas zu	Teils/Teils	Stimme wenig zu	Stimme gar nicht zu

3420 Ich bin nach dieser Reise offener gegenüber exotischen Speisen / Getränken bzw. Produkten

Stimme zu	Stimme etwas zu	Teils/Teils	Stimme wenig zu	Stimme gar nicht zu

3421 Ich kann mir vorstellen, zu entsprechenden Anlässen Produkte aus dem Urlaubsland zu herzuschenken, um die indigene Kultur des Urlaubslandes zu unterstützen.

Stimme zu	Stimme etwas zu	Teils/Teils	Stimme wenig zu	Stimme gar nicht zu

3422 Die Natur und die indigenen Völker müssen mehr geschützt werden.

Stimme zu	Stimme etwas zu	Teils/Teils	Stimme wenig zu	Stimme gar nicht zu

211

Fragenbereich 3 von 3:
Wir ersuchen Sie um einige soziodemographischen Angaben zu Ihrer Person.

35 Ihr Geschlecht | Weiblich | Männlich |

36 Ihr Alter - bitte Ihr Geburtsjahr eintragen   [   ]

37 Ihre höchste abgeschlossene Ausbildung

- Pflichtschule
- Lehrabschluß
- Meisterprüfung
- AHS-Matura
- BHS-Matura (HAK; HTL, HBLA, etc.)
- Universitäts-Lehrgang
- Diplom einer FH, Fachrichtung [   ]
- Diplom einer Universität, Fachrichtung [   ]
- Doktorat einer Universität, Fachrichtung [   ]
- Derzeit noch in Ausbildung, nämlich [   ]
- Sonstige Ausbildung, nämlich [   ]

38 Sie sind derzeit

- voll berufstätig
- Teilzeit beschäftigt
- geringfügig beschäftigt
- erstmals arbeitsuchend
- arbeitslos
- in Karenz oder Mutterschutz
- Präsenzdiener
- Schüler, Student
- Hausfrau, Hausmann
- in Pension
- anderer Lebensunterhalt

39 Falls berufstätig: Wie ist Ihre berufliche Stellung?

- Lehrling
- Arbeiter/in
- Angestellte/r
- Vertragsbedienstete/r
- Beamte/r
- Werkvertragsnehmer/in, freie/r Mitarbeiter/in
- Freie Berufe (Arzt, Steuerberater, etc.)
- Landwirt
- Selbständig

40 Wie hoch ist Ihr monatliches Nettoeinkommen?

- unter 1.000 €
- 1.000 - 1.500 €
- 1.500 - 2.000 €
- 2.000 - 2.500 €
- 2.500 € - 3.000 €
- über 3.000 €

41 Sie wohnen derzeit in....(Bitte um Postleitzahl und Ort)

[   ]

42 Wieviele Personen leben in Ihrem Haushalt?

- Nur ich allein
- 2 Personen
- 3 Personen
- 4 Personen
- 5 Personen
- Mehr als 5 Personen

Wir danken sehr herzlich für Ihre Mitarbeit.
Ihre Daten werden selbstverständlich vollkommen vertraulich behandelt und ausschließlich
im Rahmen dieses Forschungsprojekts verarbeitet.

Fragebogen des Schüleraustauschprogramms nach Costa Rica - Schüler

Bitte kreuze Zutreffendes einfach direkt an:

1 Über welches Reisebüro/welche Organisation habt ihr die Reise gebucht?

2 Wer hat bestimmt, dass ihr nach Costa Rica fährt?

| Schüler | Lehrer | Schule - BRG | andere, nämlich: |

3 Konntet ihr persönlich das Programm und den Ablauf der Reise mitbestimmen?

| ja | nein |

Falls ja, was konntet ihr tun/gestalten?

4 Wie viele Personen ward ihr insgesamt, die diese Reise mitmachen durften/konnten? (Bitte aufgliedern nach Lehrer und Schüler)

5 Haben euch die Lehrer ausreichend auf die Reise vorbereitet?

| ja | nein |

Falls ja, was haben die Lehrer gemacht?

Falls nein, was hättest du gerne im vorhinein gewusst?

6 Welche Erwartungen hattet ihr in Bezug auf den Transport im Urlaubsland?

Schnell, bequem wie zu Hause	Etwas unbequemer, z.B. kurze Fahrten mit Geländewagen	Langsamer und unbequemer, längere Fahrten mit Geländewagen	Fahrten mit Geländewagen und Booten	Fahrten mit Geländewagen, Booten und Fortbewegung auf Tieren, kurze Strecken zu Fuß
Fortbewegung wie die Einheimischen, auch öffentliche Autobusse, längere Strecken zu Fuß, auf Tieren, in Booten				
Sonstige Erwartungen, nämlich…				

7 Welche Erwartungen hattet ihr in Bezug auf die Unterkunft im Urlaubsland?

4 oder 5-Sterne Hotels nach westlichem Standard	3-Stern-Hotels nach westlichem Standard, von landesfremden Besitzern geführt (Hotelketten)	Landestypische Hotels mit Dusche/WC im Zimmer, von lokalen Besitzern geführt	Landestypische Pensionen ohne Dusche/WC im Zimmer, von lokalen Besitzern geführt	Landestypische umweltfreundlich und nach fairen sozialen Kriterien geführte „Öko-Pension" in Orten
"Öko-Pension" am Rande von Nationalparks, außerhalb von Orten				

Sonstige Erwartungen, nämlich...

8 Welche Erwartungen hattet ihr in Bezug auf die Verpflegung (Essen/Trinken) im Urlaubsland?

Wie von zu Hause gewohnt, angepasst an westliche Touristen	Wie von zu Hause gewohnt, aber mit gelegentlichem Probieren regionaler Speisen / Getränke	Abwechselnd gewohnte Speisen / Getränke und landestypische Speisen / Getränke	Mehrheitlich landestypische Speisen / Getränke	Größtenteils landestypische Speisen / Getränke
Essen und Trinken ausschließlich wie die Einheimischen				

Sonstige Erwartungen, nämlich...

9 Welche Erwartungen hattet ihr in Bezug auf das Urlaubserlebnis?

Viel Entspannung mit viel Freizeit und Freiraum, Ausrasten am Pool/Strand	Größtenteils eigenständiges Bewegen in der Natur, 1 bis 2 mal pro Aufenthalt unbegleitete Natur - Ausflüge ohne Fach-informationen	Eigenständige Exkursionen, 1 bis 2 mal pro Woche geführte Ausflüge mit Fach-informationen	3 bis 4 mal pro Woche geführte Fachexkursionen mit Fachvorträgen und Informationen	5 bis 6 mal pro Woche geführte Fachexkursionen mit Fachvorträgen und Informationen
Täglich geführte Fachexkursionen mit Fachvorträgen und unfangreicher Fachinformation				

Sonstige Erwartungen, nämlich...

10 Welche Erwartungen hattet ihr in Bezug auf den Kontakt zu Einheimischen?

Keinerlei Kontakt zu Einheimischen	Kein Kontakt, außer im Hotel oder Restaurant zu den Angestellten	Teilweiser Kontakt, z.B. bei gelegentlichen Einkäufen in lokalen, von Einheimischen geführten Betrieben	Regelmäßiger Kontakt durch laufende Einkäufe bei Einheimischen	Einheimische Reiseführer im Urlaubsland, Einkauf bei Einheimischen, Essen bei Einheimischen
Während der gesamten Reise alles so (er)leben, essen, einkaufen wie die Einheimischen				
Sonstige Erwartungen, nämlich…				

11 Gibt es darüber noch weitere Bereiche, die dir wichtig sind und an die du bestimmte Erwartungen stelltest?

Ja, nämlich…

Nein

12 Wie wurden die Erfahrungen, die du in Bezug auf die Reise zu unterschiedlichen Bereichen hattest, erfüllt?
Bitte bewerte nach dem Schulnotensystem:

121 Zufriedenheit in Bezug auf das Urlaubserlebnis generell

Sehr Gut	Gut	Befriedigend	Genügend	Nicht Genügend

122 Zufriedenheit in Bezug auf den Transport im Urlaubsland

Sehr Gut	Gut	Befriedigend	Genügend	Nicht Genügend

123 Zufriedenheit in Bezug auf die Unterkunft im Urlaubsland

Sehr Gut	Gut	Befriedigend	Genügend	Nicht Genügend

124 Zufriedenheit in Bezug auf die Verpflegung (Speisen/Getränke) im Urlaubsland

Sehr Gut	Gut	Befriedigend	Genügend	Nicht Genügend

125 Zufriedenheit in Bezug auf den Kontakt zu Einheimischen im Urlaubsland

Sehr Gut	Gut	Befriedigend	Genügend	Nicht Genügend

126 Zufriedenheit in Bezug auf die Gesundheitsvorsorge, die Sie vor der Reise getroffen haben

Sehr Gut	Gut	Befriedigend	Genügend	Nicht Genügend

13 Wo habt ihr gewohnt?

Hotel
Motel
Camping
Herberge
Privat bei Familien
Sonstiges:

14 Gab es Dinge, die dich sehr gestört haben?

Ja, nämlich…

| Nein |

War die Infrastruktur (d.h. die Wasserversorgung, Strom, Straßennetz, etc.) im Urlaubsland mit
15 unserer Entwicklung der Infrastruktur vergleichbar?

| Ja | Nein |

Gab es besondere Speisen oder Getränke, die du im Urlaubsland konsumiert hast, um einen
Bezug zur Heimat herzustellen? (Z.B. weil dir das einheimische Essen zu eintönig erschien und du
16 gerne zur Abwechslung ein Gericht aus der Heimat gegessen hättest?)

Ja, nämlich…

| Nein |

Hattest du die Möglichkeit, neben den geplanten Exkursionen Ausflüge oder dergleichen auf eigene
17 Faust zu unternehmen?

Ja, nämlich…

| Nein, hätte aber gerne die Möglichkeit dazu gehabt. |

| Nein |

Welche Maßnahmen hast du in Bezug auf deine Gesundheitsvorsorge und der Einholung von
18 gesundheitlichen Informationen getroffen?

	Keinerlei Vorbereitungen vor der Reise, keine Impfungen, weil medizinischer Standard im Urlaubsland wie in Österreich, keine besondere konditionelle Vorbereitung
	Vorbereitung nur im Ausmaß der gesundheitlichen Informationen, die der Reiseveranstalter mitteilte, konditionelle Vorbereitung durch vereinzelte, leichte Maßnahmen
	Vorbereitung durch gesundheitliche Infos vom Reiseveranstalter und eigenständige Recherche in geringem Umfang, konditionelle Vorbereitung durch regelmäßige, leichte Maßnahmen
	Gesundheitliche Infos vom Reiseveranstalter und intensive eigenständige Recherche, konditionelle Vorbereitung durch regelmäßiges körperliches Training
	Einige Impfungen durchgeführt, intensive Vorbereitungen und Recherche über das Land und dessen gesundheitliche Risiken, einige eigene Medikamente mitgenommen
	Sämtliche empfohlenen Impfungen durchgeführt, intensive Vorbereitungen und Recherche über das Land und dessen gesundheitliche Risiken, zahlreiche eigene Medikamente mitgenommen konditionelle Vorbereitung durch umfangreiches auf die Bedingungen im Reiseland abgezieltes körperliches Training

19 Wie hat dir die Reise insgesamt gefallen?

Sehr Gut	Gut	Ganz Okay	Könnte besser gewesen sein	Gar Nicht

20 Wie lange hat die Reise insgesamt gedauert?

Was habt ihr während der Reise alles unternommen? (Schreib bitte alles auf, was dir dazu noch
21 einfällt)

Fragenbereich 2 von 3: Fragen zu Ihrer Einstellung zum Umwelt- und Naturschutz

22 Ist dir Umweltschutz ein Anliegen?

Ja, ich bin aktiv am Umweltschutz beteiligt	Ja, Umweltschutz finde ich wichtig	Nein, Umweltschutz beschäftigt mich nicht

23 Umweltschutz bedeutet gleichzeitig auch Naturschutz.

Stimme zu	Stimme etwas zu	Teils/Teils	Stimme wenig zu	Stimme gar nicht zu

Hat Naturschutz bzw. Umweltschutz nach dieser Reise und deinen Erfahrungen einen anderen
24 Stellenwert für dich bekommen?

Ja	Nein

Bist du der Meinung, dass du den Naturschutz, insbesondere den Schutz des Regenwaldes jetzt
25 besser zuhause umsetzen kannst?

Stimme zu	Stimme etwas zu	Teils/Teils	Stimme wenig zu	Stimme gar nicht zu

Gibt es bestimmte Speisen / Getränke, Produkte oder Bräuche, die du während der Reise
26 kennengelernt hast und die du auch gerne zuhause weiter konsumieren bzw. praktizieren willst?

261 Bei Speisen und Getränken

Ja, nämlich…

Nein

Bei Produkten, die von der indigenen Bevölkerung hergestellt werden (ausgenommen
262 Speisen/Getränke)

Ja, nämlich…

Nein

263 Bei bewußter Beobachtung der Natur, der Pflanzen- und Tierwelt

Ja, nämlich…

Nein

Sonstiges, nämlich…

27 Wie bewertest du folgende Aussagen?

271 Einkaufen muss für mich schnell gehen.

Stimme zu	Stimme etwas zu	Teils/Teils	Stimme wenig zu	Stimme gar nicht zu

272 Der Preis ist mir beim Einkaufen eigentlich nicht so wichtig.

Stimme zu	Stimme etwas zu	Teils/Teils	Stimme wenig zu	Stimme gar nicht zu

273 Ich bevorzuge beim Einkauf ökologisch einwandfreie Produkte, auch wenn diese teurer sind.

Stimme zu	Stimme etwas zu	Teils/Teils	Stimme wenig zu	Stimme gar nicht zu

274 Ich achte beim Einkauf auf Fair Trade Produkte.

Stimme zu	Stimme etwas zu	Teils/Teils	Stimme wenig zu	Stimme gar nicht zu

275 Vorrangig kaufe ich meine Lebensmittel im Supermarkt ein.

Stimme zu	Stimme etwas zu	Teils/Teils	Stimme wenig zu	Stimme gar nicht zu

276 Ich kaufe meine Lebensmittel vorrangig in speziellen Läden (Welt-Laden, Süd-Amerika-Shop, ...)

Stimme zu	Stimme etwas zu	Teils/Teils	Stimme wenig zu	Stimme gar nicht zu

277 Der Preis spielt bei meinen Lebensmitteleinkäufen eine große Rolle.

Stimme zu	Stimme etwas zu	Teils/Teils	Stimme wenig zu	Stimme gar nicht zu

278 Ich kaufe meine Lebensmittel vorrangig auf Märkten.

Stimme zu	Stimme etwas zu	Teils/Teils	Stimme wenig zu	Stimme gar nicht zu

279 Mir ist egal woher die Lebensmittel kommen, Hauptsache der Preis stimmt.

Stimme zu	Stimme etwas zu	Teils/Teils	Stimme wenig zu	Stimme gar nicht zu

2710 Der Urlaub ist für mich die Zeit, in der ich meinen Alltag vergessen will.

Stimme zu	Stimme etwas zu	Teils/Teils	Stimme wenig zu	Stimme gar nicht zu

Ich nehme in Kauf, dass meine Urlaubsreise mit Belastungen für die Umwelt verbunden ist
2711 (insbesondere bei Transporten).

Stimme zu	Stimme etwas zu	Teils/Teils	Stimme wenig zu	Stimme gar nicht zu

2712 Durch die Teilnahme an dieser Reise kann ich aktiven Natur/Umweltschutz betreiben.

Stimme zu	Stimme etwas zu	Teils/Teils	Stimme wenig zu	Stimme gar nicht zu

2713 Im Urlaub versuche ich, die dort heimische Kultur kennenzulernen und zu respektieren

Stimme zu	Stimme etwas zu	Teils/Teils	Stimme wenig zu	Stimme gar nicht zu

Ich bin mir bewusst, dass ich im Urlaubsland nur Gast bin und verhalte mich auch
2714 dementsprechend angepasst

Stimme zu	Stimme etwas zu	Teils/Teils	Stimme wenig zu	Stimme gar nicht zu

Ich besitze bereits ein Stück Regenwald der Österreicher in Costa Rica und will nun meinen Wald
2715 aktiv besichtigen.

Stimme zu	Stimme etwas zu	Teils/Teils	Stimme wenig zu	Stimme gar nicht zu

Ich besitze kein Stück vom Regenwald der Österreicher

Im Urlaub probiere ich viele neue lokale Produkte aus, seien es Speisen, Getränke, Bekleidung,
2716 Schmuck etc.

Stimme zu	Stimme etwas zu	Teils/Teils	Stimme wenig zu	Stimme gar nicht zu

Nach dieser Reise schätze ich den Wert des Lebens und Wohnens in Österreich (Umgang mit der
2717 Natur und Umwelt, soziale Sicherheit) besser.

Stimme zu	Stimme etwas zu	Teils/Teils	Stimme wenig zu	Stimme gar nicht zu

Ich verstehe die Zusammenhänge und Auswirkungen meiner alltäglichen Handlungen in Bezug auf
2718 den Regenwald jetzt besser.

Stimme zu	Stimme etwas zu	Teils/Teils	Stimme wenig zu	Stimme gar nicht zu

2719 Ich habe während der Reise viel gelernt

Stimme zu	Stimme etwas zu	Teils/Teils	Stimme wenig zu	Stimme gar nicht zu

2720 Ich bin nach dieser Reise offener gegenüber exotischen Speisen / Getränken bzw. Produkten

Stimme zu	Stimme etwas zu	Teils/Teils	Stimme wenig zu	Stimme gar nicht zu

Ich kann mir vorstellen, zu entsprechenden Anlässen Produkte aus dem Urlaubsland zu
2721 herzuschenken, um die indigene Kultur des Urlaubslandes zu unterstützen.

Stimme zu	Stimme etwas zu	Teils/Teils	Stimme wenig zu	Stimme gar nicht zu

2722 Die Natur und die indigenen Völker müssen mehr geschützt werden.

Stimme zu	Stimme etwas zu	Teils/Teils	Stimme wenig zu	Stimme gar nicht zu

Fragenbereich 3 von 3:

Wir ersuchen Sie um einige soziodemographischen Angaben zu Ihrer Person.

28 Dein Geschlecht | Weiblich | Männlich |

29 Dein Alter - bitte dein Geburtsjahr eintragen

30 deine höchste abgeschlossene Ausbildung

    Pflichtschule
    Lehrabschluß
    Meisterprüfung
    AHS-Matura
    BHS-Matura (HAK; HTL, HBLA, etc.)
    Sonstige Ausbildung, nämlich

31 Du wohnst derzeit in....(Bitte um Postleitzahl und Ort)

32 Beruf des Vaters

33 Beruf der Mutter

34 Wieviele Personen leben in deinem Haushalt?

    Nur ich allein
    2 Personen
    3 Personen
    4 Personen
    5 Personen
    Mehr als 5 Personen

Wir danken sehr herzlich für eure Mitarbeit.
Die Daten werden selbstverständlich vollkommen vertraulich behandelt und ausschließlich
im Rahmen dieses Forschungsprojekts verarbeitet.

1840766R00126

Printed in Germany
by Amazon Distribution
GmbH, Leipzig